SCRIPTORUM CLASSICORUM

BIBLIOTHECA OXONIENSIS

OXONII

E TYPOGRAPHEO CLARENDONIANO

DECIMI MAGNI AVSONII

OPERA,

RECOGNOVIT
BREVIQUE ANNOTATIONE CRITICA INSTRVXIT

R. P. H. GREEN

PROFESSOR HVMANITATIS
IN VNIVERSITATE GLASGVENSI

OXONII

E TYPOGRAPHEO CLARENDONIANO

MCMXCIX

OXFORD
UNIVERSITY PRESS

Great Clarendon Street, Oxford OX2 6DP

*Oxford University Press is a department of the University of Oxford
and furthers the University's aim of excellence in research, scholarship,
and education by publishing worldwide in*

Oxford New York

Athens Auckland Bangkok Bogotá Bombay Buenos Aires Calcutta
Cape Town Chennai Dar es Salaam Delhi Florence Hong Kong Istanbul
Karachi Kuala Lumpur Madras Melbourne Mexico City Mumbai
Nairobi Paris São Paulo Singapore Taipei Tokyo Toronto Warsaw

and associated companies in Berlin Ibadan

Oxford is a registered trade mark of Oxford University Press

*Published in the United States
by Oxford University Press Inc., New York*

© R. P. H. Green 1999

The moral rights of the author have been asserted

First published 1999

British Library Cataloguing in Publication Data

Data available

Library of Congress Cataloging in Publication Data

*Decimi Magni Ausonii opera / recognovit brevique annotatione
critica instruxit, R. P. H. Green.
Includes bibliographical references*
1. Moselle River—Description and travel—Poetry. 2. College
teachers—France—Bordeaux—Poetry. 3. Romans—France—Bordeaux—
Poetry. 4. Didactic poetry, Latin. 5. Romans—Gaul—Poetry.
6. Rome—Poetry. I. Green, R. P. H. II. Title.
PS6221.A2   1999   871'.01–DC21   98-33801

ISBN 0-19-815039-3

1 3 5 7 9 10 8 6 4 2

*Typeset by Joshua Associates Ltd., Oxford
Printed in Great Britain on acid-free paper by
Bookcraft (Bath) Ltd., Midsomer Norton*

PREFACE

In this newly revised edition of Ausonius' works his multifarious writings are presented in the same order as in my book *The Works of Ausonius* (Oxford, 1991). The appendices are fewer, and include only the fragments attributed to Ausonius in antiquity, the *De Rosis*, which may well be his work, and the prayer in rhopalic verses and the *Periochae*, which if disjoined from the Ausonian corpus (as they deserve) might be difficult to track down. Appendix C is removed to the end of the Introduction, where along with summaries of manuscripts P and H it gives a clear picture of the Veronese family.

There are some changes in the text: some are new emendations, only a few of them my own, and some changes of mind partly prompted by constructive reviewers. Various trivial or absurd readings have been eliminated from the apparatus. The pleasure of revisiting and revising the text has been greatly increased by the stimulating assistance of two excellent scholars, Luca Mondin and Ted Kenney: the one an astute and resourceful critic determined to defend the transmitted text by all reasonable means, the other a most accomplished editor of classical poets reluctant to leave Ausonius saddled with logic, style, or syntax that does not do justice to the technical mastery conspicuous throughout his work.

R. P. H. Green

University of Glasgow

INTRODUCTION

THE extant works of Ausonius are diverse and voluminous, and no single manuscript contains them all, or anything like the whole. About five-eighths of his verse and a little of his prose appear in a manuscript surviving from the ninth century, about three-eighths of his works—including the long *Gratiarum Actio* in prose—in a coherent family belonging to a very different tradition. These sources overlap considerably, but often their differences in particular texts are difficult to explain, and understanding their relationship is a major problem for Ausonius scholarship. For various other works, most notably his masterpiece the *Moselle*, one must go to other manuscripts, some containing nothing else by Ausonius, others very little. Some short works of Ausonius have found their way into anthologies, or manuscripts of other writers, cloaked in anonymity and following routes that are quite unclear. Some of the correspondence with Symmachus and Paulinus of Nola is transmitted in their manuscripts as well as his own. The tradition includes a few works that are certainly spurious, while at least one may have been wrongly denied to him.

The one manuscript of Ausonius that contains more than half his extant writing is Leid. Voss. Lat. F 111 (**V**), written in Visigothic minuscule soon after 800. It originally formed a single manuscript together with Par. Lat. 8093,[1] whose contents—works by various Christian writers of Late Antiquity and also Theodulf of Orléans, whom some claim as its writer—point to a Spanish origin. This is confirmed by the citations and reminiscences of

[1] S. Tafel, 'Die vordere, bisher verloren geglaubte Hälfte des Vossianischen Ausonius-Kodex', *Rheinisches Museum*, NF 69 (1914), 630–41.

Ausonius at Toledo during the seventh century.[2] Unknown in the monastery of Île Barbe near Lyon for several centuries before 1500, the manuscript and its contents were not fully brought to light until 1558, in the edition of E. Charpin. Before that some of its contents had been copied by Sannazaro in the early years of the sixteenth century, probably 1502;[3] his excerpts are recorded in Vindobonensis 3261 (**v**). Conjectures apart, this is useful to editors in the second half of *Prof.* 20, which along with several adjacent poems is missing from V owing to the loss of a folio between 1558 and 1564; so is another early apograph once owned by the nineteenth-century editor Schenkl (**s**). The contents of V were also known to Hieronymus Aleander,[4] a major contributor to the Paris editions of 1511 and 1513, and through him to Accursius, whose *Diatribae* with critical comments on Ausonius and other writers appeared in 1524.

The following manuscripts, containing much less of Ausonius' work, are related to V, and in some cases have close connections with Lyon, as does the manuscript of Ausonius (*libri carminum Ausonii consulis*) recorded in an eleventh-century catalogue of the nearby monastery of Saint-Oyan.[5]

N (Par. Lat. 7558), of the mid-ninth century, from central France; this contains II. 3 (*Oratio*), in which it shares some distinctive readings with V, and some of

[2] R. Strati, 'Venanzio Fortunato (e altre fonti) nell'*Ars Grammatica* di Giuliano di Toledo', *RIFC* 110 (1982), 442–6; ead., 'Ancora sulle citazioni di Giuliano di Toledo (*Ars Grammatica* e *de partibus orationis*)', *RIFC* 112 (1984), 196–200.

[3] C. Vecce, *Iacopo Sannazaro in Francia: Scoperte di codici all'inizio del XVI secolo* (Padua, 1988), 70–5.

[4] K. Schenkl (ed.), *D. Magni Ausonii Opuscula* (MGH AA v/2; Berlin, 1883), pp. xxxiv–xxxvi.

[5] R. Peiper (ed.), *Decimi Magni Ausonii Burdigalensis Opuscula* (Leipzig, 1886), p. xxviiii: Vecce (n. 3), p. 75.

Ausonius' letters to Paulinus, where it agrees sometimes with V and its kin, sometimes with the manuscripts of Paulinus. Since it also contains various works of Florus of Lyon, it may well have been written there.

O (Par. Lat. 2772), a florilegium of the first half of the ninth century, in the style of various manuscripts from the chapter library at Lyon, offers two of the poems (3 and 5) that comprise xxv (*Technopaignion*).

Q (Leid. Voss. Lat. Q 33), of the tenth century, contains rather more of the *Technopaignion* (poems 1 and 3–11). It is closely related to V, but not a direct descendant.

A few of Ausonius' *Epigrams* and *Eclogues* are attested in other manuscripts: in some cases an affinity with V is apparent.

b (Lond. Brit. Lib. Royal 15 B xix), of the late ninth or tenth century, which contains *Epigrams* 54–6 (on Diogenes) and *Eclogues* 2 (*Monosticha de mensibus*) and 9 ('Principium Iani . . .').

d (Trier 1093/1694), of the eleventh century, also contains *Epigr.* 54–6. It is closely related to b, but not derived from it.

Epigram 9 is present in manuscripts of John of Salisbury, who quotes it at *Policraticus* 5. 17 (586 D), and in Vat. Reg. Lat. 711. 3 (s. xii). *Epigram* 79 was copied by Sannazaro from another manuscript on the Île Barbe.[6] *Epigrams* 96 and 97 are found in Par. Lat. 8071.

Various manuscripts of Bede contain *Eclogue* 9 (beginning with April, unlike V), which he quoted in *De temporum ratione* 16. This short poem on the months had a colourful history—it is present in the *Martyrologium*

---

[6] Vecce (n. 3), 74–5.

of Wandalbert of Prüm and in a mosaic at Piacenza[7]—but its life once outside Ausonius' corpus cannot be traced in detail. *Eclogue* 17 (*De aerumnis Herculis*) was apparently even more popular, being found in a great variety of anthological manuscripts and an unusually high number of the manuscripts of Ausonius. *Eclogue* 19 is found in the composite manuscript **a** (Wolfenbüttel, Gud. Lat. 145), written in Illyria in 1445, whose other contents are those of the group Z. In *Eclogue* 19 it is related more closely to PH than to V.

A second group of manuscripts is from Verona, where a manuscript is known to have existed in the early fourteenth century; it may well be related to, or identical with, one of two manuscripts of Ausonius known from a tenth-century catalogue to have existed at Bobbio.[8] One of these included Fulgentius' *Mythologiae*, also present in P, and the other three books of Pliny, with whom Ausonius is conjoined nowhere else. This group includes three major items.

P (Par. Lat. 8500), fourteenth century, which was owned and perhaps commissioned by Petrarch,[9] contains far fewer works of Ausonius than V, but includes the spurious *Periochae* of the Homeric epics and the letter of Theodosius to Ausonius. Some of its material that was not already known from Z first appeared in print in the edition of Ugoletus (1499), who derived his information about the manuscript's contents from Tristan Calco.

[7] See R. Peiper, 'Die handschriftliche Überlieferung des Ausonius', *Jahrbücher für classische Philologie*, Supplementband 11 (1880), 189–353 at 310, and R. P. H. Green, *The Works of Ausonius* (Oxford, 1991), p. xxxv n. 15. It is illustrated in G. Billanovich, 'Quattro libri del Petrarca e la biblioteca della cattedrale di Verona', *Studi petrarcheschi*, 7 (1990), 233–62, opp. pp. 258 and 259.

[8] Peiper (n. 5), p. xxxxv.

[9] A. Petrucci, *La scrittura di Francesco Petrarca* (Testi e Studi, 248; Vatican City, 1967), 128, no. 52; Billanovich (n. 7).

H (Lond. Brit. Lib. Harl. 2613), dated by watermarks to 1491. This contains the same works of Ausonius as P, as well as the spurious *Periochae* and the letter of Theodosius, but in a slightly different order. P and H share many errors but neither descends from the other, and their source has significant similarities, most obviously lacunae, with V.

m (Vat. Chigi I VII 259, fo. 119ᵛ), *c*.1320, a list of Ausonius' works made by Giovanni Mansionario (Johannes de Matociis) in the margin of his *Historia Imperialis*; it has the titles of all the works of Ausonius found in H and in exactly the same order, as well as many others, including titles of works neither attributed to Ausonius nor indeed attested anywhere else. The Veronese manuscript from which Giovanni derived the information has been identified with the old manuscript of Ausonius and Prudentius sent by Matteo Bosso to Politian in 1493.[10] Bosso remarked that the manuscript was defective: evidently its actual contents were less extensive than the list of contents at the front. The fate of this manuscript after Politian's death is obscure, though it may have spent time in England.[11] This manuscript or more probably a close relative was used for material in Avantius' edition of 1507. Other descendants are Wolfenbüttel Gud. Lat. 145 (a) mentioned above, Brit. Lib. Harl. 2599 (Verona, *c*.1471), Ven. Marc. Lat. XII 69, Verona Com. 68, Padua Univ. 201, of which each has only one or two works of Ausonius.

Some of the works in Mansionario's list are found in members of another family, which may be constructed from various manuscripts of small compass. Between

---

[10] M. D. Reeve, 'Some Manuscripts of Ausonius', *Prometheus*, 3 (1977), 112–20 at 119; Peiper (n. 5), p. xxxxiii.

[11] Peiper (n. 5), pp. xxxxiii f., Green (n. 7), p. xxxix.

them these manuscripts have, in various arrangements, xvi (*Moselle*), xxiii (*Caesares*), some of the longer *Eclogues*, and a few epigrams. All these poems are absent from P and H: whence the tempting conclusion that these manuscripts and those from Verona share a common ancestor. Its origin could be Reichenau, Sankt Gallen, or Bobbio.[12] The constituents of this family, sometimes known as *excerpta* because of headings in G and B, are:

G (Sankt Gallen 899), late ninth century, which contains xvi (followed by Symm. *Ep.* 1. 31, the letter in which Symmachus comments on the poem), *Eclogues* 21, 22, 17, 20, *Epigr.* 76.

B (Brussels 5369/73), early eleventh century, which contains xvi (followed by Symm. *Ep.* 1. 31), *Caesares*, *Eclogue* 17, *Epigr.* 1.

W (Par. Lat. 4887), twelfth century, which contains *Caesares*, *Eclogues* 17, 20, 21, 22. Manuscripts copied from it are Auxerre 85 (s. xii), and 67 (s. xiii), Troyes 887 (s. xii).

Poem xvi (*Moselle*) is also found in:

X (Vat. Reg. Lat. 1650), of the ninth century, from the region of Soissons; it contains only ll. 1–180, and no other poems of Ausonius.

R (Zürich 62), of the twelfth century, which has no other poem of Ausonius.

F (Lond. Brit. Lib. Harl. 2578), of the late fifteenth century; like L (Laurentianus LI 13, written in 1490 by A. Verrazanus), it is a copy of M (see below), in which the *Moselle* is no longer present.

---

[12] M. D. Reeve, 'Ausonius', in L. D. Reynolds (ed.), *Texts and Transmission: A Survey of the Latin Classics* (Oxford, 1983), 27.

Poem xxiii (*Caesares*) is found in various other manuscripts, including V, which, like GBW, has the complete
text, and manuscripts of the Z family, which give only
about one half of the extant lines. M has a version closely
related to that of B, but lacking the last eighteen lines of
the poem. The work is also found in **U** (Vat. Reg. Lat.
1283), of the twelfth century, and Par. Lat. 9347, from
Reims, of the ninth, which are close to each other and to
W. The numerous manuscripts of Suetonius (sometimes
confused with Sidonius) that transmit it are here
represented by a group of fourteenth- and fifteenth-
century manuscripts (χ) consisting of Flor. Laur. 64.9,
Laur. 89 inf. 8, Glasg. Hunt. 413, and Naples, Bibl. Naz.
125. The low value of these and many other manuscripts
of this period for editorial purposes can be seen from the
progressive corruption that occurred in ll. 26–33.[13]

Eclogues 20 and 21 (*De viro bono* and *Est et non*, to give it
its familiar title) became part of the *iuvenalis ludi libellus*
ascribed to Vergil, whose ancestor was present in Trier
though probably written elsewhere.[14] As in Clausen's
edition in the OCT *Appendix Vergiliana*,[15] the *iuvenalis
ludi libellus* (λ) is reconstructed from the following five
manuscripts: Trier 1086 (s. ix or x); Vat. Lat. 3252 (s. ix
or x); Par. Lat. 8093 (s. x); Par. Lat. 7927, (s. x or xi); Par.
Lat. 8069 (s. xi). Other witnesses for these poems are **I**
(Wolfenbüttel, Helmstedt 332), dated 1454, in which it is
added to poems of the Z family, **J** (Darmstadt 3301), of
the ninth century, and **Y** (Par. Lat. 17177), of the eleventh
century.

---

[13] Schenkl (n. 4), pp. xlvi–xlviii.

[14] E. Courtney, 'The Textual Transmission of the *Appendix Vergiliana*'. *Bulletin of the Institute of Classical Studies*, 15 (1968), 132–41 at
139–40.

[15] W. Clausen, F. R. D. Goodyear, E. J. Kenney, and J. A. Richmond
(eds.), *Appendix Vergiliana* (Oxford, 1966), 166.

Eclogue 22 (*De aetatibus animantium Hesiodion*) is transmitted by I and J of the above.

The poem *De Rosis nascentibus* (App. III), which has on internal evidence a good claim to be a genuine work of Ausonius,[16] is found in the same company, namely the *iuvenalis ludi libellus* and J and Y of the above. It is also linked with the *Moselle* in a twelfth-century manuscript of the library of Saint-Victor extant in the sixteenth century and known to Aleander.[17]

The family **Z** includes some 20 manuscripts and the *editio princeps* (1472, B. Girardinus), which is not obviously derived from a known manuscript. Almost all of them are Italian, and all are later than 1380. With the exception of M, which as already mentioned also contains material from another tradition, these manuscripts form a very coherent group, with relatively little variation in order or content, though some contain only a few works. Some of Ausonius' writings, such as the *Cento*, *Bissula*, *Cupido Cruciatus*, the *Gratiarum Actio*, some of his letters, and most of the epigrams, occur nowhere else. The ten or so works that are shared with V and other manuscripts occur in a very different order, and the ordering of the various items within their respective collections of *Epigrams* and *Letters* is also very different from that in V.

The interrelationships of the manuscripts in this class are not entirely clear, but the following four manuscripts have been shown to be the most reliable and complete:[18]

C (Padua Capit. C 64), written by P. Baroccius *c.*1468–70.

---

[16] Green (n. 7), 669.

[17] Vecce (n. 3), 79–80.

[18] M. D. Reeve, 'The Tilianus of Ausonius', *Rheinisches Museum*, NF 121 (1978), 350–66.

K (Lond. Brit. Lib. King's 31), written in Dalmatia in 1475.

M (Florence, Naz. Conv. Sopp. J 6. 29), written for Coluccio Salutati *c.*1385, with L, a copy, deputizing where necessary.

T (Leid. Voss. Lat. Q 107), *c.*1470.

Readings peculiar to Z occur in the following earlier manuscripts:

E (Par. Lat. 18275), of the thirteenth century, from France, which contains a small anthology of excerpts from Ausonius and a score of his epigrams, in the same order as in Z.

D (Camb. Kk V 34), of the tenth century, which contains II. 3 (*Oratio*) and XXV (*Technopaignion*) and in various places gives distinctive readings of both V and Z, with the former above the line in each case. The source of this manuscript was Fleury.[19]

Particular distinctive readings of the Z version may be traced back further;[20] and at least one error suggests a capital manuscript.[21] Perhaps fortuitously, an erroneous conjunction of words in T at VIII. 25 echoes Aldhelm.

The origins of the collection represented by Z have been much debated. Since at least 1881, when Brandes brushed aside the evidence of a conjunctive error in XXIII. 26,[22] it has been widely held and repeated that Z descends from an edition made by Ausonius himself or one which at least uniquely contains authorial variants.[23] But whereas the

[19] J. Carley, 'Two Pre-Conquest Manuscripts from Glastonbury Abbey', *Anglo-Saxon England*, 16 (1987), 209–10.

[20] Green (n. 7), pp. xlviii f.

[21] M. Winterbottom, review of Green (n. 7), *JTS*, NS 43 (1992), 691–2.

[22] W. Brandes, 'Zur handschriftlichen Überlieferung des Ausonius', *Jahrbücher für classische Philologie*, 123 (1881), 59–79.

[23] See Green (n. 7), pp. xlii f. and references there.

version of V is generally agreed to go back to a posthumous edition—as the third-person headings to VI (*De Herediolo*) and VII (*Pater ad Filium*), and the reference to *liturarii* in the latter suggest—the evidence that Z represents an earlier edition is less convincing. In his preface to poem V Ausonius mentions a 'series' of his poems, and a first-person comment prefaced to XII (*Epitaphia*) shows some desire to put them in order (and an awareness of the same problems that modern editors notoriously face). No doubt he kept copies of the works which he sent to individuals as well as the others (such as ceremonial or personal writings), as the emperor Theodosius assumed in the letter to which Ausonius replied cagily in *Praef.* 3. Poem I. I, which heads the whole collection in V, may have been designed by Ausonius to introduce an edition of his work, but if so we can only speculate about its intended contents. In any case, such a project may well have been aborted, or thrown into confusion, because of Gratian's premature death in 383.

It is difficult to reconcile the contents of Z with the hypothesis of such an edition: most obviously, they lack the ceremonial poems written for Ausonius' consulship in 379, of which Ausonius was so immensely proud, and they include various triumphalistic epigrams which might have seemed out of place after the Gothic victory at Adrianople in the previous year.[24] Nor, if only because of the difficulty in dating much of Ausonius' poetry, can it be stated with any confidence that Z contains nothing written after 383. It is true that none of the few works that are datable to the 390s is present, but this may be fortuitous. Moreover, it is difficult to see in Z any evidence of careful preparation. There is no obvious principle of arrangement; some scholars have spoken of chaos. Admittedly,

[24] L. Mondin, 'Storia e critica del testo di Ausonio a proposito di una recente edizione', *Bollettino di studi latini*, 23 (1993), 84–6.

the enormous diversity of Ausonius' writing resists attempts to devise a totally satisfactory order—though the compiler of the version in V made a very reasonable start—but while a deliberate pattern of arrangement may be seen in the *Letters* with only a little special pleading,[25] it is hard to find any sign of deliberate arrangement in the epigrams, which are also interrupted by quite different works.

In itself the notion of authorial variants in the work of Ausonius is not implausible. We know that he liked to change things—he mentions this in his letter to the emperor Theodosius[26]—and that he invited criticism from some of those to whom he sent his poems. It may be the case, though proof is generally lacking, that some of the works underwent a long period of gestation. In some of the poems which are common to V and Z and show substantial divergence which is not obviously due to scribal error the suspicion of authorial variants has been supported by arguments on internal or external evidence that there was more than one edition.

First, the *Technopaignion*, which is particularly rich in such variants. The work begins with two prose dedications, which could hardly have been sent to the same person: one addresses Pacatus (V), the other an unnamed friend (Z), who is often identified as Paulinus, named by DZ in item 16 (where V has *Pacate*). It is tempting to see in the manuscript evidence two editions, one sent to Pacatus, the other sent to Paulinus, but there are difficulties: the dedications just mentioned introduce only item 3, not the whole poem, and in item 5 the name of Pacatus is given by both V and Z. It may be that Pacatus, the only one of the recipients of Ausonius' poems who is asked to improve, rather than simply approve,

[25] L. Mondin, *Decimo Magno Ausonio: Epistole* (Venice, 1995), pp. xl–xlv. [26] *Praef.* 3. 19–20.

what he was sent, made suggestions of his own, or that Ausonius made changes, but there seems to be no systematic way to recover them. It should also be noted that the egregious format of the work makes interpolation not only very tempting but also very difficult to detect on stylistic grounds.

The *Fasti* as we have it consists solely of four introductory poems, of which the first is transmitted in V and Z, the second in V only, and the other two in Z only. Ausonius sends greetings to his son Hesperius, but also mentions Gregorius (apparently as the honorand) in a prefatory note. Gregorius is also named in the fourth poem. It may be argued that the *Fasti* was sent, or intended to be sent, to these two individuals at different times, and the wording of 1. 7 changed as appropriate. This conclusion is not inescapable,[27] but as in the *Technopaignion* we may have two authentic variants of a prefatory piece.

In two further cases it is argued that variants clearly reflect changes in Ausonius' particular circumstances. In II. 3 (*Oratio*) V and Z have different versions of l. 84 (D has both), and there are smaller variations, but the main focus of attention is that Z lacks ll. 8–16, with no obvious stylistic detriment: both versions flow very smoothly, and interpolation has not been suspected in the longer version. It was suggested by Seeck that Z represents an early version, to which the lines were later added by Ausonius in a desire to improve his theological image after the Council of Constantinople in 380/1.[28] There is no evidence that he might have wished or needed to do so; but there are undoubtedly circumstances later in which his posthumous editor might have deemed it appropriate.

---

[27] Green (n. 7), 554–5.
[28] O. Seeck, review of Peiper (n. 5), *Göttingische gelehrte Anzeigen*, 149 (1887), 497–520.

If the version of Z were authorial, it would have to be argued that D, which does not omit the lines, tacitly derived them from a version similar to V.

There are two markedly different versions of Poem v (*Epicedion*): in V it has 62 lines, in Z 43, with notably different readings in various places. It has been argued that Ausonius could not have written the line *et semper fictae principum amicitiae* (32) while Gratian was alive; hence its absence in Z, to be added later, presumably under Theodosius (who certainly sounds very feigned in his correspondence with Ausonius but might have taken exception to these words). Then, in the single couplet absent from V (35–6), Ausonius apparently has his father tell us that he was quick to anger but punished himself for it; but in a couplet of V that is absent from Z (29–30) it is asserted that anger was far from him. Does Z present the unvarnished truth and V a version created for posterity? In l. 38 Ausonius senior claims to have had four children in V but three in Z: and in what follows two are singled out. An explanation has been found in the data of the *Parentalia*, written probably at some time in the 380s: in Z the daughter who died an infant was totally omitted and the son who died approaching puberty quickly passed over, but V gives the fuller story.[29]

These, in rapid summary, are the most important cases where variants of Z and V have been declared to be respectively earlier and later versions from the poet's own hand. In many places there is no better reason for such an explanation than philological perplexity, and Schenkl's convenient list of fifty such places—albeit much more conservative than some—contains several readings that are, as he realized, palpable corruptions.[30]

It remains to discuss the way in which such variant readings might have been preserved in the manuscript

[29] Mondin (n. 24), 86 n. 78.   [30] Schenkl (n. 4), pp. liv f.

tradition, a question which until recently has been subordinated to the spirited discussion of individual variants. If the two traditions remained quite separate until a tenth-century scribe in Fleury added readings of the V tradition to his manuscript akin to Z, we are faced by the very serious problem of accounting for conjunctive errors, of which editors have now confidently diagnosed at least a dozen and suspect more, especially in the often opaque verses of the *Griphus* and *Technopaignion*.[31] Unless these are illusory, there must have been some contact between the versions in question, sufficient at least to produce the movement of errors—such as the metathesis of words, the misreading of phrases, or the omission of lines—from one to the other. And yet, according to the hypothesis, the versions continued nonetheless to be faithful reflections of the two authorial editions, which is scarcely credible.[32] It is hardly surprising that no conjunctive errors have yet been pointed out in the close vicinity of suspected authorial variation.[33] Can one have it both ways—by accepting the evidence of conjunctive errors but maintaining that the versions are separate?

In face of these difficulties it is preferable to suppose that only a single archetype existed and that Z derives from a collection of Ausonius' work (or more than one) produced after, perhaps quite shortly after,[34] the compilation of the posthumous exemplar from which V descends. At the end of his very thorough study of Ausonius' manuscript tradition, Peiper attempted to derive both V and Z from a single archetype by arguing that Z derived from quaternions of a manuscript similar to V, in which certain poems were illegible and had to be

[31] The situation in 1989 was summarized in Green (n. 7), pp. xlvi f.
[32] Mondin (n. 24), 78.
[33] Ibid. 67, 96.   [34] Green (n. 7), pp. xlviii f.

omitted.[35] This is most unlikely, and does not meet the complexities of the situation, which perhaps only further work in the neglected poetry of Late Antiquity and the early medieval period can resolve. To believe in such a unitary derivation of V and Z it is not necessary to condemn all Z's variant readings as the work of a crass interpolator, as has been done;[36] a sophisticated mind could be at work, creating for the modern scholar choices which are indeed sometimes problematic. Nor need one deny that the tradition may preserve the occasional authorial variant, but it is not acceptable to build on such surmises a theory about the process of composition.

For the final letters of Ausonius to Paulinus we have the testimony not only of VPH and N but also of two manuscripts of Paulinus, S (Par. Lat. 2122), tenth century, and A (Brussels 10703/5), twelfth century. Assessing their evidence raises problems which are at first sight not unlike those of assessing the readings of V and Z. There are variants in *Ep.* 21 (words) and *Ep.* 22 (single lines), but in spite of the difficulty of adjudication there has been little move here to postulate authorial variants. Of the letter or letters beginning with the word *discutimus* (here *Epp.* 23 and 24), VPH have a version in 124 lines (of which N has 30), but SA one in 32, of which ll. 16–22 are not in V. There are also important verbal differences in the lines which are offered by both sets of manuscripts. In this case one is dealing with manuscripts of demonstrably different origin, and it is also possible to

---

[35] Peiper (n. 7), 281–2, 314–18.

[36] Schenkl (n. 4), pp. lv f.; G. Jachmann, 'Das Problem der Urvariante und die Grundlagen der Ausoniuskritik', in *Concordia Decennalis: Festschrift der Universität Köln zum 10jahrigen Bestehen des Deutsch-Italienischen Kulturinstituts Petrarchahaus* (Cologne, 1941), 47–104 (= *Ausgewählte Schriften*, ed. C. Gnilka (Beiträge zur klassischen Philologie, 128: Königstein im Taunus, 1981), 470–527.

discern the imprint of Ausonius' style in the distinctive versions of each group. Not only that, but one can also assign clear motives for two letters: *Ep.* 23 (SA) was a complaint about Paulinus' silence and alienation, *Ep.* 24 an expanded and otherwise altered version which referred to particular points from a recent letter and also presented Ausonius' case to posterity. Since Paulinus' attitude was now clear, it may not have been meant to reach him at all. The early version remained with his papers; Ausonius naturally privileged the elaborated version.[37]

[37] Green (n. 7), 654–63.

ORDER OF POEMS IN V, Z, AND P/H

These lists do not take account of lacunae or the mistaken conflation or separation of various works.

V	Z (based on C)	P	H
I. 1	XX. 1	XXVI	I. 5
I. 2	XIII. 1–3, 5, 6,	App. IV	IV
I. 3	8, 9, 45	Paul *c*. 10, 11	XXVII. 22–4
II	XXII. 1, 3, 4	XXVII. 2–14	Paul. *c*. 10, 11
XIV. 1–10,	XIII. 4, 10–27,	Symm. *Ep*. 1.	XXVI
12–17	30–1, 33–6	131	Symm. *Ep*. 1.
XIV. 18	I. 5	XXVII. 12	31
XX. 2	XIII. 37, 28–9,	Symm. *Ep*. 1.	XXVII. 12
XX. 3	39–41, 43,	25	Symm. *Ep*. 1.
X	44, 46–7,	*Ep. Theodosii*	25
XI	48, 50, 51–	I. 3	*Ep. Theodosii*
XII	4, 56, 57,	XV	I. 3
XIII. 58, 54–6,	59–79, 82–7,	I. 5	App. IV
8, 37, 7, 38,	49, 88–103,	VIII	XV
13	42, 104–5,	IX	I. 5
I. 4	32, 106–114	XIV. 19	VIII
XIV. 19–25	IV	IV	IX
VI	XXVII. 2. 4, 5	XXIV	XIV. 19
IV	(incl. XVII		XXIV
App. A. 3	2), 17, 10,		
V	19, 20, 11,		
XXIV	9, 6–8		
XXV	XIV. 17		
XXVI	XXIII		
XXIII	XIII. 115		
XXII	XIV. 11		
XV	XIII. 116–22		
XXVII. 12	II. 7		
Symm. *Ep*. 1.	XXI		
25	XXV		

GIOVANNI MANSIONARIO'S
LIST OF AUSONIUS' WORKS

Decius magnus ausonius uir illustrissimus plura et preclara opera metrico stilo composuit.

Scripsit enim paschales uersus stilo heroico.

Item ad poncium paulinum primo beati ambrosij notarium, postea nolanum episcopum epistolas metro 5 heroico tres.

Item librum de ludo septem sapientum uersu trimetro iambico ad repanium proconsulem.

Item epistolas prosaicas ad theodosium imperatorem et ad symachum patricium. 10

Item periochas homerice yliados et homerice odyssie.

Item de gripo numeri ternarij uersu heroico librum unum.

Item ad hesperium filium suum et ad deoforium ausonium nepotem eodem genere metro. 15

Item eglogam de ambiguitate uite eligende eodem metro.

Item ad hesperium filium suum de ordine imperatorum.

Item ad eundem de imperatoribus res nouas molitis a 20 decio usque ad dioclecianum uersu iambico trimetro iuxta libros eusebij nannetici ystorici.

Item monasticon de erumpnis herculis.

Item de institucione uiri boni.

Item de etatibus animantum secundum hesiodum. 25

Item de pitagoricis diffinitionibus.

Item de cathalogo urbium illustrium singulos libros omnes uersu heroico.

8 repanium *cod*., Drepanium *Weiss*   14 deoforium *cod*., Drepanium *Weiss*, Censorium Green

Item eodem genere metri de regibus qui regnauerunt in
30 Ytalia inter bellum troianum et principium romani
imperij librum unum.

Item ad hesperium filium concordie libri fastorum cum
libris consularibus librum unum.

Item cronicam ab initio mundi usque ad tempus suum.

35 Item libellum de nominibus mensium hebreorum et
atheniensium.

Item de eruditionibus hebreorum et interpretationibus
hebraicorum nominum librum unum.

Scripsit et alia plurima et fuit natione burdegalensis et
40 ob ingenii gloriam a theodosio augusto magnis dotatus
honoribus et consul est ordinatus.

32 concordie *suspectum habeo*   37 eruditionibus *cod.*, traditioni-
bus *Weiss ut vid.*

SELECT BIBLIOGRAPHY

I. EDITIONS CITED

1472	Bartholomaeus Girardinus, Venice	*ed. pr.*
1490	Julius Aemilius Ferrarius, Milan	*ed. Med.* 1490
1496	Ferrarius, rev. Hieronymus Avantius, Venice	*ed. Ven.* 1496
1499	Thaddaeus Ugoletus, Parma	Ug.
1507	Hieronymus Avantius, Venice	Avant.
1511	H. Aleander and M. Hummelbergius, Paris	*ed. Par.* 1511
1513	H. Aleander and M. Homedeus, Paris	*ed. Par.* 1513
1517	J. Bade, Paris	*ed. Par.* 1517
1517	H. Avantius, Venice	*ed. Ald.* 1517
1548	G. Ducherius, Lyon	*ed. Lugd.* 1548
1551	É. Vinet, Paris	*ed. Par.* 1551
1558	É. Charpin, Lyon	*Lugd.*

1558 Heinsius' copy (Leiden, 758. F. 11) contains many of his emendations.

1568	Th. Poelman, Antwerp	Pulm.
1575	J. J. Scaliger, Lyon	Scal.

1575 (emendations found in the copy bearing the arms of the *gens Sebisiana* are designated *Sebis.*)

1575	É. Vinet, Bordeaux	
1580	É. Vinet, Bordeaux	Vin.
1588	J. J. Scaliger, Heidelberg	
1671	J. Tollius, Amsterdam	Toll.

1671 (this contains emendations by Acidalius, Barthius, Goropius, Graevius, Gronovius, N. Heinsius, Lipsius, and Scriverius)

1730	J. Floridus and J. B. Souchay, Paris	Flor./Souchay
1883	K. Schenkl, Berlin	Sch.

1883 (this includes conjectures by Dousa, Mommsen, and Salmasius)

1886 R. Peiper, Leipzig   Peip.
1919–21 H. G. Evelyn White, Cambridge,
         Mass., and London   EW
1934–5 M. Jasinski, Paris
1971 A. Pastorino, Turin   Pasto.
1978 S. Prete, Leipzig   Prete
1995 L. Mondin, Venice (*Epistole*)   Mondin
1996 C. Di Giovine, Bologna (*Technopaegnion*)
1997 M. Lolli, Brussels (*Parentalia*)

2. ARTICLES AND OTHER WORKS
OFFERING EMENDATIONS

ACCURSIUS, M. *Diatribae in Ovidium, Ausonium, et Solinum* (Rome, 1524). [Acc].

AXT, C. O., *Quaestiones Ausonianae maxime ad codicem Vossianum 111 spectantes* (Diss. Leipzig, 1873).

BAEHRENS, E., 'Zu Ausonius', *Jb. cl. Ph.* 22 (113) (1876), 151–9.

—— 'Zu lateinischen Dichtern', ibid. 30 (129) (1884), 843–4.

BLOMGREN, S., 'In Ausonii carmina adnotatiunculae', *Eranos*, 67 (1969), 62–70.

BOLT, H., *Silva critica ad complura auctorum veterum loca imprimis Ausonii* (Haarlem, 1766).

BRAKMAN, C., 'Ausoniana', *Mnemos.*, 2nd ser., 53 (1925), 320–40.

BRANDES, W., *Ausonianarum quaestionum specimen primum* (Diss. Brunswick, 1876).

—— 'Zu Ausonius', *Jb. cl. Ph.* 23 (115) (1877), 861–2.

—— 'Zu Ausonius', ibid., 25 (119) (1879), 318–20.

CAMPBELL, A. Y., 'Ausoniana', *CQ* 28 (1934), 45.

DEZEIMERIS, R., 'Remarques sur le texte de divers auteurs', *Actes de l'Académie nationale des sciences, belles-lettres, et arts de Bordeaux*, 41 (1879), 273–86; 45 (1883), 333–49.

ELLIS, R., 'On Ausonius', *Hermathena*, 6 (1888), 1–18.

EVELYN WHITE, H. G., 'Ausoniana', *CR* 32 (1918), 111.

GREEN, R. P. H., 'The Text of Ausonius: Fifty Emendations and Twelve', *Rh. M.*, NF 125 (1982), 343–61.

HÅKANSON, L., 'Two Critical Notes on Ausonius', *AJP* 98 (1977), 247–8.

HAUPT, M., *Opuscula* (Leipzig, 1876; repr. Hildesheim, 1967), iii. 459–60, 503–6, 581, 620–1.

HEINSIUS, N., *Adversariorum libri IV* (Harlingen, 1742). [Heins.]

KENNEY, E. J., 'Ausonius Restitutus', *CR*, NS 42 (1992), 310–14.

KURFESS, A., 'Ad Ausonium (ed. Peiper)', *Gymnasium*, 60 (1953), 262 f.

LA VILLE DE MIRMONT, H. DE, *Le Manuscrit de l'Île Barbe* (3 vols., Bordeaux and Paris, 1917–19).

LEO, F., review of W. Brandes, *Beiträge zu Ausonius*, ii. *Der jambische Senar des Ausonius, insbesondere im Ludus Septem Sapientum* (Wolfenbüttel, 1895), in *GGA* 158 (1896), 778–92.

MARKLAND, J., ap. J. Willis, 'Marklandi annotationes in Ausonium ineditae', *Rh. M.*, NF 99 (1956), 284–8.

MERTENS, M., *Quaestiones Ausonianae* (Diss. Leipzig, 1880).

—— 'Zu Ausonius', *Jb. cl. Ph.* 38 (145) (1892), 142–4.

MONDIN, L., 'I sogni di Ausonio: nota al testo dell'*Ephemeris*', *Prometheus*, 17 (1991), 31–54.

—— 'In margine alla nuova edizione di Ausonio', *Prometheus*, 20 (1994), 150–70.

MUELLER, H. J., 'Symbolae ad emendandos scriptores Latinos', *Programm des Friedrichs-Werderschen Gymnasiums in Berlin*, 41 (1876), 24–8.

MUELLER, L., *De re metrica poetarum Latinorum²* (Leipzig, 1894).

OWEN, S. G., 'Notes on Ausonius', *CQ* 27 (1933), 178–81; (no title) 28 (1934), 44–5.

PICHON, R., *Les Derniers Écrivains profanes* (Paris, 1906), 316–19. [Pichon]

PITHOU, P., *Adversariorum subsecivorum libri duo* (Basle, 1574). [Pith.]

REEVE, M. D., review of *Decimi Ausonii Burdigalensis opuscula*, ed. Sextus Prete (Leipzig: Teubner, 1978), in *Gnomon*, 52 (1980), 450.

SCALIGER, J. J., *Ausonianarum lectionum libri duo* (Lyon, 1574). [Scal.]

SCHENKL, K., 'Zur Textkritik des Ausonius', *WS* 2 (1880), 275–84.

—— 'Zu Ausonius', *Zeitschrift für die österreichischen Gymnasien*, 31 (1880), 735, 895; 32 (1881), 16, 102, 176, 260, 330, 737.

SHACKLETON BAILEY, D. R., 'Ausoniana', *AJP* 97 (1976), 248–61. [Sh. B.]

VILLANI, L., 'Per la critica di Ausonio', *SIFC* 6 (1898), 97–119.

—— 'Note al testo di Ausonio', *RFIC* 32 (1904), 267–72.

DECIMI MAGNI
AVSONII

OPERA

SIGLA

V   Leiden, Bibliotheek der Rijksuniversiteit, Vossianus Latinus F 111
v   Vienna, Österreichische Nationalbibliothek 3261
s   an apograph owned by Schenkl
N   Paris, Bibliothèque Nationale de France, latin 7558
O   Paris, Bibliothèque Nationale de France, latin 2772
Q   Leiden, Bibliotheek der Rijksuniversiteit, Vossianus Latinus Q 33
b   London, British Library, Royal 15. B. XIX
d   Trier, Stadtbibliothek 1093/1694

P   Paris, Bibliothèque Nationale de France, latin 8500
H   London, British Library, Harley 2613
a   Wolfenbüttel, Herzog August-Bibliothek, Gudianus Latinus 145

G   Sankt Gallen, Stiftsbibliothek 899
B   Brussels, Bibliothèque Royale Albert Ier 5369/73
W   Paris, Bibliothèque Nationale de France, latin 4887
X   Biblioteca Apostolica Vaticana, Reginensis Latinus 1650
R   Zürich, Zentralbibliothek 62
F   London, British Library, Harley 2578
I   Wolfenbüttel, Herzog August-Bibliothek, Helmstedt 322
J   Darmstadt, Hessische Landes- und Hochschulbibliothek 3301
Y   Paris, Bibliothèque Nationale de France, latin 17177
U   Biblioteca Apostolica Vaticana, Reginensis Latinus 1283
λ   manuscripts of the *iuvenalis ludi libellus* ascribed to Vergil
χ   manuscripts of Suetonius

Z   = CKMT (CKT, CKLT)
C   Padua, Biblioteca Capitolare C 64
K   London, British Library, King's 31
L   Florence, Biblioteca Medicea Laurenziana, plut. LI 13
M   Florence, Biblioteca Nazionale Centrale, Conventi Soppressi J 6. 29
T   Leiden, Bibliotheek der Rijksuniversiteit, Vossianus Latinus Q 107

E   Paris, Bibliothèque Nationale de France, latin 18275
D   Cambridge, University Library Kk v. 34

S   Paris, Bibliothèque Nationale de France, latin 2122
A   Brussels, Bibliothèque Royale Albert Ier 10703/5

2

DECIMI MAGNI AVSONII
OPERA

I. PRAEFATIONES VARIAE

1. *Ausonius lectori salutem*

Ausonius genitor nobis, ego nomine eodem;
  qui sim, qua secta stirpe lare et patria,
ascripsi ut nosses, bone vir, quicumque fuisses,
  et notum memori me coleres animo.
Vasates patria est patri, gens Aedua matri   5
  de patre, Tarbellis sed genetrix ab Aquis,
ipse ego Burdigalae genitus: divisa per urbes
  quattuor antiquas stirpis origo meae.
hinc late fusa est cognatio. nomina multis
  ex nostra, ut placitum, ducta domo veniant: 10
derivata aliis, nobis ab stemmate primo
  et non cognati, sed genetiva placent.
sed redeo ad seriem. genitor studuit medicinae,
  disciplinarum quae dedit una deum;
nos ad grammaticen studium convertimus et mox   15
  rhetorices etiam quod satis attigimus.
nec fora non celebrata mihi, sed cura docendi
  cultior, et nomen grammatici merui,
non tam grande quidem, quo gloria nostra subiret
  Aemilium aut Scaurum Berytiumque Probum,   20
sed quo nostrates, Aquitanica nomina, multos
  collatus, sed non subditus, aspicerem.

---

1 1 *V*   6 Tarbellis *Scal.*: tervellus *V*   20 Berytiumque
Lugd.: Beritique *V*: Berytiumve *Toll.*   21 Aquitanica *Toll.*:
Aquitanaque *V*   22 sed non *Vin.*: et non *V*: non et *Scal.*

exactisque dehinc per trina decennia fastis
    deserui doctor municipalem operam,
aurea et Augusti palatia iussus adire   25
    Augustam subolem grammaticus docui,
mox etiam rhetor; nec enim fiducia nobis
    vana aut non solidi gloria iudicii.
cedo tamen fuerint fama potiore magistri,
    dum nulli fuerit discipulus melior.   30
Alcides Atlantis et Aeacides Chironis,
    paene Iove iste satus, filius ille Iovis,
Thessaliam Thebasque suos habuere penates:
    at meus hic toto regnat in orbe suo.
cuius ego comes et quaestor et, culmen honorum, 35
    praefectus Gallis et Libyae et Latio,
et, prior indeptus fasces Latiamque curulem,
    consul, collega posteriore, fui.
hic ergo Ausonius: sed tu ne temne, quod ultro
    patronum nostris te paro carminibus.   40

2. *Ausonius Syagrio*

Pectoris ut nostri sedem colis, alme Syagri,
    communemque habitas alter ego Ausonium,
sic etiam nostro praefatus habebere libro,
    differat ut nihilo, sit tuus anne meus.

3. *Theodosio Augusto Ausonius*

Agricolam si flava Ceres dare semina terrae,
    Gradivus iubeat si capere arma ducem,
solvere de portu classem Neptunus inermem,
    fidere tam fas est quam dubitare nefas,

24 deserui *Brandes*: adserui *V in ras.*   28 vana *Lugd.*:
una *V*   35 ego et *Heins.*   36 praefectus *Lugd.*:
praefectis *V*   39 ergo *Sebis.*: ego *V*: ego sum *Heins.*
2 *V*
3 *VPH*

insanum quamvis hiemet mare crudaque tellus 5
seminibus, bello nec satis apta manus.
nil dubites auctore bono. mortalia quaerunt
consilium, certus iussa capesse dei.
scribere me Augustus iubet et mea carmina poscit
paene rogans; blando vis latet imperio. 10
non habeo ingenium, Caesar sed iussit—habebo.
cur me posse negem, posse quod ille putat?
invalidas vires ipse excitat et iuvat idem
qui iubet: obsequium sufficit esse meum.
non tutum renuisse deo; laudata pudoris 15
saepe mora est, quotiens contra parem dubites.
quin etiam non iussa parant erumpere dudum
carmina: quis nolit Caesaris esse liber,
ne ferat indignum vatem centumque lituras,
mutandas semper deteriore nota? 20
tu modo te iussisse, pater Romane, memento
inque meis culpis da tibi tu veniam.

4. *Ausonius Drepanio filio*

'Cui dono lepidum novum libellum?'
Veronensis ait poeta quondam
inventoque dedit statim Nepoti.
at nos illepidum rudem libellum,
burras quisquilias ineptiasque, 5
credemus gremio cui fovendum?
inveni—trepidae silete nugae—
nec doctum minus et magis benignum
quam quem Gallia praebuit Catullo.
hoc nullus mihi carior meorum, 10

7 bono *PH*: bonum *V*   9 poscit *PH*: poscat *V ut vid.*
10 vis *VH*ᵖᶜ: vix *PH*ᵃᶜ   11 ingenium *V*: ingenio *PH*
14 esse *VN*: ipse *P*   15 tutum *VH*: totum *P*   17 parant *VH*:
parum *P*
4 *V*   4 rudem *Pulm.*: rude *V*

quem pluris faciunt novem sorores
quam cunctos alios Marone dempto.
'Pacatum haud dubie, poeta, dicis?'
ipse est. intrepide volate, versus,
et nidum in gremio fovete tuto.   15
hic vos diligere, hic volet tueri;
ignoscenda teget, probata tradet.
post hunc iudicium timete nullum.
        vale.

5. προσωποποιία *in chartam*

Si tineas cariemque pati te, charta, necesse est,
    incipe versiculis ante perire meis.
'malo', inquis, 'tineis'. sapis, aerumnose libelle,
    perfungi mavis qui leviore malo.
ast ego damnosae nolo otia perdere Musae,   5
    iacturam somni quae parit atque olei.
'utilius dormire fuit quam perdere somnum
    atque oleum.' bene ais, causa sed ista mihi est.
irascor Proculo, cuius facundia tanta est
    quantus honos: scripsit plurima quae cohibet.   10
hunc studeo ulcisci. et prompta est ultio vati:
    qui sua non edit carmina, nostra legat.
huius in arbitrio est, seu te iuvenescere cedro
    seu iubeat duris vermibus esse cibum.
huic ego quod nobis superest ignobilis oti   15
    deputo, sive legat quae dabo sive tegat.

11 pluris *Lugd.*: plurimis *V*   15 nidum *Scal.*: nudum *V*
5 *VPHZ* (*Z* = *CKMT*)   4 qui *PHCKM*: quod *V*: quam *T*
8 bene ais *VPH*: verum *Z*   9 irascor proculo *VPH*: agat irascor *Z*:
Pacato irascor *Toll.*   11 hunc *VH*: hinc *PCK*ᵖᶜ*MT*   et prompta
est] sed prompta est *Kenney*: et iam p. e. *Peip.*: et p. e. haec *ed. pr.*

I

Mane iam clarum reserat fenestras,
iam strepit nidis vigilax hirundo;
tu velut primam mediamque noctem,
    Parmeno, dormis.

dormiunt glires hiemem perennem,   5
sed cibo parcunt; tibi causa somni,
multa quod potas nimiaque tendis
    mole saginam.

inde nec flexas sonus intrat aures
et locum mentis sopor altus urget   10
nec coruscantis oculos lacessunt
    fulgura lucis.

annuam quondam iuveni quietem,
noctis et lucis vicibus manentem,
fabulae fingunt, cui Luna somnos   15
    continuarit.

surge, nugator, lacerande virgis,
surge, ne longus tibi somnus, unde
non times, detur; rape membra molli,
    Parmeno, lecto.   20

fors et haec somnum tibi cantilena
Sapphico suadet modulata versu;
Lesbiae depelle modum quietis,
    acer iambe.

II *V*   Incipit Ephemeris id est totius diei negotium *V*
1 4, 20 Parmeno *Lugd.*: parmino *V*   7 caedis *Toll. dub.*
12 solis *Markland*   23 Lesbiae *Pulm.*: Lesbii *V*

7

2

Puer, eia, surge et calceos
et linteam da sindonem;
da, quicquid est, amictui
quod iam parasti, ut prodeam;
da rore fontano abluam   5
manus et os et lumina.

pateatque fac sacrarium
nullo paratu extrinsecus:
pia verba, vota innoxia
rei divinae copia est.   10
nec tus cremandum postulo
nec liba crusti mellei,
foculumque vivi caespitis
vanis relinquo altaribus.

deus precandus est mihi   15
ac filius summi dei,
maiestas unius modi,
sociata sacro spiritu—
et ecce iam vota ordior
et cogitatio numinis   20
praesentiam sentit pavens.

3

Omnipotens, solo mentis mihi cognite cultu,
ignorate malis et nulli ignote piorum,
principio extremoque carens, antiquior aevo
quod fuit aut veniet, cuius formamque modumque

2 *V*   6 hos *V*   16 hac *V in ras.*   18 spiritu *Vin.*:
spiritui *V*   *post* 21 pa.*** e quam spes fides *V*ᵐᵍ *in ras.* (*reliqua
mihi incerta:* pavet neme quam spes fides *teste Vin.*): *del. Lugd.*: paves
nequicquam, spes fides *Scal.*: pavetne quicquam spes fides *Toll.*

3 *VNDEZ (Z = CKLT); in E tantum* 59–78 *et* 58   Oratio *VE*:
oratio sancti ausoni *N*: oratio matutina ad deum omnipotentem *D*:
precatio matutina ad omnipotentem deum *Z*   1 solo mentis mihi
cognite cultu *VN*: quem mente colo pater unice rerum *DZ* (rex *T*)

8

nec mens complecti poterit nec lingua profari,   5
cernere quem solus coramque audire iubentem
fas habet et patriam propter considere dextram
ipse opifex rerum, rebus causa ipse creandis,
ipse dei verbum, verbum deus, anticipator
mundi quem facturus erat, generatus in illo   10
tempore quo tempus nondum fuit, editus ante
quam iubar et rutilus caelum illustraret Eous;
quo sine nil actum, per quem facta omnia; cuius
in caelo solium, cui subdita terra sedenti
et mare et obscurae chaos insuperabile noctis;   15
irrequies, cuncta ipse movens, vegetator inertum,
non genito genitore deus, qui fraude superbi
offensus populi gentes in regna vocavit,
stirpis adoptivae meliore propage colendus;
cernere quem licuit proavis, quo numine viso   20
et patrem vidisse datum; contagia nostra
qui tulit et diri passus ludibria leti
esse iter aeternae docuit remeabile vitae,
nec solam remeare animam, sed corpore toto
caelestes intrare plagas et inane sepulchri   25
arcanum vacuis adopertum linquere terris.
     nate patris summi nostroque salutifer aevo,
virtutes patrias genitor cui tradidit omnes,
nil ex invidia retinens plenusque datorum,
pande viam precibus patriasque haec perfer ad aures.   30
     da, pater, invictam contra omnia crimina mentem
vipereumque nefas nocituri averte veneni.
sit satis, antiquam serpens quod perdidit Evam
deceptumque adiunxit Adam; nos sera nepotum

---

6 coramque *VNZ*: contraque *D*   8–16 *om. Z*   13 factum
Green dub.   20 numine *VDCKL*: nomine *NT*   21 datum
NDZ: datur *V*pc   24 solam *VDZ*: solum *N*   30 haec
perfer *VDL*: perfer *N*: hoc perfer *C*: hoc affer *K*: haec defer *T*
33 antiquus *Bolt*   perdidit *N*: prodidit *DZ*: *in V incertum*
34 adiunxit *VNZ*: infecit *D*

semina, veridicis aetas praedicta prophetis,   35
vitemus laqueos, quos letifer implicat anguis.
pande viam, quae me post vincula corporis aegri
in sublime ferat, puri qua lactea caeli
semita ventosae superat vaga nubila lunae,
qua proceres abiere pii quaque integer olim   40
raptus quadriiugo penetrat super aera curru
Elias et solido cum corpore praevius Enoch.

  da, pater, aeterni speratam luminis auram,
si lapides non iuro deos unumque verendi
suspiciens altare sacri libamina vitae   45
intemerata fero, si te dominique deique
unigenae cognosco patrem mixtumque duobus
qui super aequoreas volitabat spiritus undas.

  da, genitor, veniam, cruciataque pectora purga,
si te non pecudum fibris, non sanguine fuso   50
quaero nec arcanis numen coniecto sub extis,
si scelere abstineo errori obnoxius, et si
opto magis quam fido bonus purusque probari.
confessam dignare animam, si membra caduca
exsecror et tacitum si paenitet altaque sensus   55
formido excruciat tormentaque sera gehennae
anticipat patiturque suos mens saucia manes.

  da, pater, haec nostro fieri rata vota precatu.
nil metuam cupiamque nihil; satis hoc rear esse,
quod satis est. nil turpe velim nec causa pudoris   60
sim mihi. non faciam cuiquam, quae tempore eodem
nolim facta mihi. nec vero crimine laedar
nec maculer dubio; paulum distare videtur

---

    35 aetas *NDZ*: olim *V*   37 que *VN*: qua *DZ*   38 ferat *V*ᵖᶜ:
feram *DCKL*: fera *NV*ᵃᶜ: ferar *T*   39 nubila *VD*ᵖᶜ*Z*: nebula *D*ᵃᶜ:
lumina *N*   40 qua *NDZ* : quam *V*   43 speratam *NDZ*:
spiratam *V*   45 suspiciens *VDZ*: suscipiens *N*   sacri *VND*:
sacrae *Z*   51 omen *Heins.*   52 errorique obnoxius *C*ˢˡ:
errori ipse obnoxius *ed. Par. 1513*   58 haec *VNDE*: hoc *Z*
61 sim *VDEZ*: sit *N*   non *V*: nec *NDEZ*

suspectus vereque reus. male posse facultas
nulla sit et bene posse adsit tranquilla potestas.   65
sim tenui victu atque habitu, sim carus amicis
et semper genitor sine vulnere nominis huius.
non animo doleam, non corpore; cuncta quietis
fungantur membra officiis; nec saucius ullis
partibus amissum quicquam desideret usus.   70
pace fruar, securus agam, miracula terrae
nulla putem. suprema diei cum venerit hora,
nec timeat mortem bene conscia vita nec optet.
purus ab occultis cum te indulgente videbor,
omnia despiciam, fuerit cum sola voluptas   75
iudicium sperare tuum; quod dum sua differt
tempora cunctaturque dies, procul exige saevum
insidiatorem blandis erroribus anguem.
      haec pia, sed maesto trepidantia vota reatu,
nate, apud aeternum placabilis assere patrem,   80
salvator, deus ac dominus, mens, gloria, verbum,
filius ex vero verus, de lumine lumen,
aeterno cum patre manens, in saecula regnans,
consona quem celebrant modulati carmina David,
et responsuris ferit aethera vocibus Amen.   85

---

64 male *NDZ*: mala *VE*   66 amicis *VEZ*: amicus *N*
68 suetis *Heins.*   72 diei *VN*: di *D*: mihi *C*: dii *EKL*: diis *T*ᵐᵍ: die
Scal.   75 despiciam *V*ᵖᶜ*DZ*: dispiciam *V*ᵃᶜ*N*   voluptas *NDEZ*:
voluntas *V*   77 cunctaturque *VN*: cunctanturque *DEZ*
saevum *VND*: saevo (sc- *KT*) *EZ*   80 nate *VN*: Christe *DZ*
84 consona quem celebrant modulati carmina David (mistica quem . . .
N) *VND* (*D post versum infra memoratum*): consona quem celebrat
modulato carmine plebes *DZ*   85 aethera *S. Marcianus Lat.*
XIV. 230 (coll. 4736): aera *VNDZ*

11

4

Satis precum datum deo,
quamvis satis numquam reis
fiat precatu numinis.
habitum forensem da, puer.
dicendum amicis est 'ave   5
valeque', quod fit mutuum.
quod cum per horas quattuor

      *   *   *

inclinet ad meridiem,
monendus est iam Sosias.

5

Tempus vocandis namque amicis appetit.
ne nos vel illi demoremur prandium,
propere per aedes curre vicinas, puer.
scis ipse qui sint; iamque dum loquor redi.
quinque advocavi; sex enim convivium   5
cum rege iustum, si super, convicium est.
abiit: relicti nos sumus cum Sosia.

6

Sosia, prandendum est. quartam iam totus in horam
   sol calet; ad quintam flectitur umbra notam.
an vegeto madeant condita obsonia gustu
   (fallere namque solent) experiundo proba.
concute ferventes palmis volventibus ollas,   5
   tinge celer digitos iure calente tuos,
vibranti lambat quos umida lingua recursu

    *   *   *   *   *

4 *V*   2 rei *Gron.*: a reis *Axt*   3 precatus *Baehrens* numini *Gron.*

5 *V*   1 iamque *Salmasius*   2 illi *V*ac: illis *V*pc

6 *V*   7 recursu *Scal.*: recursus *V*

7

Puer, notarum praepetum
sollers minister, advola.
bipatens pugillar expedi,
cui multa fandi copia,
punctis peracta singulis   5
ut una vox absolvitur.
ego volvo libros uberes
instarque densae grandinis
torrente lingua perstrepo;
tibi nec aures ambigunt,   10
nec occupatur pagina,
et mota parce dextera
volat per aequor cereum.
cum maxime nunc proloquor
circumloquentis ambitu,   15
tu sensa nostri pectoris
vix dicta iam ceris tenes.
sentire tam velox mihi
vellem dedisset mens mea
quam praepetis dextrae fuga   20
tu me loquentem praevenis.
quis, quaeso, quis me prodidit?
quis ista iam dixit tibi,
quae cogitabam dicere?
quae furta corde in intimo   25
exercet ales dextera?
quis ordo rerum tam novus,
veniat in aures ut tuas
quod lingua nondum absolverit?

---

7 *Z* (= *CKMT*)   1 praepetum *ed. Ven. 1496*: praereptum *C*:
praeceptum *KMT*   5 peracta *CM*: proiecta *T*: *om. K*   7 evolvo
Avant.   10 tibi *ed. Ven. 1496*: tibique *Z*   12 parce *C*: perte
K: perce *M*: per te *T*   17 vix *CK*: vis *M*: vel *T*

doctrina non hoc praestitit 30
nec ulla tam velox manus
celeripedis compendii:
natura munus hoc tibi
deusque donum tradidit,
quae loquerer ut scires prius 35
idemque velles quod volo.

8

* * * * *

quadrupedum et volucrum, vel cum terrena marinis
monstra admiscentur, donec purgantibus euris
difflatae liquidum tenuentur in aera nubes.
nunc fora, nunc lites, lati modo pompa theatri
visitur, et turmas equitum caedesque latronum 5
perpetior; lacerat nostros fera belua vultus
aut in sanguinea gladio grassamur harena.
per mare navifragum gradior pedes et freta cursu
transilio et subitis volito super aera pinnis.
infandas etiam veneres incestaque noctis 10
dedecora et tragicos patimur per somnia coetus.
perfugium tamen est, quotiens portenta soporum
solvit rupta pudore quies et imagine foeda
libera mens vigilat; totum bene conscia lectum
pertractat secura manus, probrosa recedit 15
culpa tori et profugi vanescunt crimina somni.
cerno triumphantes inter me plaudere; rursum
inter captivos trahor exarmatus Alanos.
templa deum sanctasque fores palatiaque aurea
specto et Sarrano videor discumbere in ostro 20
et mox fumosis conviva accumbo popinis.

8 V   ante 1 lac. Lugd.   10–16 del. Schetter, post 21 transp.
Mondin   16 vanescunt Goetz: manusquum V: munus cum
(crimine) Vin.: iam nusquam Pichon: sunt nusquam Blomgren

divinum perhibent vatem sub frondibus ulmi
vana ignavorum simulacra locasse soporum
et geminas numero portas: quae fornice eburno
semper fallaces glomerat super aera formas,   25
altera quae veros emittit cornea visus.
quod si de dubiis conceditur optio nobis,
deesse fidem laetis melius quam vana timeri.
ecce ego iam malim falli; nam dummodo semper
tristia vanescant, potius caruisse fruendis   30
quam trepidare malis. satis est bene, si metus absit.
[sunt et qui fletus et gaudia controversum
coniectent varioque trahant eventa relatu.]
ite per obliquos caeli, mala somnia, mundos,
irrequieta vagi qua difflant nubila nimbi,   35
lunares habitate polos; quid nostra subitis
limina et angusti tenebrosa cubilia tecti?
me sinite ignavas placidum traducere noctes,
dum redeat roseo mihi Lucifer aureus ortu.
quod si me nullis vexatum nocte figuris   40
mollis tranquillo permulserit aere somnus,
hunc lucum, nostro viridis qui frondet in agro
ulmeus, excubiis habitandum dedico vestris.

III. AD PATREM DE SVSCEPTO FILIO

Credideram nil posse meis affectibus addi
   quo, venerande pater, diligerere magis.
accessit (grates superis medioque nepoti,
   bina dedit nostris qui iuga nominibus),   4
accessit titulus, tua quo reverentia crescat,   9
   quo doceam natum quid sit amare patrem.   10

22 frondibus *Lugd.*: fontibus *V*   29–33 *del. Schetter,*
32–3 *Green*   32 controversum *Souchay* (contra- *Sch.*):
controversorum *V*   41 somnus *Lugd.*: somnos *V*
III *V*   2 quo *Lugd.*: quod *V*   3 grates superis *Gron.*: gratis
super his *V*   9–10 *post* 4 *transp. Brandes*   10 quid *Pulm.*:
quod *V*

ipse nepos te fecit avum, mihi filius idem   5
   et tibi ego: hoc nato nos sumus ambo patres.
nec iam sola mihi pietas mea suadet amorem:
   nomine te gemini iam genitoris amo.   8
quippe tibi aequatus videor, quia parvulus isto   11
   nomine honoratum me quoque nobilitat,
dein aetas quia nostra eadem: nam supparis aevi
   sum tibi ego et possum fratris habere vicem.
nec tantum nostris spatium interponitur annis,   15
   quanta solent alios tempora dividere:
vidi ego natales fratrum distare tot annis,
   quot nostros. aevum nomina non onerant.
pulchra iuventa tibi senium sic iungit, ut aevum
   quod prius est maneat, quod modo ut incipiat;   20
et placuisse reor geminis aetatibus, ut se
   non festinato tempore utraque daret,
leniter haec flueret, haec non properata veniret,
   maturam frugem flore manente ferens.
annos me nescire tuos, pater optime, testor,   25
   totque putare tuos quot reor esse meos.
nesciat hos natus; numeret properantior heres,
   testamenta magis quam pia vota fovens,
exemploque docens pravo iuvenescere natos
   ut nolint patres se quoque habere senes.   30
verum ego primaevo genitus genitore fatebor
   supparis haec aevi tempora grata mihi.
debeo quod natus, suadet pia cura nepotis
   addendum patri, quo veneremur avum.
tu quoque, mi genitor, geminata vocabula gaude,   35
   nati primaevi nomine factus avus.
exiguum, quod avus: faveant pia numina divum
   deque nepote suo fiat avus proavus.

11 isto *Vin.*: iste *V*   13 dein *Sch.*: bon *V*: atque *Lugd.*: paene *Axt*   13, 32 supparis *Lugd.*: subpatris *V*   14 habere *Lugd.*: abare *V*   18, 26 quot *Lugd.*: quod *V*   27 hos *Gron.*: hoc *V*   35 genitor *Lugd.*: genite *V*   37 numina *Lugd.*: nomina *V*

largius et poterunt producere fata senectam;
sed rata vota reor, quae moderata, magis.   40

IV. VERSVS PASCHALES

Sancta salutiferi redeunt sollemnia Christi
et devota pii celebrant ieiunia mystae;
at nos aeternum cohibentes pectore cultum
intemeratorum vim continuamus honorum.
annua cura sacris, iugis reverentia nobis.   5
   magne pater rerum, cui terra et pontus et aer
Tartaraque et picti servit plaga lactea caeli,
noxia quem scelerum plebis tremit almaque rursum
concelebrat votis animarum turba piarum,
tu brevis hunc aevi cursum celeremque caducae   10
finem animae donas aeternae munere vitae.
tu mites legum monitus sacrosque prophetas
humano impertis generi servasque nepotes,
deceptum miseratus Adam, quem capta venenis
implicuit socium blandis erroribus Eva.   15
tu natum, pater alme, tuum, verbumque deumque,
concedis terris totum similemque paremque,
ex vero verum vivaque ab origine vivum.
ille tuis doctus monitis hoc addidit unum,
ut super aequoreas nabat qui spiritus undas   20
pigra immortali vegetaret membra lavacro.
trina fides auctore uno, spes certa salutis
hunc numerum iunctis virtutibus amplectenti.
   tale et terrenis specimen spectatur in oris

IV VPHZ (Z = CKMT)   5 sacris PHZ: sacri V
8 plebis VPHMT^{ac}: plebes CT^{pc}: plebs K   10 celeremque PHZ:
celebremque V   11 donas] redimis Sch.: cumulas vel pensas Green
dub.   16 natum . . . verbumque Green: verbum . . . natumque
codd.   23 amplectenti VPH: amplectendi Z

Augustus genitor, geminum sator Augustorum,   25
qui fratrem natumque pio complexus utrumque
numine partitur regnum neque dividit unum,
omnia solus habens atque omnia dilargitus.
hos igitur nobis trina pietate vigentes,
rectores terrae placidos caelique ministros,   30
Christe, apud aeternum placabilis assere patrem.

V. EPICEDION IN PATREM

Praefatio

Post deum semper patrem colui secundamque reveren-
tiam genitori meo debui. sequitur ergo hanc summi dei
venerationem epicedion patris mei. titulus a Graecis
auctoribus, defunctorum honori dicatus, non ambitiosus
5 sed religiosus. quem commendo lectori meo, sive is filius
est seu pater sive utrumque. neque ut laudet exigo, sed ut
amet postulo; neque vero nunc patrem meum laudo, quod
ille non eget et ego functum oblectatione viventium
onerare non debeo. neque dico nisi quod agnoscunt qui
10 parti aetatis eius interfuerunt. falsum me autem morte
eius obita dicere et verum tacere eiusdem piaculi existimo.
imagini ipsius hi versus subscripti sunt neque minus in
opusculorum meorum seriem relati. alia omnia mea dis-
plicent mihi, hoc relegisse amo.

Nomen ego Ausonius; non ultimus arte medendi,
    et, mea si nosses tempora, primus eram.
vicinas urbes colui patriaque domoque:
    Vasates patria, sed lare Burdigalam.

---

27 numine *Z*: nomine *VPH*
v *V*   *praef.* 14 hoc *V*: hos *Lugd.*
VZ (*Z = CKLT*)
    1 ultimus *VCKL*: infimus *T*   2 si nosses *VKL*: si nosces *C*: si
quaeris *T*

curia me duplex et uterque senatus habebat   5
    muneris exsortem, nomine participem.
non opulens nec egens, parcus sine sordibus egi:
    victum habitum mores semper eadem habui.
sermone impromptus Latio, verum Attica lingua
    suffecit culti vocibus eloquii.   10
obtuli opem cunctis poscentibus artis inemptae
    officiumque meum cum pietate fuit.
iudicium de me studui praestare bonorum;
    ipse mihi numquam iudice me placui.
officia in multos diverso debita cultu   15
    personis meritis tempore distribui.
litibus abstinui; non auxi, non minui rem;
    indice me nullus, sed neque teste, perit.
invidi numquam; cupere atque ambire refugi;
    iurare aut falsum dicere par habui.   20
factio me sibi non, non coniuratio iunxit;
    sincero colui foedere amicitias.
felicem scivi, non qui quod vellet haberet,
    sed qui per fatum non data non cuperet.
non occursator, non garrulus, obvia cernens,   25
    valvis et velo condita non adii.
famam, quae posset vitam lacerare bonorum,
    non finxi et, veram si scierim, tacui.
ira procul, spes vana procul, procul anxia cura,
    inque bonis hominum gaudia falsa procul.
vitati coetus eiuratique tumultus   30
    et semper fictae principum amicitiae.
deliquisse nihil numquam laudem esse putavi
    atque bonos mores legibus antetuli.
[irasci promptus properavi condere motum   35
    atque mihi poenas pro levitate dedi.]

13–16 *om. Z*   18 indice *VCKL:* iudice *T*   19–26 *om. Z*
28 veram si scierim *V:* vera si qua fuit *Z*   29–34 *om. Z*
35–6 *om. V, del. Pasto.*

coniugium per lustra novem sine crimine concors
unum habui; natos quattuor edidimus.
prima obiit lactans, at qui fuit ultimus aevi
pubertate rudi non rudis interiit.   40
maximus ad summum columen pervenit honorum,
praefectus Gallis et Libyae et Latio,
tranquillus, clemens, oculis voce ore serenus,
in genitore suo mente animoque pater.
huius ego et natum et generum pro consule vidi;   45
consul ut ipse foret, spes mihi certa fuit.
matronale decus possedit filia, cuius
egregia et nuptae laus erat et viduae;
quae nati generique et progeneri simul omnium
multiplici illustres vidit honore domos.   50
ipse nec affectans nec detrectator honorum
praefectus magni nuncupor Illyrici.
haec me fortunae larga indulgentia suasit
numine adorato vitae obitum petere,
ne fortunatae spatium inviolabile vitae   55
fatali admorsu stringeret ulla dies.
obtinui auditaeque preces: spem vota timorem
sopitus placido fine relinquo aliis.
inter maerentes, sed non ego maestus, amicos
dispositis iacui funeris arbitriis.   60
nonaginta annos baculo sine, corpore toto
exegi, cunctis integer officiis.
haec quicumque leges, non aspernabere fari:
'talis vita tibi, qualia vota mihi.'

37 concors *V*: consors *Z*   38 natos quattuor edidimus *V*: natos
tris numero genui *Z*   *39–40 om. Z*   41 summum
columen *VKL*: summum culmen *C*: culmen summum *T*   43 *om. Z*
49 omnium *VCL*: omnes *KT*   54 mitem *Sch. dub.*   obitum *V*:
abitum *C*: habitum *KLT*   56 admorsu *Z*: morsu *V*   60 iacui *Z*:
tacui *V*

VI. DE HEREDIOLO

Cum de palatio post multos annos honoratissimus, quippe
iam consul, redisset ad patriam, villulam quam pater
liquerat introgressus his versibus lusit Luciliano stilo.

Salve, herediolum, maiorum regna meorum,
    quod proavus, quod avus, quod pater excoluit,
quod mihi iam senior properata morte reliquit—
    eheu nolueram tam cito posse frui!
iusta quidem series patri succedere, verum   5
    esse simul dominos gratior ordo piis.
nunc labor et curae mea sunt; sola ante voluptas
    partibus in nostris, cetera patris erant.
parvum herediolum, fateor, sed nulla fuit res
    parva umquam aequanimis, adde etiam unanimis.   10
ex animo rem stare aequum puto, non animum ex re.
    cuncta cupit Croesus, Diogenes nihilum;
spargit Aristippus mediis in Syrtibus aurum,
    aurea non satis est Lydia tota Midae.
cui nullus finis cupiendi, est nullus habendi;   15
    ille opibus modus est, quem statuas animo.
verum ager iste meus quantus sit, nosce, etiam ut me
    noveris et noris te quoque, si potis es.
quamquam difficile est se noscere: γνῶθι σεαυτόν
    quam propere legimus tam cito neglegimus.   20
agri bis centum colo iugera, vinea centum
    iugeribus colitur prataque dimidio;
silva supra duplum quam prata et vinea et arvum.
    cultor agri nobis nec superest nec abest.

---

vi V   praef. 3 liquerat V: reliquerat Lugd.   Luciliano Scal.:
Luciano V: Lucaniaco Pulm.: Lucano Brandes
    3 reliquit Sannazarius: relinquid V: relinquit Acc.   7 curae
Acc.: cura V   17 etiam ut me Vin. (1580): ut etiam me V: etiam
me Vin. (1551)   19 γνῶθι σεαυτόν Sannazarius: gnoti
seauton V   22 dimidio Toll.: dimidium V

fons propter puteusque brevis, tam purus et amnis;   25
  naviger hic refluus me vehit ac revehit.
conduntur fructus geminum mihi semper in annum;
  cui non longa penus, huic quoque prompta fames.
haec mihi nec procul urbe sita est, nec prorsus ad urbem,
  ne patiar turbas utque bonis potiar;   30
et quotiens mutare locum fastidia cogunt,
  transeo et alternis rure vel urbe fruor.

VII. PATER AD FILIVM

Pater ad filium, cum temporibus tyrannicis ipse Treveris
remansisset et filius ad patriam profectus esset. hoc
incohatum neque impletum sic de liturariis scriptum.

   *   *   *   *   *

debeo et hanc nostris, fili dulcissime, curis
historiam, quamquam titulo non digna sereno
anxia maestarum fuerit querimonia rerum.
  iam super egelidae stagnantia terga Mosellae
protulerat te, nate, ratis maestique parentis   5
oscula et amplexus discreverat invidus amnis.
solus ego et quamvis coetu celebratus amico
solus eram profugaeque dabam pia vota carinae
solus adhuc te, nate, videns, celerisque remulci
culpabam properos adverso flumine cursus.   10
quis fuit ille dies? non annus longior ille est,
Attica quem docti collegit cura Metonis.
desertus vacuis solisque exerceor oris;
nunc ego pubentes salicum diverbero frondes,

---

   25 tam *Green*: tum *V*   *post* naviger (*non* amnis) *interpunxit Mondin,*
post purus *Grimal*
   VII *V*   *praef.* 2 ad patriam *Dezeimeris*: ad patrem *V*: a patre
Scal.   3 liturariis *Scal.*: litterariis *V*
   ante 1 *lac. Brandes*   5 ratis *Vin.*: rates *V*   12 Metonis
Pith.: medonis *V*   13 oris *Pith.*: aris *V*: arvis *Gron.*
14 diverbero *Green*: deverbero *V*

gramineos nunc frango toros viridisque per ulvas   15
lubrica substratis vestigia libro lapillis.
sic lux prima abiit, sic altera meta diei,
sic geminas alterna rotat vertigo tenebras,
sic alias, totusque mihi sic annus abibit,
restituant donec tua me tibi fata parentem.   20
hac ego condicione licet vel morte paciscar,
dum decores suprema patris tu, nate, superstes.

VIII. PROTREPTICVS AD NEPOTEM

Ausonius Hesperio filio

Libellum quem ad nepotulum meum, sororis tuae filium,
instar protreptici luseram venturus ipse praemisi legen-
dum. hoc enim malui quam ipse recitare, esset ut tibi
censura liberior, quae duabus causis impediri solet: quod
aures nostras audita velocius quam lecta praetereunt et   5
quod sinceritas iudicandi praesentia recitantis oneratur.
nunc tibi utrumque integrum est, quia et legenti libera
mora est et iudicaturo non obstat nostri verecundia. sed
heus tu, fili dulcissime, habeo quod admoneam. si qua tibi
in his versiculis videbuntur (nam vereor ut multa sint)   10
fucatius concinnata quam verius et plus coloris quam suci
habere, ipse sciens fluere permisi, venustula ut essent
magis quam forticula, instar virginum,

                               quas matres student
demissis umeris esse, vincto pectore, ut graciles sient.   15

nosti cetera.

21 hac *Toll.*: haec *V*   22 decores *Lugd.*: decore *V* (e *in ras.*)
   VIII *VPHZ* (*Z* = *CKLT*)   *praef.* 2 praemisi *VPH*:
promisi *Z*   5 oculos *post* quam *add. Mommsen*   7–8 est
quia . . . iudicaturo *om. Z*   10 in . . . ut *om. Z*   11–12 quam
suci habere *VZ*: habere quam suci *PH*   14–15 *Ter. Eun. 313–14*
15–17 ut graciles . . . igitur ut *om. Z*

superest igitur ut dicas, 'quid moraris iudicationem
meam de eo quod ipse pronuntias esse mendosum?' dicam
scilicet me huiusmodi versibus foris erubescere, sed intra
20 nos minus verecundari. namque ego haec annis illius
magis quam meis scripsi aut fortasse et meis: δὶς παῖδες οἱ
γέροντες. ad summam, valeat austeritas tua; mihi cum
infante. vale, fili dulcissime.

Ad nepotem Ausonium

Sunt etiam Musis sua ludicra; mixta Camenis
otia sunt, mellite nepos, nec semper acerbi
exercet pueros vox imperiosa magistri,
sed requie studiique vices rata tempora servant.
et satis est puero memori legisse libenter   5
et cessare licet; Graio schola nomine dicta est,
iusta laboriferis tribuantur ut otia musis.
quo magis alternum certus succedere ludum
disce libens; longum delenitura laborem
intervalla damus. studium puerile fatiscit   10
laeta nisi austeris varientur, festa profestis.
disce libens, tetrici nec praeceptoris habenas
detestere, nepos. numquam horrida forma magistri,
ille licet tristis senio nec voce serenus
aspera contractae minitetur iurgia frontis;   15
numquam immanis erit, placida suetudine vultus
qui semel imbuerit. rugas nutricis amabit
qui refugit matrem; pappos aviasque trementes
anteferunt patribus seri, nova cura, nepotes.

19–20 sed . . . ego *om. Z*   21–2 si δισπαιδες οιτεροντες *P*:
αισιταιαεςοιτεροναεσε (*post octo fere litt. spatium*) *V*: *om. H*: dicas πλιλε-
σοιτεροντες *C* (παιλε- *K*): dicas *LT*   23 infante *VPH*: instante
(istana *T*) ratio est *Z*

VPHEZ (*Z = CKLT*), *in E* 1–17   *deesse initium suspicatur*
Green   4 requie *Toll.*: requies *codd.*   6 graio *VPH*: grato
EZ   8 quo *PHEZ*: quod *V*   10–12 *om. V*   16 placida
suetudine *Barth.*: placita suetudine *VPH*: placet assuetudine *EZ*

sic neque Peliaden terrebat Achillea Chiron   20
Thessalico permixtus equo, nec pinifer Atlans
Amphitryoniaden puerum, sed blandus uterque
mitibus alloquiis teneros mulcebat alumnos.
tu quoque ne metuas, quamvis schola verbere multo
increpet et truculenta senex gerat ora magister: 25
degeneres animos timor arguit. at tibi consta
intrepidus, nec te clamor plagaeque sonantes
nec matutinis agitet formido sub horis.
quod sceptrum vibrat ferulae, quod multa supellex
virgea, quod fallax scuticam praetexit aluta,   30
quod fervent trepido subsellia vestra tumultu,
pompa loci et vani fucatur scaena timoris.
haec olim genitorque tuus genetrixque secuti
securam placido mihi permulsere senectam.
tu senium, quodcumque super labentibus annis   35
fata dabunt, qui nomen avi geris, indole prima
prime nepos, vel re vel spe mihi porge fruendum.
nunc ego te puerum, mox in iuvenalibus annis,
iamque virum cernam, si fors ita iusserit; aut si
invidia est, sperabo tamen, nec vota fatiscent,   40
ut patris utque mei non immemor ardua semper
praemia Musarum cupias facundus et olim
hac gradiare via, qua nos praecessimus et cui
proconsul genitor, praefectus avunculus instant.

    perlege, quodcumque est memorabile; prima monebo. 45
conditor Iliados et amabilis orsa Menandri
evolvenda tibi; tu flexu et acumine vocis

20 Achillea Chiron *Z*: Chiron Achillem *VPH*   22 Amphitryoniaden *PK*: -em *VCL*, *T ut vid.*, -e *H*   25 senex *VPHCKL*:
ferox *T*   26 consta *Z*: constat *V*: constet *PH*   28 nec
CKL: in *VPH*   30 fallax *VPH*: mollis *Z*   32 et] est *Sch.*
dub.   fucatur *P*: fugatur *VH*: fugiatur *Z*   35 super labentibus
Green: superlabentibus *codd.*   36–8 *om. H*   37 porge *Z*:
perge *VP*   39 *om. P*   40 invidiae *Toll.*   *post* 45 perlege
quodcumque est memorabile ut tibi prosit *T*   47 tu *om. V*

innumeros numeros doctis accentibus effer
affectusque impone legens; distinctio sensum
auget et ignavis dant intervalla vigorem.   50
ecquando ista meae contingent dona senectae?
quando oblita mihi tot carmina totque per aevum
conexa historiae, soccos aulaeaque regum
et melicos lyricosque modos profando novabis
obductosque seni facies puerascere sensus?   55
te praeeunte, nepos, modulata poemata Flacci
altisonumque iterum fas est didicisse Maronem.
tu quoque, qui Latium lecto sermone, Terenti,
comis et astricto percurris pulpita socco,
ad nova vix memorem diverbia coge senectam.   60
iam facinus, Catilina, tuum, Lepidique tumultum,
ab Lepido et Catulo iam res et tempora Romae
orsus bis senos seriem conecto per annos;
iam lego civili mixtum Mavorte duellum,
movit quod socio Sertorius exul Hibero.   65
     nec rudis haec avus admoneo, sed mille docendo
ingenia expertus. multos lactantibus annis
ipse alui gremioque fovens et murmura solvens
eripui tenerum blandis nutricibus aevum.
mox pueros molli monitu et formidine leni   70
pellexi, ut mites peterent per acerba profectus,
carpturi dulcem fructum radicis amarae.
idem vesticipes motu iam puberis aevi
ad mores artesque bonas fandique vigorem
produxi, quamquam imperium cervice negarent   75
ferre nec insertis praeberent ora lupatis.
ardua temperies, dura experientia, rarus

51 ecquando *Scal.*: et q. *VH*: e q. *P*: haec q. *Z*   52 quando
suspectum habet Green   54 profando *V*: profanda *PH*:
praefando *CK*: perfando *LT*   57 fas est didicisse *VZ*: edidicisse
P: fas edidicisse *H*   62–3 *post* 65 (64 *om. P*) *VPH*   67 lactantibus *VPHKL*: lactentibus *C*: letantibus *T*   72 carpturi *VPH*:
capturi *Z*

eventus, longo rerum spectatus ab usu,
ut regat indocilem mitis censura iuventam:
quae tolerata mihi, donec iam aerumna iuvaret   80
leniretque usu bona consuetudo laborem,
donec ad Augustae pia munera disciplinae
accirer varioque accingerer auctus honore,
aurea cum parere mihi palatia iussum.
absistat Nemesis, ferat et fortuna iocantem—   85
praesedi imperio, dum praetextatus in ostro
et sceptro et solio praefert sibi iura magistri
maioresque putat nostros Augustus honores.
quos mox sublimi maturus protulit auctu
quaestor ut Augustis patri natoque crearer,   90
ut praefecturam duplicem sellamque curulem,
ut trabeam pictamque togam, mea praemia, consul
induerem fastisque meis praelatus haberer.
his ego quaesivi meritum quam grande nepoti
consul avus, lumenque tuae praeluceo vitae.   95
quamvis et patrio iamdudum nomine clarus
posses ornatus, posses oneratus haberi,
accessit tamen ex nobis honor inclitus; hunc tu
effice ne sit onus, per te ut conixus in altum
conscendas speresque tuos te consule fasces.   100

IX. GENETHLIACOS

Carmina prima tibi cum iam puerilibus annis
traderet assidui permulcens cura magistri
imbueretque novas aures sensusque sequaces,
ut respondendas docili quoque murmure voces

80 iam *VZ*: me *PH*   81 usu *Heins*.: usum *codd.*   laborem *V*:
laborum *PHZ*   84 praesedi *PHZ*: praecedi *V*   89 quos
PHZ: quod   *V*   90 augustis   *PHCK*   (ang-   *P*):
augustus *VLT*   97 oneratus *Ug.*: honoratus *VHZ*: ornatus *P*
   IX *VPH*

emendata rudi perferret lingua palato, 5
addidimus nil triste senes, ne cura monendi
laederet aut dulcis gustus vitiaret amaris.
at modo cum motu vigeas iam puberis aevi
fortiaque a teneris possis secernere et ipse
admonitor morumque tibi fandique videri, 10
accipe non praecepta equidem, sed vota precantis
et gratantis avi festum ad sollemne nepotis.

   *   *   *   *   *

annuit ut reducem fatorum ab fine senectam
sospes agam festumque diem dubitataque cernam
sidera, deposito prope conclamatus in aevo. 15
hoc, mellite nepos, duplicato faenore partum
natali accedente tuo, munusque salutis
plenius hoc nostrae, quod iam tibi puberis aevi
crescit honos iuvenemque senex iam cerno nepotem.
sexta tibi haec primo remeat trieteris ab anno, 20
Septembres notis referens natalibus idus.
idus alma dies, geniis quoque culta deorum:
Sextiles Hecate Latonia vindicat idus,
Mercurius Maias, superorum adiunctus honori.
Octobres olim genitus Maro dedicat idus. 25
idus saepe colas bis senis mensibus omnes,
Ausonii quicumque mei celebraveris idus.
     vale, nepos dulcissime.

---

6 monendi *Avant.*: movendi *VPH*   7 dulces *Vin.*
11 praecepta   equidem *H*: praeceptequidem *V*ᵃᶜ: praecepta
quidem *V*ᵖᶜ*P*   *post* 12 *lac. Vin.*   21 notis *VH*: nostis *P*:
votis *Heins.*

X. PARENTALIA

Praefatio in prosa (A)

Scio versiculis meis evenire ut fastidiose legantur: quippe
sic meritum est eorum. sed quosdam solet commendare
materia et aliquotiens fortasse lectorem solum lemma
sollicitat tituli, ut festivitate persuasus et ineptiam ferre
contentus sit. hoc opusculum nec materia amoenum est 5
nec appellatione iucundum. habet maestam religionem,
qua carorum meorum obitus tristi affectione commemoro.
titulus libelli est Parentalia. antiquae appellationis hic dies
et iam inde ab Numa cognatorum inferiis institutus: nec
quicquam sanctius habet reverentia superstitum quam ut 10
amissos venerabiliter recordetur.

Item praefatio versibus adnotata (B)

Nomina carorum iam condita funere iusto,
    fleta prius lacrimis, nunc memorabo modis,
nuda, sine ornatu, fandique carentia cultu:
    sufficit inferiis exsequialis honos.
nenia, funereis satis officiosa querellis, 5
    annua ne tacitum munera praetereas
quae Numa cognatis sollemnia dedicat umbris,
    ut gradus aut mortis postulat aut generis.
hoc satis est tumulis, satis et telluris egenis:
    voce ciere animas funeris instar habet. 10
gaudent compositi cineres sua nomina dici;
    frontibus hoc scriptis et monumenta iubent.
ille etiam, maesti cui defuit urna sepulchri,
    nomine ter dicto paene sepultus erit.

x V
(A) 3 tituli del. Reeve
(B) 1–4 post 8 transp. Brandes   6 tacitum Green: tacitus V:
tacitis Peip.: tacite Jachmann   praeteream Mondin   8 sortis vel
meriti Peip.: mentis Sh.B.   aut Lugd.: ut V   9 est . . . et Green:
et . . . et V: est . . . est Peip.

29

at tu, quicumque es, lector, qui fata meorum   15
   dignaris maestis commemorare elegis,
inconcussa tuae percurras tempora vitae
   et praeter iustum funera nulla fleas.

1. *Iulius Ausonius pater*

Primus in his pater Ausonius, quem ponere primum,
   etsi cunctetur filius, ordo iubet.
cura dei, placidae functus quod honore senectae
   undecies binas vixit Olympiadas;
omnia quae voluit qui prospera vidit; eidem   5
   optavit quicquid, contigit ut voluit,
non quia fatorum nimia indulgentia, sed quod
   tam moderata illi vota fuere viro;
quem sua contendit septem sapientibus aetas,
   quorum doctrinam moribus excoluit,   10
viveret ut potius quam diceret arte sophorum,
   quamquam et facundo non rudis ingenio,
praeditus et vitas hominum ratione medendi
   porrigere et fatis amplificare moras.
inde et perfunctae manet haec reverentia vitae,   15
   aetas nostra illi quod dedit hunc titulum:
ut nullum Ausonius quem sectaretur habebat,
   sic nullum qui se nunc imitetur habet.

2. *Aemilia Aeonia mater*

Proxima tu, genetrix Aeonia, sanguine mixto
   Tarbellae matris patris et Aeduici;
morigerae uxoris virtus cui contigit omnis,
   fama pudicitiae lanificaeque manus
coniugiique fides et natos cura regendi   5
   et gravitas comis laetaque serietas.

---

1 5 prospera vidit V^{pc}: properavit V^{ac} eidem *Toll.*: et idem *V*
post 12 *lac. Sch.*   13 providus *Gron.*   15 perfuncto *Brandes*
2 2 Aeduici *Scal.*: aeducii *V*

aeternum placidos manes complexa mariti,
    viva torum quondam, functa fove tumulum.

3. *Aemilius Magnus Arborius avunculus*

Culta mihi est pietas patre primum et matre vocatis;
    dicere (sed rea fit) tertius, Arborius,
quem primum memorare nefas mihi patre secundo,
    rursum non primum ponere paene nefas.
temperies adhibenda . . .   5
    ante alios, quamquam patre secundus eris.
tu frater genetricis et unanimis genitori
    et mihi, cui fueris quod pater et genetrix;
qui me lactantem, puerum, iuvenemque virumque
    artibus ornasti quas didicisse iuvat.   10
te sibi Palladiae antetulit toga docta Tolosae,
    te Narbonensis Gallia praeposuit,
ornasti cuius Latio sermone tribunal
    et fora Hiberorum quaeque Novempopulis.
hinc tenus Europam fama crescente, petito   15
    Constantinopolis rhetore te viguit.
tu per mille modos, per mille oracula fandi
    doctus, facundus, tu celer atque memor.
tu, postquam primis placui tibi traditus annis,
    dixisti nato me satis esse tibi;   20
me tibi, me patribus clarum decus esse professus,
    dictasti fatis verba notanda meis.
ergo vale Elysiam sortitus, avuncule, sedem:
    haec tibi de Musis carmina libo tuis.

---

8 torum ut *Mertens*   foves *Heins.*

3 1 et *Lugd.*: tum *V*   2 dicere set rea fit *V*: *alia alii*   6 a
patre *Toll.*   eris *Peip. ut vid.*: erit *V*   7 genitori *Gron.*:
genitoris *V*   8 cui *Green* (quoi *iam Sch.*): qui *V*   18 tu
Graev.: tum *V*   20 natum *Sh.B.*

4. *Caecilius Argicius Arborius avus*

Officiosa pium ne desere, pagina, munus;
    maternum post hos commemoremus avum,
Arborium, Aeduico ductum de stemmate nomen,
    complexum multas nobilitate domus,
qua Lugdunensis provincia quaque potentes   5
    Aedues Alpino quaque Vienna iugo.
invida sed nimium generique opibusque superbis
    aerumna incubuit. namque avus et genitor
proscripti, regnum cum Victorinus haberet
    †victor† et in Tetricos reccidit imperium.   10
tum profugum in terris, per quas erumpit Aturrus
    Tarbellique furor perstrepit Oceani,
grassantis dudum Fortunae tela paventem
    pauperis Aemiliae condicio implicuit.
mox tenuis multo quaesita pecunia nisu   15
    solamen fesso, non et opes, tribuit.
tu caeli numeros et conscia sidera fati
    callebas, studium dissimulanter agens.
non ignota tibi nostrae quoque formula vitae,
    signatis quam tu condideras tabulis,   20
prodita non umquam, sed matris cura retexit
    sedula quod timidi cura tegebat avi.
tu novies denos vitam cum duxeris annos,
    expertus Fortis tela cavenda deae,
amissum flebas post trina decennia natum   25
    saucius—hoc laevo lumine cassus eras—

---

4 10 victor *V, vix recte*: ductor *Peip.*   13 grassantis *Lugd.*:
grassantes *V*   16 fesso *Lugd.*: ferro *V ut vid.*   17 fati
Lugd.: fatis *V*   21 matris *Pith.*: inatris *V*   22 quod *Heins.*:
quo *V*: quam *Lugd.*   23 vitae *Axt*   25 flebas *Green*: fletu *V*:
flesti *Scal.*   26 hoc laevo *Sch.*: oclaevuo *vel* ocletuo *V (de lectione
ambigitur)*: ac laevo *Vin.*: atque uno *Toll.*: hocque tuo *Heins.*: hoc leto
Brandes

dicebas sed te solacia longa fovere,
   quod mea praecipuus fata maneret honos.
et modo conciliis animarum mixte priorum
   fata tui certe nota nepotis habes.   30
sentis quod quaestor, quod te praefectus, et idem
   consul honorifico munere commemoro.

5. *Aemilia Corinthia Maura avia*

Aemiliam nunc fare aviam, pia cura nepotis,
   coniunx praedicto quae fuit Arborio.
nomen huic ioculare datum, cute fusca quod olim
   aequales inter Maura vocata fuit.
sed non atra animo, qui clarior esset olore   5
   et non calcata qui nive candidior.
haec non delictis ignoscere prompta pudendis
   ad perpendiculum seque suosque habuit;
haec me praereptum cunis et ab ubere matris
   blanda sub austeris imbuit imperiis.   10
tranquillos aviae cineres praestate, quieti
   aeternum manes, si pia verba loquor.

6. *Aemilia Hilaria matertera* [*virgo devota*]

Tuque gradu generis matertera, sed vice matris
   affectu nati commemoranda pio,
Aemilia, in cunis Hilari cognomen adepta
   quod laeta et pueri comis ad effigiem;
reddebas verum non dissimulanter ephebum,   5
   more virum medicis artibus experiens.
feminei sexus odium tibi semper, et inde
   crevit devotae virginitatis amor,
quae tibi septenos novies est culta per annos;
   quique aevi finis, ipse pudicitiae.   10

29 mixte *Graev*.: mixta *V*   piorum *vel* piarum *Vin.*
5 7 delictis *Green*: deliciis *V*   9 haec me *Lugd.*: haemae *V*
6 virgo devota *del. Mertens*   9 quae *Lugd.*: qua *V*

haec, quia uti mater monitis et amore fovebas,
supremis reddo filius exsequiis.

7. *Cl. Contemtus et Iulius Calippio patrui*

Et patruos, elegea, meos reminiscere cantu:
Contemtum, tellus quem Rutupina tegit,
magna cui et variae quaesita pecunia sortis
heredis nullo nomine tuta perit;
raptus enim laetis et adhuc florentibus annis   5
trans mare et ignaris fratribus oppetiit.
Iulius in longam produxit fata senectam,
affectus damnis innumerabilibus,
qui comis blandusque et mensa commodus uncta
heredes solo nomine nos habuit.   10
ambo pii, vultu similes, ioca seria mixti,
aevi fortunam non habuere parem.
discreti quamquam tumulis et honore iacetis
commune hoc verbi munus habete: vale.

8. *Attusius Lucanus Talisius socer*

Qui proceres veteremque volet celebrare senatum
claraque ab exortu stemmata Burdigalae,
teque tuumque genus memoret, Lucane Talisi,
moribus ornasti qui veteres proavos.
pulcher honore oris, tranquillo pectore comis,   5
facundo aequaevis maior ab ingenio;
venatu et ruris cultu victusque nitore
omne aevum peragens, publica despiciens;
nosci inter primos cupiens, prior esse recusans,
ipse tuo vivens segregus arbitrio.   10
optabas tu me generum florente iuventa:
optare hoc tantum, non et habere datum.

11 uti *Lugd.*: ut *V*
7 1 cantu *Lugd.*: cantus *V*
8 6 aequaevis *Green*: civis *V*: quamvis *Peip.*: quovis *Brandes*: cuivis
Baehrens: cui vis *Pichon*

vota probant superi meritisque faventia sanctis
   implent fata, viri quod voluere boni.
et nunc perpetui sentis sub honore sepulchri,   15
   quam reverens natae quamque tui maneam.
caelebs namque gener haec nunc pia munera solvo:
   nam et caelebs numquam desinam et esse gener.

9. *Attusia Lucana Sabina uxor*

Hactenus ut caros, ita iusto funere fletos,
   functa piis cecinit nenia nostra modis.
nunc dolor atque cruces nec contrectabile fulmen,
   coniugis ereptae mors memoranda mihi.
nobilis a proavis et origine clara senatus,   5
   moribus usque bonis clara Sabina magis,
te iuvenis primis luxi deceptus in annis
   perque novem caelebs te fleo Olympiadas.
nec licet obductum senio sopire dolorem;
   semper crudescit nam mihi poena recens.   10
admittunt alii solacia temporis aegri;
   haec graviora facit vulnera longa dies.
torqueo deceptos ego vita caelibe canos,
   quoque magis solus, hoc mage maestus ago.
vulnus alit, quod muta domus silet et torus alget,   15
   quod mala non cuiquam, non bona participo.
maereo, si coniunx alii bona, maereo contra,
   si mala: ad exemplum tu mihi semper ades.
tu mihi crux ab utraque venis, sive est mala, quod tu
   dissimilis fueris, seu bona, quod similis.   20
non ego opes cassas et inania gaudia plango,
   sed iuvenis iuveni quod mihi rapta viro:
laeta, pudica, gravis, genus inclita et inclita forma,
   et dolor atque decus coniugis Ausonii.

---

16 reverens *Lugd*.: referens *V*   17 solvit *Pichon*   18 desinam et *Heins*.: desinet *V*
9 3 fulmen *V*: vulnus *Peip*.   7 luxi *Scal*.: luxu *V*
13 canos *Lugd*.: canus *V*

quae modo septenos quater impletura Decembres,   25
    liquisti natos, pignora nostra, duos.
illa favore dei, sicut tua vota fuerunt,
    florent, optatis accumulata bonis,
et precor ut vigeant tandemque superstite utroque
    nuntiet hoc cineri nostra favilla tuo.   30

10. *Ausonius parvulus filius*

Non ego te infletum memori fraudabo querella,
    primus, nate, meo nomine dicte puer,
murmura quem primis meditantem absolvere verbis
    indolis ut plenae planximus exsequiis.
tu gremio in proavi funus commune locatus,   5
    invidiam tumuli ne paterere tui.

11. *Pastor nepos ex filio*

Tu quoque maturos, puer immature, dolores
    irrumpis, maesti luctus acerbus avi,
Pastor, care nepos, spes cuius certa fuit res,
    Hesperii patris tertia progenies.
nomen, quod casus dederat, quia fistula primum   5
    pastorale melos concinuit genito,
sero intellectum vitae brevis argumentum,
    spiritus afflatis quod fugit e calamis.
occidis emissae percussus pondere testae,
    abiecit tecto quam manus artificis.   10
non fuit artificis manus haec: manus illa cruenti
    certa fuit fati, suppositura reum.
heu, quae vota mihi, quae rumpis gaudia, Pastor!
    illa meum petiit tegula missa caput.
dignior o nostrae gemeres qui fata senectae   15
    et quererere meas maestus ad exsequias.

10 4 ut plenae *Toll.*: et pene *V*: et plenae *Dousa*
11 5 nomen *Peip.*: nomine *V*

12. *Iulia Dryadia soror*

Si qua fuit virtus, cuperet quam femina prudens
    esse suam, soror hac Dryadia haud caruit;
quin etiam multas habuit, quas sexus habere
    fortior optaret nobilitasque virum;
docta satis vitamque colo famamque tueri,   5
    docta bonos mores ipsa suosque docens;
et verum vita cui carius, unaque cura
    nosse deum et fratrem diligere ante alios.
coniuge adhuc iuvenis caruit, sed seria vitam
    moribus austeras aequiperavit anus.   10
produxit celerem per sena decennia vitam
    inque domo ac tecto, quo pater, oppetiit.

13. *Avitianus frater*

Avitianum, Musa, germanum meum
    dona querella funebri.
minor iste natu me, sed ingenio prior
    artes paternas imbibit,
verum iuventae flore laeto perfrui   5
    aevique supra puberis
exire metas vetuit infesta Atropos—
    ⟨heu⟩ quem dolorem sauciis!   9
heu quanta vitae decora, quem cultum spei,   8
    germane, pubes deseris,   10
germane carnis lege et ortu sanguinis,
    amore paene filius.

---

12 2 haud caruit *Peip.*: non ruit V: enituit *Gron.*: eminuit *Sch.*
5 colo V^{pc}: colu V^{ac} 9 vitae *Sh.B.*   12 lecto *Heins.*
13 8 *post* 9 *transp. Gron.*, heu (9) *addito*   9 sauciis *Scal.*:
sociis V: aequalibus *Brakman*   8 quam multum *Graev.*

14. *Val. Latinus Euromius gener*

O generis clari decus, o mihi funus acerbum,
    Euromi, e iuvenum lecte cohorte gener,
occidis in primae raptus mihi flore iuventae,
    lactantis nati vix bene note pater.
tu procerum de stirpe satus, praegressus et ipsos   5
    unde genus clarae nobilitatis erat,
ore decens, bonus ingenio, facundus et omni
    dexteritate vigens praecipuusque fide.
hoc praefecturae sedes, hoc Illyris ora
    praeside te experta est, fiscus et ipse cliens.   10
nil aevi brevitate tamen tibi laudis ademptum:
    indole maturus, funere acerbus obis.

15. *Pomponius Maximus affinis*

Et te germanum non sanguine, sed vice fratris,
    Maxime, devinctum nenia nostra canet.
coniunx namque meae tu consociate sorori
    aevi fruge tui destituis viduam.
non domus hoc tantum sensit tua, sensit acerbum   5
    saucia, pro, casum curia Burdigalae,
te primore vigens, te deficiente relabens
    inque Valentinum te moriente cadens.
heu quare nato, qui fruge et flore nepotum
    ereptus nobis, Maxime, non frueris?   10
sed frueris, divina habitat si portio manes
    quaeque futura olim gaudia nosse datur.
longior hic etiam laetorum fructus habetur,
    anticipasse diu quae modo participas.

14 Val. Latinus *Scal.*: vallatinus *V*   Euromius *Lugd.*: euronius *V*   10 cliens *Lugd.*: cluens *V*
15 2 canet *Scal.*: canent *V*   9 qui *V*ac: quia *V*pc: cur *Toll.*: quid *Baehrens*

16. *Veria Liceria uxor Arborii sororis filii*

Tu quoque, sive nurus mihi nomine vel vicc natae,
  Veria, supremi carmen honoris habe.
cuius si probitas, si forma et fama fidesque
  morigerae uxoris lanificaeque manus
nunc laudanda forent, procul et de manibus imis   5
  arcessenda esset vox proavi Eusebii.
qui quoniam functo iam pridem conditus aevo
  transcripsit partes in mea verba suas,
accipe funereas, neptis defleta, querellas,
  coniunx Arborii commemoranda mei,   10
cui parva ingentis luctus solacia linquens
  destituis natos, quo magis excrucias.
at tibi dilecti ne desit cura mariti,
  iuncta colis thalamo nunc monumenta tuo.
hic, ubi primus hymen, sedes ibi maesta sepulchri; 15
  nupta magis dici quam tumulata potes.

17. *Pomponius Maximus Herculanus sororis filius*

Nec Herculanum genitum germana mea
modulamine nenia tristi
tacitum sine honore relinquat,
super indole cuius adulti
magnae bona copia laudis.   5
verum memorare magis quam
functum laudare decebit.
decus hoc matrisque meumque
in tempore puberis aevi
vis perculit invida fati,   10
eheu, quem, Maxime, fructum!

16 1 sive *Peip.*: vel *V*: vera *Heins.*   vel *V*: seu *Peip.*   6 esset
vox *Vin.*: uxor est *V*   11 ingentis *Lugd.*: ingenitis *V*
12 natos *Heins.*: nato *V*: natum *Scal.*

17 1 nec erculanum genitum germana mea *V*: nec germana genitum mea
Mommsen: nec germana genitum te *Peip.*   11 eheu *Scal.*: aeae *V*

facunde et musice et acer,
mentem bonus, ingenio ingens,
volucer pede, corpore pulcher,
lingua catus, ore canorus,   15
cape munera prisca parentum,
lacrimabilis orsa querellae,
quae funereo modulatu
tibi maestus avunculus offert.

18. *Fl. Sanctus maritus Pudentillae quae soror
Sabinae meae*

Qui ioca laetitiamque colis, qui tristia damnas,
  nec metuis quemquam nec metuendus agis,
qui nullum insidiis captas nec lite lacessis,
  sed iustam et clemens vitam agis ⟨et⟩ sapiens,
tranquillos manes supremaque mitia Sancti   5
  ore pio et verbis advenerare bonis,
militiam nullo qui turbine sedulus egit,
  praeside laetatus quo Rutupinus ager,
octoginta annos cuius tranquilla senectus
  nullo mutavit deteriore die.   10
ergo precare favens ut qualia tempora vitae
  talia et ad manes otia Sanctus agat.

19. *Namia Pudentilla affinis*

Tuque Pudentillam verbis affare supremis,
  quae famae curam, quae probitatis habes.
nobilis haec, frugi proba laeta pudica decora
  coniugium Sancti iugiter haec habuit.

---

13 mentem *Gron.*: mente *V*   15 catus *Scal.*: facetus *V*
16 munera prisca *Ellis*: munera tristia *V*: munus triste *Scal.*: munera
iusta *Brakman*: munera trita *Green dub.*   parve *Baehrens*: patrum
Peip.   18 funereo modulatu *Sch.*: funereo modulatus ore *V*: funer-
eum modulatus *Scal.*
18 4 iustam *Scal.*: iusta *V*   et *add. Scal.*

inviolata tuens castae praeconia vitae   5
  rexit opes proprias, otia agente viro,
non ideo exprobrans aut fronte obducta marito,
  quod gereret totam femina sola domum.
heu nimium iuvenis, sed laeta superstite nato
  atque viro, patiens fata suprema obiit,   10
unanimis nostrae et quondam germana Sabinae
  et mihi inoffenso nomine dicta soror.
nunc etiam manes placidos pia cura retractat
  atque Pudentillam fantis honore colit.

20. *Lucanus Talisius eorum filius*

Nec iam tu, matris spes unica, ephebe Talisi,
  consobrine meis, immemoratus eris;
ereptus primis aevi florentis in annis,
  iam tamen et coniunx, iam properate pater.
festinasse putes fatum, ne funus acerbum   5
  diceret hoc genitor, tam cito factus avus.

21. *Attusia Lucana Talisia et Minucius*
Regulus affines

Notitia exilis nobis, Attusia, tecum,
  cumque tuo plane coniuge nulla fuit.
verum tu nostrae soror es germana Sabinae,
  affinis quoque ⟨tu⟩, Regule, nomen habes.
sortitos igitur tam cara vocabula nobis   5
  stringamus maesti carminis obsequio.
quamvis Santonica procul in tellure iacentes
  pervenit ad manes exsequialis honor.

19 8 gereret *Lugd.*: generet *V*: regeret *Toll.*   13 retractat *Lugd.*:
retractet *V*
  20 eorum filius *Brandes*: curam filii *V*   1 iam tu matris (*vel*
metris) *Toll.*: tantum matris *V*: tantae matris *Brandes*   Talisi *Lugd.*:
talis *V*   3 primis *Lugd.*: primus *V*
  21 et Minucius *Heins.*: Ermin^ᵘˢ^ᶜⁱᵘˢ *V*   adfines *Peip.*: adfinis *V*
4 tu *add. Lugd.*

22. *Severus Censor Iulianus consocer*

Desinite, o veteres, Calpurnia nomina, Frugi
  ut proprium hoc vestrae gentis habere decus;
nec solus semper censor Cato nec sibi solus
  iustus Aristides his placeant titulis.
nam sapiens quicumque fuit verumque fidemque   5
  qui coluit, comitem se tibi, Censor, agat.
tu gravis et comis cum iustitiaque remissus,
  austeris doctus iungere temperiem.
tu non ascito tibi me nec sanguine iuncto
  optasti nostras consociare domos.   10
nempe aliqua in nobis morum simulacra tuorum
  effigies nostri praebuit ingenii;
aut iam Fortunae sic se vertigo rotabat,
  ut pondus fatis tam bona vota darent.
si quid apud manes sentis, fovet hoc tibi mentem, 15
  quod fieri optaras id voluisse deum.

23. *Paulinus et Dryadia filii Paulini et Megentirae sororis filiae*

Qui nomen vultumque patris, Pauline, gerebas,
  amissi specimen qui genitoris eras,
propter quem luctus miserae decedere matris
  coeperat, offerret cum tua forma patrem,
redderet et mores et moribus adderet illud,   5
  Paulinus caruit quo pater, eloquium,
eriperis laetis et pubescentibus annis
  crudaque adhuc matris pectora sollicitas.
flemus enim raptam thalami de sede sororem,
  heu non maturo funere, Dryadiam: 10

---

22 4 Aristides *Lugd.*: aristidis *V*   7 comis *Lugd.*: comes *V*
10 optasti *Lugd.*: obtatis *V*   11 aliqua *Lugd.*: aliquam *V*
15 quid *Lugd.*: qua *V*   23–4 *fortasse permutandi*
23 filiae *Scal.*: filia *V*

flemus, ego in primis, qui matris avunculus ac vos
    natorum tamquam diligo progeniem.
illa manus inter genetricis et oscula patris
    occidit, Hispana tu regione procul.
quam tener et primo, nove flos, decerperis aevo,   15
    nondum purpureas cinctus ephebe genas!
quattuor ediderat haec functa puerpera partus:
    funera sed tumulis iam geminata dedit.
sit satis hoc, Pauline pater: divisio facta est.
    debetur matri cetera progenies.   20

24. *Paulinus sororis gener*

Qui laetum ingenium, mores qui diligit aequos
    quique fidem sancta cum pietate colit,
Paulini manes mecum veneratus amicis
    irroret lacrimis, annua liba ferens.
aequaevus, Pauline, mihi, natamque sororis   5
    indeptus thalamo; sic mihi paene gener.
stirpis Aquitanae mater tibi; nam genitori
    Cossio Vasatum, municipale genus.
scrinia praefecti meritus, rationibus inde
    praepositus Libycis praemia opima capis: 10
nam correcturae tibi Tarraco Hibera tribunal
    praebuit, affectans esse clienta tibi.
tu socrum pro matre colens affinis haberi
    non poteras, nati cum fruerere loco.
inter concordes vixisti fidus amicos,   15
    duodeviginti functus Olympiadas.

25. *Aemilia Dryadia matertera*

Te quoque Dryadiam materteram,
    flebilibus modulis,

14 tu *Heins*.: tum *V*   17 haec *Green*: nunc *V*: tunc *Heins*.
functa *Peip*.: facta *V*
24 6 indeptus *Scal*.: adeptus *V*

germana genitus, prope filius,
  ore pio veneror,
quam thalamo taedisque iugalibus   5
  invida mors rapuit
mutavitque torum feretri vice
  exsequialis honor.
discebas in me, matertera,
  mater uti fieres.   10
unde modo hoc maestum tibi defero
  filius officium.

26. *Iulia Cataphronia amita*

Quin et funereis amitam impertire querellis,
  Musa, Cataphroniam,
innuba devotae quae virginitatis amorem
  parcaque anus coluit,
et mihi quod potuit, quamvis de paupere summa,   5
  mater uti attribuit.
ergo commemorataque ave maestumque vocata
  pro genetrice vale.

27. *Iulia Veneria amita*

Et amita Veneria properiter abiit,
cui mela brevicula modifica recino,
cinis uti placidulus operiat amitam
celeripes et adeat anima loca Erebi.

25 7 mutavitque *Lugd*.: mutabitque *V*
26 3 devota quae *Scal*.: devotaque *V*   7 commemorataque
Baehrens: commemorata *V*
  27 1 abiit *Green*: obiit *V*   2 cui mela brevicula *Green*: cui brevia
mela *V*: cui brevia melea *L. Mueller*   3 cinis uti placidulus operiat
amitam *Green*: cinis ut placidulus operta vigeat *V*: *alia alii*
4 celeripes et adeat anima loca Erebi *Green*: celeripes et adeat loca tacita
Erebi *V*: loca tacita celeripes adeat Erebi *Scal*.

28. *Iulia Idalia consobrina*

Parva etiam fuit Idalia,
nomine praedita quae Paphiae
et speciem meruit Veneris.
quae genita est mihi paene soror,
filia nam fuit haec amitae;   5
quam celebrat sub honore pio
nenia carmine funereo.

29. *Aemilia Melania soror*

Aemilia, ⟨o⟩, vix nota mihi soror, accipe questus,
    debent quos cineri maesta elegea tuo.
coniunxit nostras aequaeva infantia cunas,
    uno tu quamvis consule maior eras.
invida sed nimium Lachesis properata peregit   5
    tempora et ad manes funera acerba dedit.
praemissa ergo vale manesque verere parentum,
    qui maiore aevo quique minore venit.

30. *Pomponia Vrbica consocrus, uxor Iuliani Censoris*

Vt generis clari, veterum sic femina morum,
    Vrbica, Censoris nobilitata toro,
ingenitis pollens virtutibus auctaque et illis
    quas docuit coniunx, quas pater et genetrix,
quas habuit Tanaquil, quas Pythagorea Theano,   5
    quaeque sine exemplo pro nece functa viri;
et tibi ⟨si⟩ fatum sic permutare dedisset,
    viveret hoc nostro tempore Censor adhuc.

---

28 3 specie *Brandes*
29 1 o vix *Peip. dub.*: mix *V*: hos vix *Lugd.*: et vix *Hartel*: en vix
Brakman: heu vix *Kenney*   2 debet *Lugd.*   4 tu quamvis
Green: quamvis tu *V*
30 6 pro nece *Harrison*: in nece *V*: est in nece *Lugd.*: in vice *Heins.*:
funere *Campbell*: (quasque sine) . . . tu nece *Sh.B.*   7 si *add.*
Lugd.

sed neque tu viduo longum cruciata sub aevo
   protinus optato fine secuta virum.   10
annua nunc maestis ferimus tibi iusta querellis
   cum genero et natis consocer Ausonius.

XI. COMMEMORATIO PROFESSORVM
BVRDIGALENSIVM

Praefatio

Vos etiam, quos nulla mihi cognatio iunxit,
   sed fama et carae religio patriae
et studium in libris et sedula cura docendi,
   commemorabo viros morte obita celebres.
fors erit ut nostros manes sic asserat olim   5
   exemplo cupiet qui pius esse meo.

1. *Tiberius Victor Minervius orator*

Primus, Burdigalae columen, dicere, Minervi,
   alter rhetoricae Quintiliane togae,
illustres quondam quo praeceptore fuerunt
   Constantinopolis, Roma, dehinc patria,
non equidem certans cum maiestate duarum,   5
   solo sed potior nomine, quod patria.
asserat usque licet Fabium Calagurris alumnum,
   non sit Burdigalae dum cathedra inferior.
mille foro dedit hic iuvenes, bis mille senatus
   adiecit numero purpureisque togis,   10
me quoque: sed quoniam multa est praetexta, silebo
   teque canam de te, non ab honore meo.
sive panegyricos placeat contendere libros,
   in Panathenaicis tu numerandus eris:

9 viduo *Lugd.*: biduo *V*
xi *V*
1 13 panegyricis . . . libris *Toll.*

seu libeat fictas ludorum evolvere lites,   15
  ancipitem palmam Quintilianus habet.
dicendi torrens tibi copia, quae tamen aurum,
  non etiam luteam volveret illuviem;
et Demosthenicum, quod ter primum ille vocavit,
  in te sic viguit, cedat ut ipse tibi.   20
anne et divini bona naturalia doni
  adiciam, memori quam fueris animo,
audita ut vel lecta semel ceu fixa teneres,
  auribus et libris esset ut una fides?
vidimus et quondam tabulae certamine longo   25
  omnes qui fuerant te enumerasse bolos,
alternis vicibus quos praecipitante rotatu
  fundunt excisi per cava buxa gradus,
narrantem fido per singula puncta recursu
  quae data, per longas quae revocata moras.   30
nullo felle tibi mens livida, tum sale multo
  lingua dicax blandis et sine lite iocis.
mensa nitens, quam non censoria regula culpet
  nec nolit Frugi Piso vocare suam;
nonnumquam pollens natalibus et dape festa,   35
  non tamen angustas ut tenuaret opes.
quamquam heredis egens, bis sex quinquennia functus,
  fletus es a nobis ut pater et iuvenis.
et nunc, sive aliquid post fata extrema superfit,
  vivis adhuc aevi, quod periit, meminens;   40
sive nihil superest nec habent longa otia sensus,
  tu tibi vixisti; nos tua fama iuvat.

---

19 ter *Lugd*.: te *V*   23 ut *Lugd*.: aut *V*   26 te enumerasse
Brandes: enumerasse *V*: te numerasse *Baehrens*   27 quos *Lugd*.:
quo *V*: quot *Baehrens*   33 culpet *Acc*.: culpat *V*   36 angustas *Lugd*.: agustas *V*   37 quamquam *Toll*.: tamquam *V*

2. *Latinus Alcimus Alethius rhetor*

Nec me nepotes impii silentii
    reum ciebunt, Alcime,
minusque dignum, non et oblitum ferent
    tuae ministrum memoriae,
opponit unum quem viris prioribus   5
    aetas recentis temporis,
palmae forensis et Camenarum decus,
    exemplar unum in litteris,
quas aut Athenis docta coluit Graecia
    aut Roma per Latium colit.   10
moresne fabor et tenorem regulae
    ad usque vitae terminum?
quod laude clarus, quod paratus litteris
    omnem refugisti ambitum?
te nemo gravior vel fuit comis magis   15
    aut liberalis indigis,
danda salute, si forum res posceret,
    studio docendi, si scholam.
vivent per omnem posterorum memoriam,
    quos tu †sacratae famae das†   20
et Iulianum tu magis famae dabis
    quam sceptra quae tenuit brevi.
Sallustio plus conferent libri tui
    quam consulatus addidit.
morum tuorum, decoris et facundiae   25
    formam dedisti filiis.
ignosce, nostri laesus obsequio stili:
    amoris hoc crimen tui est,
quod digna nequiens promere officium colo,
    iniuriose sedulus.   30
quiesce placidus et caduci corporis
    damnum repende gloria.

2 20 sacratae famae das *V*: sacrae famae dabas *Goropius*: sacrasti
litteris *Sch. dub.*   30 sedulus *Lugd.*: sedulis *V*

3. *Luciolus rhetor*

Rhetora Luciolum condiscipulum atque magistrum
    collegamque dehinc, nenia maesta, refer,
facundum doctumque virum, seu lege metrorum
    condita seu prosis solveret orsa modis,
eripuit patri Lachesis quem funere acerbo   5
    linquentem natos sexui utroque duos,
nequaquam meritis cuius responderit heres,
    obscuros quamvis nunc tua fama iuvet.
mitis amice, bonus frater, fidissime coniunx,
    nate pius, genitor—paenitet ut fueris.   10
comis convivis, numquam inclamare clientes,
    ad famulos numquam tristia verba loqui.
ut placidos mores, tranquillos sic cole manes,
    et cape ab Ausonio munus: amice, vale.

4. *Attius Patera [pater] rhetor*

Aetate quamquam viceris dictos prius,
    Patera, fandi nobilis,
tamen quod aevo floruisti proximo
    iuvenisque te vidi senem,
honore maestae non carebis neniae,   5
    doctor potentum rhetorum.
tu Baiocassi stirpe Druidarum satus,
    si fama non fallit fidem,
Beleni sacratum ducis e templo genus
    et inde vobis nomina: 10
tibi Paterae—sic ministros nuncupant
    Apollinares mystici;

---

3 1 condiscipulum *Vin.*: cum discipulo *V*   2 refer *Lugd.*:
refert *V*   6 sexui utroque *V*: sexu in utroque *Pulm.*
    4 pater *del. Vin.*   1 dictos *Vin.*: doctos *V*   7 Baiocassi
Pith.: bagocassi *V*   8 fama *Lugd.*: famam *V*   11 sic *Lugd.*:
si *V*   12 Apollinares *Graev.*: apollinaris *V*

fratri patrique nomen a Phoebo datum
  natoque de Delphis tuo.
doctrina nulli tanta in illo tempore   15
  cursusque tot fandi et rotae;
memor, disertus, lucida facundia,
  canore, cultu praeditus,
salibus modestus felle nullo perlitis,
  vini cibique abstemius,   20
laetus, pudicus, pulcher in senio quoque, ut
  aquilae senectus aut equi.

5. *Attius Tiro Delphidius rhetor*

Facunde, docte, lingua et ingenio celer,
  iocis amoene, Delphidi,
subtextus esto flebili threno patris,
  laudi ut subibas aemulus.
tu paene ab ipsis orsus incunabulis   5
  dei poeta nobilis,
sertum coronae praeferens Olympiae,
  puer celebrasti Iovem.
mox inde cursim more torrentis freti
  epos ligasti metricum,   10
ut nullus aeque lege liber carminum
  orationem texeret.
celebrata varie cuius eloquentia
  domi forisque claruit
seu tu cohortis praesulem praetoriae   15
  provinciarum aut iudices

16 tot fandi et rotae *Scal.*: rotandi et rota *V*   18 canore *Scal.*:
carere *V*   cultu *Lugd.*: cultum *V*   21–2 quoque aquilae ut *L.
Mueller*
  5 Attius *Scal.*: Atticus *V*   1 lingua et *Pith.*: linguae *V*
9 more *Lugd.*: ore *V*   10 ligasti *Pith.*: legasti *V*
11 aeque V^{ac}: aequa V^{pc} 12 orationem *Scal.*: oratione *V*

coleres, tuendis additus clientibus
    famae et salutis sauciis.
felix, quietis si maneres litteris,
    opus Camenarum colens,   20
nec odia magnis concitata litibus
    armaret ultor impetus,
nec inquieto temporis tyrannici
    palatio te attolleres.

dum spem remotam semper arcessis tibi,   25
    fastidiosus obviae,
tuumque mavis esse quam fati bonum,
    desiderasti plurima,
vagus per omnes dignitatum formulas
    meritusque plura quam gerens.   30

unde insecuto criminum motu gravi
    donatus aerumnis patris,
mox inde rhetor, nec docendi pertinax,
    curam fefellisti patrum;
minus malorum munere expertus dei,   35
    medio quod aevi raptus es,
errore quod non deviantis filiae
    poenaque laesus coniugis.

6. *Alethio Minervio* [*filio*] *rhetori*

    O flos iuvenum,
    spes laeta patris,
    nec certa tuae
    data res patriae,
(5)   rhetor Alethi,   5

---

17 coleres *Scal.*: coleris *V*   clientibus *Pulm.*: cluentis *V*
18 famae *Lugd.*: fama *V*   35 munere *Pith.*: munera *V*
37 filiae *Scal.*: filii *V*   38 poenaque *Scal.*: poeneque *V*
    6 Filio *del. Green*   *numeri ad laevam positi ad duplicem seriem numerorum versibus in V adscriptorum spectant*   3 nec *Lugd.*: ne *V*   tuae *Lugd.*: tua *V*

[28]	(12)	tu primaevis	
		doctor in annis,	
		tempore quo te	
		discere adultum	
		non turpe foret,	10
[33]	(17)	praetextate	
[14]	(25)	et praeceptor,	
[34]	(18)	iam genitori	
		collatus eras.	
		ille superbae	15
		moenia Romae	
	(22)	fama et meritis	
[39]	(39)	inclitus auxit;	
[7]	(7)	tu Burdigalae	
		laetus patriae	20
		clara cohortis	
[10]	(10)	vexilla regens	
[13]	(24)	postque Paterae,	
[6]	(6)	maior utroque.	
[11]	(11)	cuncta habuisti	25
[12]	(23)	commoda fati,	
[27]	(38)	non sine morsu	
[40]	(40)	gravis invidiae	
[18]	(29)	non mansuris	
		ornate bonis.	30
		omnia praecox	
		fortuna tibi	
		dedit et rapuit.	
		solstitialis	
		velut herba solet,	35
		ostentatus	
[26]	(37)	raptusque simul,	

post 22 post Nazarium *Toll.*   23 Paterae *Scal.*: petera *V*:
Pateram *Toll.*

[15]   (26)   pubere in aevo
                deseruisti
[17]   (28)   vota tuorum   40
[41]   (41)   et rhetoricam
                floris adulti
                fruge carentem
                et conubium
                nobile socris   45
                sine pace patris
                et divitias
                utriusque sine
                herede tuo.
                quam fatiloquo   50
                dicta profatu
                versus Horati:
                nihil est ab omni
[54]   (54)   parte beatum.

7. *Leontius grammaticus cognomento Lascivus*

    Qui colis laetos hilarosque mores,
    qui dies festos ioca vota ludum,
    annuum functi memora Leonti
        nomine threnum.

    iste, Lascivus patiens vocari,   5
    nomen indignum probitate vitae
    abnuit numquam, quia gratum ad aures
        esset amicas.

38 pubere *Lugd.*: pulvere *V*   44 conubium *Scal.*:
conubio *V*   45 nobile *Scal.*: nobili *V*   socris *Kenney*:
soceris *V*: soceri *Pulm.*   48–9 utriusque sine / herede tuo *Green*:
utriusque domus / sine herede tuo *V*: utriusque sine / herede suo *Scal.*
53 nihil est ab omni *Vin.*: nil est ab omni *V*: nihil est omni a *Scal.*: nihil
esse ab omni *Heins.*: nil est omni *L. Mueller*
7 Lascivus *Graev.*: beatus *V*

litteris tantum titulum assecutus,
quantus exili satis est cathedrae,   10
possit insertus numero ut videri
    grammaticorum.

tu meae semper socius iuventae,
pluribus quamvis cumulatus annis,
nunc quoque in nostris recales medullis,   15
    blande Leonti.

et iuvat tristi celebrare cura
flebilem cantum memoris querellae,
munus ingratum tibi debitumque
    carmine nostro.   20

8. *Grammaticis Graecis Burdigalensibus*

Romulum post hos prius an Corinthi,
anne Sperchei pariterque nati
Atticas Musas memorem Menesthei
    grammaticorum?

sedulum cunctis studium docendi,   5
fructus exilis tenuisque sermo,
sed, quia nostro docuere in aevo,
    commemorandi.

tertius horum mihi non magister;
ceteri primis docuere in annis,   10
ne forem vocum rudis aut loquendi,
    sed sine cultu;

11 possit *Green*: posset *V*   14 cumulatus *Lugd.*: cumulatis *V*
8 7 et *post* quia *add. Sh.B.*   9 quorum *Holford-Strevens dub.*
12 fructu *Baehrens*

obstitit nostrae quia, credo, mentis
tardior sensus neque disciplinis
appulit Graecis puerilis aevi   15
    noxius error.

vos levis caespes tegat et sepulchri
tecta defendant cineres opertos
ac meae vocis titulus supremum
    reddat honorem.   20

9. *Iucundo grammatico Burdigalensi, fratri Leonti*

Et te, quem cathedram temere usurpasse loquuntur
    nomen grammatici nec meruisse putant,
voce ciebo tamen, simplex bone amice sodalis
    Iucunde, hoc ipso care magis studio,
quod, quamvis impar, nomen tam nobile amasti,   5
    et meritos inter commemorande viros.

10. *Grammaticis Latinis Burdigalensibus* [*philologis*] ⟨*Macrino Sucuroni Concordio Phoebicio*⟩ *Ammonio Anastasio grammatico Pictavorum*

Nunc ut quemque mihi
flebilis officii
religiosus honor
suggeret, expediam:
qui, quamvis humili   5
stirpe loco ac merito,
ingeniis hominum
Burdigalae rudibus
(17) introtulere tamen

9 6 et meritos *Lugd*.: emeritos *V*
10 Grammaticis Latinis Burdigalensibus Macrino Sucuroni Concordio Phoebicio Ammonio Anastasio Grammatico Pictavorum *Green*: grammaticis latinis burdigalensibus philologis Ammonio Anastasio grammatico pictavorum *V*   *numeri ad laevam positi ad exhibitum in V ordinem spectant*   5 qui *Scal*.: quin *V*

(18)	grammatices studium.	10
(19)	sit Macrinus in his	
(20)	(huic mea principio	
(21)	credita puerities)	
(34)	et libertina	
(35)	Sucuro progenie,	15
(36)	sobrius et puerorum	
(9)	utilis ingeniis,	
(10)	et tu, Concordi,	
(11)	qui profugus patria	
(12)	mutasti sterilem	20
(13)	urbe alia cathedram.	
	nec reticebo senem	
	nomine Phoebicium,	
(16)	qui Beleni aedituus	
(22)	nil opis inde tulit;	25
(23)	sed tamen, ut placitum,	
(24)	stirpe satus Druidum	
	gentis Aremoricae,	
	Burdigalae cathedram	
	nati opera obtinuit.	30
(28)	permaneat series:	
(29)	religiosum etenim	
	⟨Ammonium . . . ⟩	
(30)	commemorare ⟨meae⟩	
(31)	grammaticum patriae,	35
	qui rudibus pueris	
(33)	prima elementa dabat.	
(37)	doctrina exiguus,	
(38)	moribus implacidis,	
(39)	proinde ut erat meritum	40

15 progenie L. Mueller: progeniem V: progenies Scal.
16 puerum vel parvum L. Mueller   24 aedituus Lugd.:
aeditus V   28 gentis Lugd.: genitis V   33 Ammonium add.
Sch.   34 meae add. Lugd.

(40)   famam habuit tenuem.
(45)   pange et Anastasio
         flebile, Musa, melum
         et memora tenuem,
         nenia, grammaticum.   45
         Burdigalae hunc genitum
(50)   transtulit ambitio
(44)   Pictonicaeque dedit.
(51)   pauper ibi et tenuem
         victum habitumque colens   50
         gloriolam exilem
(54)   et patriae et cathedrae
(41)   perdidit in senio.
         sed tamen hunc noster
(43)   commemoravit honos,   55
(55)   ne pariter tumulus
(56)   nomen et ossa tegat.

11. *Herculano sororis filio, grammatico Burdigalensi*

Herculane, qui profectus gremio de nostro et schola
spem magis quam ⟨rem⟩ fruendam praebuisti avunculo,
particeps scholae et cathedrae paene successor meae
lubricae nisi te iuventae praecipitem flexus daret,
Pythagorei non tenentem tramitis rectam viam.   5
esto placidus et quietis manibus sedem fove,
iam mihi cognata dudum inter memoratus nomina.

12. *Thalasso grammatico Latino Burdigalensi*

Officium nomenque tuum, primaeve Thalasse,
    parvulus audivi. vix etiam memini
qua fama aut merito fueris, qua stirpe parentum;
    aetas nil de te posterior celebrat.

55 commemorabit *Reeve*
11 2 rem *add. Pulm.*
12 3 fama *Green*: forma *V*

grammaticum iuvenem tantum te fama ferebat,   5
tum quoque tam tenuis, quam modo nulla manet.
sed quicumque tamen, nostro quia doctor in aevo
vixisti, hoc nostrum munus habeto: vale.

13. *Citario Siculo Syracusano grammatico Burdigalensi Graeco*

Et, Citari dilecte, mihi memorabere, dignus
grammaticos inter qui celebrere bonos.
esset Aristarchi tibi gloria Zenodotique,
Graios antiquus si sequeretur honos.
carminibus, quae prima tuis sunt condita in annis,   5
concedit Cei Musa Simonidei.
urbe satus Sicula nostram peregrinus adisti,
excultam studiis quam prope reddideras.
coniugium nanctus cito nobilis et locupletis,
invidia fati non genitor moreris.   10
at nos defunctum memori celebramus honore,
fovimus ut vivum munere amicitiae.

14. *Censorio Attico Agricio rhetori*

Eloquii merito primis aequande, fuisti,
Agrici, positus posteriore loco;
aevo qui quoniam genitus functusque recenti,
dilatus nobis, non et omissus eras.
quocumque in numero, tristi memorabere threno: 5
unus honos tumuli, serus et ante datus.
tam generis tibi celsus apex quam gloria fandi,
gloria Athenaei cognita sede loci;

6 quae *Sh.B.*

13 Sidonio *Reeve*   2 celebrere *Lugd.*: ceclare *V*   4 Graios *Sch.*: gravior *V*: Graiorum *Goropius*: clarior *Graev.*   6 Cei *Pith.*: ceu *V*   8 prope reddideras *V*: propere edideras *Baehrens*: propere dederas *Mommsen*

14 4 at *Kenney*   post 8 *lac. Sch. dub.*

Nazario et claro quondam delata Paterae
  egregie multos excoluit iuvenes.   10
coniuge nunc natisque superstitibus generoque
  maiorum manes et monumenta foves.

15. *Nepotiano grammatico eidem rhetori*

Facete, comis, animo iuvenali senex,
  cui felle nullo, melle multo mens madens
aevum per omne nil amarum miscuit;
  medella nostri, Nepotiane, pectoris,
tam seriorum quam iocorum particeps;   5
  taciturne, Amyclas qui silendo viceris,
te fabulantem non Ulixes linqueret,
  liquit canentes qui melodas virgines;
probe et pudice parce frugi abstemie
  facunde, nulli rhetorum cedens stilo   10
et disputator ad Cleanthen Stoicum;
  Scaurum Probumque corde callens intimo
et Epirote Cinea memor magis;
  sodalis et convictor, hospes iugiter—
parum quod hospes, mentis agitator meae.   15
  consilia nullus mente tam pura dedit
vel altiore conditu texit data.
  honore gesti praesidatus inclitus,
decies novenas functus annorum vices,
  duos relinquens liberos mortem oppetis,   20
dolore multo tam tuorum quam meo.

16. *Aemilius Magnus Arborius rhetor Tolosae*

Inter cognatos iam fletus, avuncule, manes,
  inter rhetoricos nunc memorandus eris.
illud opus pietas, istud reverenda virorum
  nomina pro patriae religione habeant.

15 4 medella nostri *V*: nostri medella *Vin.*: medulla nostri
Heins.   9 probe *Lugd.*: prole *V*   20 mortem *Scal.*: morte *V*
16–22 *desunt in V*

bis meritum duplici celebremus honore parentem   5
Arborium, Arborio patre et avo Argicio.
stemma tibi patris Aeduici, Tarbellica Maurae
    matris origo fuit; ambo genus procerum.
nobilis et dotata uxor, domus et schola, cultae
    principum amicitiae contigerunt iuveni,   10
dum Constantini fratres opulenta Tolosa
    exilii specie sepositos cohibet.
Byzanti inde arcem Thressaeque Propontidis urbem
    Constantinopolim fama tui pepulit.
illic dives opum doctoque ibi Caesare honorus   15
    occumbis patribus, Magne, superstitibus.
in patriam sed te sedem ac monumenta tuorum
    principis Augusti restituit pietas.
hic renovat causam lacrimis et flebile munus
    annuus ingrata religione dies.   20

17. *Exsuperius rhetor Tolosae*

Exsuperi, memorande mihi, facunde sine arte,
incessu gravis et verbis ingentibus, ore
pulcher et ad summam motuque habituque venusto,
copia cui fandi longe pulcherrima, quam si
auditu tenus acciperes, deflata placeret,   5
discussam scires solidi nihil edere sensus—
Palladiae primum toga te venerata Tolosae
mox pepulit levitate pari; Narbo inde recepit.
illic Dalmatio genitos, fatalia regum
nomina, tum pueros, grandi mercede docendi   10
formasti rhetor metam prope puberis aevi;
Caesareum qui mox indepti nomen, honorem
praesidis Hispanumque tibi tribuere tribunal.

16 6 Argicio *Scal.*: Arsicio *Lugd.*   7 Aeduici *Scal.*: Hedui
Lugd.: Haeduicum *Mommsen*   12 exilii *Lugd.*: hospitii *Sh.B.*:
auxilii *Hall*   19 hic *Sch.*: hinc *Lugd.*: nunc *Brandes*
17 5 acciperes *Pulm.*: acceperit *Lugd.*   6 scires *Scal.*: sciris
Lugd.

decedens placidos mores tranquillaque vitae
tempora praedives finisti sede Cadurca.   15
sed patriae te iura vocant et origo parentum,
Burdigalae ut rursum nomen de rhetore reddas.

18. *Marcello Marcelli filio grammatico Narbonensi*

Nec te Marcello genitum, Marcelle, silebo,
  aspera quem genetrix urbe, domo pepulit,
sed fortuna potens cito reddidit omnia et auxit;
  amissam primum Narbo dedit patriam.
nobilis hic hospes Clarentius indole motus   5
  egregiam natam coniugio attribuit;
mox schola et auditor multus praetextaque pubes
  grammatici nomen divitiasque dedit.
sed numquam iugem cursum fortuna secundat,
  praesertim pravi nancta virum ingenii.   10
verum oneranda mihi non sunt, memoranda recepi
  fata; sat est dictum cuncta perisse simul,
non tamen et nomen, quo te non fraudo, receptum
  inter grammaticos praetenuis meriti.

19. *Sedatus rhetor Tolosanus*

Religio est tacitum si te, Sedate, relinquam,
  quamvis docendi munus ineptum foris.
communis patria est tecum mihi; sorte potentis
  fati Tolosam nanctus es sedem scholae.
illic coniugium natique opulensque senectus   5
  et fama, magno qualis est par rhetori.
quamvis externa tamen a regione reducit
  te patria et civem morte obita repetit,

18 1 genitum *Graev.*: genitus *Lugd.*   3 omnia et *Pulm.*: et omnia
Lugd.   6 egregiam *Lugd.*: egregia *Heins.*: egregio *Holford-Strevens*
11 oneranda *Scal.*: honoranda *Lugd.*   14 praetenuis *Lugd.*: non
tenuis *Sh.B.*
  19 2 ineptum *Dousa*: indepte *Lugd.*: ineptus *Vin.*   6 magno
qualis est par *Scal.*: qualis est par magno *Lugd.*

cumque vagantem operam divisae impenderis urbi,
arbitrium de te sumit origo suum.   10
et tua nunc suboles morem resecuta parentis
Narbonem ac Romam nobilitat studiis;
sed †velit nolit famae†   *   *
    *   *   *   Burdigalam referet.

20. *Staphylius rhetor civis Auscius*

Hactenus observata mihi lex commemorandi
cives, sive domi seu docuere foris.
externum sed fas coniungere civibus unum
te, Staphyli, genitum stirpe Novempopulis.
tu mihi quod genitor, quod avunculus, unus utrumque; 5
alter ut Ausonius, alter ut Arborius,
grammatice ad Scaurum atque Probum, promptissime
    rhetor,
historiam callens Livii et Herodoti.
omnis doctrinae ratio tibi cognita, quantam
condit sescentis Varro voluminibus.   10
aurea mens, vox suada tibi, tum sermo quietus;
nec tu cunctator, nec properator eras.
pulchra senecta, nitens habitus, procul ira dolusque;
et placidae vitae congrua meta fuit.

21. *Crispus et Vrbicus grammatici Latini et Graeci*

Tu quoque in aevum, Crispe, futurum
maesti venies commemoratus
munere threni.

9 vagantem *Scal.*: vacantem *Lugd.*   11 morem resecuta *Vin.*:
morem secuta *Lugd.*: morem sectata *Pulm.*: (est . . .) moremque secuta
Scal.   13–14 sed velit nolit famae *Lugd.*: sed . . . fama velit nolit
Scal.

20 7–14 *vs*   Staphylius *Scal.*: Stafilus *Lugd.*   12 tu cunctator
Kenney: cunctator erat *vs*: cunctator eras *Lugd.*   properator eras *Green*:
properator erat *vs*: properante sono *Lugd.*   14 vitae *Graev.*: finis *vs*
Lugd.

21 *in versus viginti compressit Lugd.*

qui primaevos fandique rudes
elementorum prima docebas   5
   signa novorum;
creditus olim fervere mero,
ut Vergilii Flaccique locis
   aemula ferres.
et tibi, Latiis posthabite orsis   10
Vrbice, Grais celebris, carmen
   sic ἐλεγείσω.
nam tu Crispo coniuncte tuo
prosa solebas et versa loqui
   impete eodem,   15
priscos ut ⟨simul⟩ heroas olim
carmine Homeri commemoratos
   fando referres:
dulcem in paucis et Plistheniden,
et torrentis ceu Dulichii   20
   ninguida dicta,
et mellitae nectare vocis
dulcia fatu verba canentem
   Nestora regem.
ambo loqui faciles, ambo omnia carmina docti, 25
callentes μύθους, πλάσματα et historiam,
liberti ambo genus, sed quos meruisse deceret
⟨sic⟩ nasci ut cluerent patribus ingenuis.

---

8 iocis *Heins.*   11–12 carmen sic *Scal.*: camoenis *Lugd.*
12 ἐλεγείσω *Lugd.*: ἐλελίσω *Scal.*: ἐλελείσω *Peip.*: ἐλεγίζω *Green dub.*:
ἐλελίζω *Ellis*   13 nam *Scal.*: namque *Lugd.*   14 versa *Vin.*:
versu *Lugd.*   16 ut *Vin.*: et *Lugd.*   simul *add. Peip.*: alia
alii   19 et *Green*: ut *Lugd.*   20 Dulichii *Scal.*: Dulichi
Lugd.   23 dulce fluentia (*vel* dulcifluentia) *Green dub.*
26 μύθους πλάσματα *Green*: mythoplasmata *Lugd.*: mython plasmata
Scal.: μύθων πλάσματα *La V. de Mirmont*   27 liberti ambo *Sch.*:
liberi et ambo *Lugd.*   deceret *Scal.*: doceret *Lugd.*   28 sic *add.*
Heins.   patribus ingenuis *Scal.*: paribus ingeniis *Lugd.*

22. *Victorio subdoctori sive proscholo*

Victori, studiose, memor, celer, ignoratis
  assidue in libris nec nisi operta legens,
exesas tineis opicasque evolvere chartas
  maior quam promptis cura tibi in studiis.
†quod ius pontificum†, quae foedera, stemma quod olim 5
  ante Numam fuerit sacrifici Curibus,
quid Castor cunctis de regibus ambiguis, quid
  coniugis e libris ediderit Rhodope,
quod ius pontificum, veterum quae scita Quiritum,
  quae consulta patrum, quid Draco quidve Solon 10
sanxerit et Locris dederit quae iura Zaleucus,
  sub Iove quae Minos, quae Themis ante Iovem,
nota tibi potius quam Tullius et Maro nostri
  et quicquid Latia conditur historia.
fors istos etiam tibi lectio longa dedisset, 15
  supremum Lachesis ni celerasset iter.
exili nostrae fucatus honore cathedrae,
  libato tenuis nomine grammatici,
longinquis posthac Romae defunctus in oris,
  ad quas de Siculo litore transieras. 20
sed modo nobilium memoratus in agmine gaude,
  pervenit ad manes si pia cura tuos.

23. *Dynamio Burdigalensi qui in Hispania docuit et obiit*

Sed neque te maesta, Dynami, fraudabo querella,
  municipem patriae causidicumque meae,

22 Victorio *Scal.*: Victorino *Lugd.*   1 Victori *Scal.*: Victorine *Lugd.*   5–8 *del. Sch.*   5 quod ius *Lugd.*: quidvis *Peip.* 6 fuerit *Heins.*: fuerat *Lugd.*   sacrifici *Vin.*: sacrificii *Lugd.*: sacrificis *Scal.*   7 quid . . . quid *Peip.*: quod . . . quod *Lugd.*: quod . . . quot *Mommsen*   8 ediderit *Peip.*: ediderat *Lugd.*   12 quae (Themis) *Heins.*: quid *Lugd.*   18 tenuis *Scal.*: tenuiter *Lugd.*   20 ad quas *Scal.*: atque *Lugd.*

crimine adulterii quem saucia fama fugavit,
    parvula quem latebris fovit Ilerda suis,
quem locupletavit coniunx Hispana latentem;   5
    namque ibi mutato nomine rhetor eras,
rhetor Flavini cognomine dissimulatus,
    ne posset profugum prodere culpa suum.
reddiderat quamvis patriae te sera voluptas,
    mox residem rursum traxit Ilerda domus.   10
qualiscumque tuae fuerit fuga famaque vitae,
    iungeris antiqua tu mihi amicitia,
officiumque meum, sensus si manibus ullus,
    accipe iam serum morte obita, Dynami.
diversis quamvis iaceas defunctus in oris,   15
    commemorat maestis te pia cura elegis.

24. *Acilio Glabrioni grammatico* [*Iun.*] *Burdigalensi*

Doctrinae vitaeque pari brevitate caducum,
    Glabrio, te maestis commemorabo elegis,
stemmate nobilium deductum nomen avorum,
    Glabrio †Aquilini† Dardana progenies.
tu quondam puero compar mihi, discipulus mox,   5
    meque dehinc facto rhetore grammaticus,
inque foro tutela reis et cultor in agris,
    digna diu partis qui fruerere bonis;
commode laete benigne abstemie, tam bone dandis
    semper consiliis quam taciturne datis,   10
tam decus omne tuis quam mox dolor, omnia acerbo
    funere praereptus, Glabrio, destituis,
uxore et natis, genitore et matre relictis,
    eheu, quam multis perdite nominibus!

---

23 9 voluntas *Baehrens*   14 serum *Peip.*: verus *V*: serus
Heins.: verum *Sch.*

24 Iun. *del. Green*   4 Aquilini *V*: Acilini *Heins.*: Acili olim
Williams: Aciliade *Holford-Strevens*   5 discipulus *Lugd.*:
discipulos *V*: discipulo *Scal.*

flete diu nobis, numquam satis, accipe acerbum,   15
Glabrio in aeternum commemorate, vale.

25. *Coronis*

Quos legis a prima deductos menide libri,
   doctores patriae scito fuisse meae,
grammatici in studio vel rhetoris aut in utroque,
   quos memorasse mihi morte obita satis est.
viventum illecebra est laudatio; nomina tantum   5
   voce ciere suis sufficiet tumulis.
ergo, qui nostrae legis otia tristia chartae,
   eloquium ne tu quaere, sed officium,
quo claris doctisque viris pia cura parentat,
   dum decora egregiae commeminit patriae.   10

26. †*Poeta*†

Valete, manes inclitorum rhetorum;
   valete, doctores probi,
historia si quos vel poeticus stilus
   forumve fecit nobiles,
medicae vel artes, dogma vel Platonicum   5
   dedit perenni gloriae;
et si qua functis cura viventum placet
   iuvatque honor superstitum,
accipite maestum carminis cultum mei
   textum querella flebili.   10
sedem sepulchri servet immotus cinis,
   memoria vivat nominum,
dum remeat illud, iudicis dono dei,
   commune cum dis saeculum.

---

25 10 decora *Vin.*: decor *V*
26 Poeta *V: suspectum habet Green*   4 forumve *Graev.*:
forumque *V*   5 artes *Dousa*: artis *V*   7 functis *Heins.*:
cunctis *V*   9 accipite *Pulm.*: accipe *V*   13 remeet
Heins.   14 cunctis *Baehrens*

Ausonius lectori suo salutem

Ad rem pertinere existimavi ut vel vanum opusculum
materiae congruentis absolverem et libello, qui commem-
orationem habet eorum qui vel peregrini ⟨Burdigalensesve
Burdigalae vel⟩ Burdigalenses peregre docuerunt, epitaphia subnecterem [scilicet titulos sepulchrales] heroum 5
qui bello Troico interfuerunt. quae antiqua cum apud
philologum quendam repperissem Latino sermone con-
verti, non ut inservirem ordinis persequendi ⟨necessitati⟩,
sed ut cohaererent libere nec aberrarent.

1. *Agamemnoni*

Rex regum Atrides, fraternae coniugis ultor,
    oppetii manibus coniugis ipse meae.
quid prodest Helenes raptum punisse dolentem,
    vindicem adulterii cum Clytemestra necet?

2. *Menelao*

Felix o Menelae, deum cui debita sedes
    decretumque piis manibus Elysium,
Tyndareo dilecte gener, dilecte Tonanti,
    coniugii vindex, ultor adulterii,
aeterno pollens aevo aeternaque iuventa,   5
    nec leti passus tempora nec senii.

XII *V   nullus titulus in V   praef.* 3–4 Burdigalensesve Burdigalae vel *add. Mommsen*: Burdigalae vel *Vin.*   5 scilicet titulos
sepulchrales *del. Vin.*   8 inservirent *Lugd.*   ordini *Scal.*   per-
sequenti *Walther*   necessitati *add. Green: alia alii*   9 cohaererent
. . . aberrarent *Lugd.*: cohererem . . . aberrarem *V*: cohercerem . . .
aberrarem *Peip.*   neve *Green dub.*

3. *Aiaci*

Aiacis tumulo pariter tegor obruta Virtus,
  illacrimans bustis funeris ipsa mei,
incomptas lacerata comas, quod pravus Atrides
  cedere me instructis compulit insidiis.
iam dabo purpureum claro de sanguine florem,   5
  testantem gemitu crimina iudicii.

4. *Achilli*

Non una Aeaciden tellus habet: ossa teguntur
  litore Sigeo, crinem Larissa cremavit.
pars tumulis . . . et classe . . .,
orbe sed in toto . . .

5. *Vlixi*

Conditur hoc tumulo Laerta natus Vlixes:
  perlege Odyssian omnia nosse volens.

6. *Diomedi*

Conditur hic genitore bono melior Diomedes,
  crimen ob uxoris pulsus dotalibus Argis
Argyripam clarosque viris qui condidit Arpos,
  clarior urbe nova patriae quam sede vetusta.

7. *Antilocho*

Consiliis belloque bonus, quae copula rara est,
  carus et Atridis, carus et Aeacidis,

---

4 3 pars tumuli sentpet^ucpuetiusdi^uctu et classe leni *V teste Sch*.: pars tumulis enecpe^uatpu^cat^{ius}dit^uru et classe iera *teste Green*   4 orbe set in toto man ima (*vel* mmnnl) o^um so *** ssae lmesc *V teste Sch*.: *post* toto *nil certum Green*

5 Vlixi *Vin*.: Vlixis epitafio *V*   1 conditur *V*^{pc}: conditor *V*^{ac}

6 1 conditur *V*^{pc}: conditor *V*^{ac}   2 Argis *Toll*.: agris *V*
3 clarosve *Sch*.   4 quam *Lugd*.: qua *V*   vetustae *Heins*.

7 2 Atridis . . . Aeacidis *Lugd*.: atrideis . . . aeacideis *V*

praemia virtutis simul et pietatis adeptus,
  servato Antilochus Nestore patre obii.
non hic ordo fuit; sed iustius ille superstes,   5
  Troia capi sine quo perfida non poterat.

8. *Nestori*

Hoc tegor in tumulo, quarti iam prodigus aevi,
  Nestor, consilio clarus et eloquio;
obiecit sese cuius pro morte peremptus
  filius et nati vulnere vivo pater.
eheu cur fatis disponere sic placet aevum,   5
  tam longum ut nobis, tam breve ut Antilocho?

9. *Pyrrho*

Orbe tegor medio, maior virtute paterna,
  quod puer et regis Pyrrhus opima tuli,
impius ante aras quem fraude peremit Orestes
  (quid mirum?) caesa iam genetrice furens.

10. *Euryalo*

Nec me non dignum titulo Pleuronia credit,
  cui communis erat cum Diomede domus
et Sthenelo, Euryalum; nam tertius hoc ego regnum
  possedi, de quo nunc satis est tumulus.

11. *Guneo*

Gunea pontus habet, tumulus sine corpore nomen;
  fama homines inter, caelum animus repetit.
cuncta elementa duci tanto commune sepulchrum.
  quae? caelum et tellus et mare et ora virum.

---

9 2 et *V*: en *Mommsen*   3 Orestes *Lugd.*: orestis *V*
10 2 cui] quae *Evelyn White*   3 et Sthenelo Euryalum *Sch.*:
eurialo et stheneulo *V*
11 Guneo *Pulm.*: Cyneo *V*   1 Gunea *Pulm.*: cinea *V*

12. *Protesilao*

Fatale ascriptum nomen mihi Protesilao.
　nam primus Danaum bello obii Phrygio,
audaci ingressus Sigeia litora saltu,
　captus pellacis Laertiadae insidiis;
qui ne Troianae premeret pede litora terrae　　　　　5
　ipse super proprium desiluit clipeum.
quid queror? hoc letum iam tum mea fata canebant,
　tale mihi nomen cum pater imposuit.

13. *Deiphobo*

Proditus ad poenam sceleratae fraude Lacaenae
　et deformato corpore Deiphobus
non habeo tumulum, nisi quem mihi voce vocantis
　et pius Aeneas et Maro composuit.

14. *Hectori*

Hectoris hic tumulus, cum quo sua Troia sepulta est:
　conduntur pariter, qui periere simul.

15. *Astyanacti*

Flos Asiae tantaque unus de gente superstes,
　parvulus, Argivis sed iam de patre timendus,
hic iaceo Astyanax, Scaeis deiectus ab altis.
　pro dolor! Iliaci, Neptunia moenia, muri
viderunt aliquid crudelius Hectore tracto.　　　　　5

16. *Sarpedoni*

Sarpedon Lycius, genitus Iove, numine patris
　sperabam caelum, sed tegor hoc tumulo,
sanguineis fletus lacrimis. pro ferrea fata!
　et patitur luctum qui prohibere potest.

---

12 4 laertiade *V*: Lartiadae *L. Mueller*　　6 desiluit *Sch.*:
desiduit *V*
15 5 aliquid *Lugd.*: aliquod *V*
16 4 en *Graev.*

17. *Nasti et Amphimacho*

Nastes Amphimachusque, Nomionis inclita proles,
 ductores quondam, pulvis et umbra sumus.

18. *Troilo*

Hectore prostrato nec dis nec viribus aequis
 congressus †saevo† Troilus Aeacidae,
raptatus bigis fratris coniungor honori,
 cuius ob exemplum nec mihi poena gravis.

19. *Polydoro*

Cede procul myrtumque istam fuge, nescius hospes;
 telorum seges est sanguine adulta meo.
confixus iaculis et ab ipsa caede sepultus
 condor in hoc tumulo bis Polydorus ego.
scit pius Aeneas et tu, rex impie, quod me   5
 Thracia poena premit, Troia cura tegit.

20. *Euphemo*

Euphemum Ciconum ductorem Troia tellus
 condidit hastati Martis ad effigiem.
nec satis est titulum saxo incidisse sepulchri;
 insuper et frontem mole onerant statuae.
ocius ista ruunt, quae sic cumulata locantur;   5
 maior ubi est cultus, magna ruina subest.

21. *Hippothoo et Pyleo* [*in horto sepultis*]

Hippothoum Pyleumque tenet gremio infima tellus;
 caulibus et malvis terga superna virent,
nec vexat cineres horti cultura quietos,
 dum parcente manu molle holus excolitur.

17 1 Nastes *Lugd.*: Nastie *V*   2 ductores *Canter*: doctores *V*
18 2 saevo *Vin.*: ***o *V*: iaceo *Holford-Strevens*
19 5 me *Lugd.*: maae *V*   6 Thracia *Lugd.*: triracia *V*
Troia *Vin.*: troiaque *V*: Troica *Peip. dub.*
21 in horto sepultis *del. Green*

22. *Ennomo et Chromio*

Ennomus hic Chromiusque iacent, quis Mysia regnum,
  quis pater Alcinous Oceanusque atavus.
nobilitas quid tanta iuvat? quo clarius istis
  est genus, hoc mortis condicio gravior.

23. *Priamo*

Hic Priami non est tumulus nec condor in ista
  sede; caput Danai deripuere meum.
ast ego cum lacerum sine nomine funus haberem,
  confugi ad cineres Hectoreos genitor.
illic et natos Troiamque Asiamque sepultam   5
  inveni et nostrum quicquid ubique iacet.

24. *Item Priamo*

Qui tumulum Priami quaerit, legat Hectoris ante;
  ille meus, nato quem prius ipse dedi.
Hectoris et patris simul est commune sepulchrum,
  amborum quoniam iuncta ruina fuit.

25. *Hecubae*

Quae regina fui, quae claro nata Dymante,
  quae Priami coniunx, Hectora quae genui,
hic Hecuba iniectis perii super obruta saxis,
  sed rabie linguae me tamen ulta prius.
fidite ne regnis et prole et stirpe parentum,   5
  quicumque hoc nostrum σῆμα κυνὸς legitis.

22 2 Alcinous *Sch.*: alcinos V^{ac}: alcinus V^{pc}
23 2 deripuere *Wakefield*: diripuere *V*   5 natos *Scal.*:
natus *V*   6 nostri *Heins.*
   24 *in duo carmina divisit Peip.*   3 patris *V*: patriae *Peip.*
   25 5 stirpe parentum *Lugd.*: stirparentum *V*

26. *Polyxenae*

Troas Achilleo coniuncta Polyxena busto
    malueram nullo caespite functa tegi.
non bene discordes tumulos miscetis, Achivi:
    hoc violare magis quam sepelire fuit.

XIII. EPIGRAMMATA

1

Non unus vitae color est nec carminis unus	3
lector: habet tempus pagina quaeque suum.	4
est quod mane legas, est et quod vespere. laetis	1
seria miscuimus, temperie ut placeant.	2
hoc mitrata Venus probat, hoc galeata Minerva,	5
Stoicus has partes, has Epicurus amat.	
salva mihi veterum maneat dum regula morum,	
ludat permissis sobria Musa iocis.	

2

Cedere quae lato nescit fera saucia ferro	
armatique urget tela cruenta viri,	
quam grandis parvo patitur sub vulnere mortem	
et solam leti vim probat esse manum!	
mirantur casusque novos subitasque ruinas	5

    *   *   *   *   *

nec contenta ictos letaliter ire per artus	
coniungit mortes una sagitta duas.	
plurima communi pereunt sic fulminis ictu;	
haec quoque de caelo vulnera missa putes.	10

XIII **1** *BZ* (*Z = CKM*); *in Z 6–8 tantum*   3–4 *ante* 1 *transp.*
Green   2 temperie *Hartel*: tempore *B*   uti *Peip.*   5 mitrata
Sch.: mirata *B*   6 amat *B*: agit *Z*   8 ludat *C*: laudat *K*: laudet
M: plaudat *B*   permixtis '*in quibusdam editt.*' *Toll.*
    2 *Z* (= *CKLM*)   1 cedere *Laur. 33. 19*[pc] *teste Sch.*: credere
CKM   3 grandis *T teste Vin.*: grandes *CKM*   parvo patitur
CK: patitur parvo *LM*   mortem *Flor.*: mortes *Z*   9 sic *Z*: si *ed.*
Par. 1511

3

Illyricis regnator aquis, tibi, Nile, secundus,
  Danuvius laetum profero fonte caput.
salvere Augustos iubeo natumque patremque,
  armiferis alui quos ego Pannoniis.
nuntius Euxino iam nunc volo currere ponto,   5
  ut sciat hoc superum cura secunda Valens,
caede fuga flammis stratos periisse Suebos
  nec Rhenum Gallis limitis esse loco.
quod si lege maris refluus mihi curreret amnis,
  huc possem victos inde referre Gothos.   10

4

Danuvius penitis caput occultatus in oris
  totus sub vestra iam dicione fluo.
qua gelidum fontem mediis effundo Suebis,
  imperiis gravidas qua seco Pannonias,
et qua dives aquis Scythico solvo ostia ponto,   5
  omnia sub vestrum flumina mitto iugum.
Augusto dabitur sed proxima palma Valenti:
  inveniet fontes hic quoque, Nile, tuos.

5

Nunc te marmoreum pro sumptu fecimus; at cum
  Augustus frater remeaverit, aureus esto.

6

Quod leo tam tenui patitur sub harundine letum,
  non vires ferri sed ferientis agunt.

3 *Z* (= *CKM*)   4 armiferis *KM*: armiferos *C*   6 superum
KM: superis *C*   10 possem *C*: posset *K*: posse *M*
4 *Z* (= *CKMT*)   1 penitis *ed. Par. 1513*: penitus *Z*
5 *Z* (= *CKM*)
6 *EZ* (*Z* = *CKM*)

7

Phosphore, clamosi spatiosa per aequora circi
   septenas solitus victor obire vias,
improperanter agens primos a carcere cursus,
   fortis praegressis ut potereris equis,
(promptum et veloces erat anticipare quadrigas;   5
   victores etiam vincere laus potior),
hunc titulum vani solacia sume sepulchri
   et gradere Elysios praepes ad alipedes.
Pegasus hinc dexter currat tibi, laevus Arion
   funalis, quartum det tibi Castor equum.   10

8

Sparge mero cineres bene olentis et unguine nardi,
   hospes, et adde rosis balsama puniceis.
perpetuum mihi ver agit illacrimabilis urna
   et commutavi saecula, non obii.
nulla mihi veteris perierunt gaudia vitae,   5
   seu meminisse putes omnia sive nihil.

9

Fama est fictilibus cenasse Agathoclea regem
   atque abacum Samio saepe onerasse luto,
fercula gemmatis cum poneret horrida vasis
   et misceret opes pauperiemque simul.
quaerenti causam respondit, 'rex ego qui sum   5
   Sicaniae, figulo sum genitore satus.'

7 *V*   1 Phosphore *Vin*.: posp^here *V*^ac: prospe^re *V*^pc   spatiosa *Lugd*.: pavosa *V*^ac: panosa *V*^pc: pannosa *Vin*.   2 septenas *Lugd*.: septena *V*   10 funalis *Vin*.: funise ad *V* (ise *in ras*.): funis et ad *Lugd*.: *alia alii*

8 *VZ* (*Z* = *CKMT*) (1–3 *om. T*)   1 bene olentis et unguine nardi *Toll*.: bene olente et unguine nardi *V*: et odoro perlue nardo *Z* (odorem *K*)   6 seu meminisse putes omnia sive nihil *V*: felix seu memini sive nihil memini *Z*

9 *VEZ* (1–6 *om. E*)   3 fercula *VCKM*: pocula *T*   orrida *V*: aurea *Z*

fortunam reverenter habe, quicumque repente
  dives ab exili progrediere loco.

10

Toxica zelotypo dedit uxor moecha marito,
  nec satis ad mortem credidit esse datum;
miscuit argenti letalia pondera vivi,
  cogeret ut celerem vis geminata necem.
dividat haec si quis, faciunt discreta venenum;   5
  antidotum sumet qui sociata bibet.
ergo inter sese dum noxia pocula certant,
  cessit letalis noxa salutiferae,
protinus et vacuos alvi petiere recessus,
  lubrica deiectis qua via nota cibis.   10
quam pia cura deum! prodest crudelior uxor,
  et cum fata volunt bina venena iuvant.

11

Vane, quid affectas faciem mihi ponere, pictor,
  ignotamque oculis sollicitare deam?
aeris et linguae sum filia, mater inanis
  indicii, vocem quae sine mente gero.
extremos pereunte modos a fine reducens   5
  ludificata sequor verba aliena meis.
auribus in vestris habito penetrabilis echo;
  et si vis similem pingere, pinge sonum.

12

'Cuius opus?' 'Phidiae, qui signum Pallados, eius,
  quique Iovem fecit, tertia palma ego sum.
sum dea quae rara et paucis Occasio nota.'
  'quid rotulae insistis?' 'stare loco nequeo.'

---

10 *VEZ*   1 moecha *VZ*: casta *E*
11 *Z*   4 indicii *CKM*: iudicii *T*   8 et si *CT*ᵖᶜ: et
similem *T*ᵃᶜ: si quam *KM*
12 *EZ*   3 'sum dea'. 'quae?' *Sh.B.*: 'num dea?' 'quae . . .' *Green dub.*

76

'quid talaria habes?' 'volucris sum; Mercurius quae   5
   et Fortuna solet, trado ego, cum volui.'
'crine tegis faciem.' 'cognosci nolo.' 'sed heus tu
   occipiti calvo es.' 'ne tenear fugiens.'
'quae tibi iuncta comes?' 'dicat tibi.' 'dic, rogo, quae sis.'
   'sum dea cui nomen nec Cicero ipse dedit;   10
sum dea quae facti non factique exigo poenas,
   nempe ut paeniteat: sic Metanoea vocor.'
'tu modo dic, quid agat tecum.' 'quandoque volavi
   haec manet; hanc retinent quos ego praeterii.
tu quoque dum rogitas, dum percontando moraris,   15
   elapsam disces me tibi de manibus.'

13

Omnia quae longo vitae cupiuntur in aevo
ante quater plenum consumpsit Anicia lustrum.
infans lactavit, pubes et virgo adolevit,
nupsit concepit peperit iam mater obivit.
quis mortem accuset, quis non accuset in ista?   5
aetatis meritis anus est, aetate puella.

14

Dicebam tibi, 'Galla, senescimus: effugit aetas.
   utere vere tuo; casta puella anus est.'
sprevisti, obrepsit non intellecta senectus
   nec revocare potes qui periere dies.

---

5 quid *ECK*: quod *MT*: quo *Baehrens*   Mercurius quae *ed. Ven.
1496*: Mercuriusque *codd.*   6 et Fortuna *Green*: fortuna *EZ*:
fortunare *Politianus*   solent *Green dub.*   11 facti non
factique *K*: facti et non facti *CMT*: factique et non facti *Peip.*
13 quandoque *T*: quando *ECKM*: quando ipsa *Reeve dub.*
16 disces *Heins.*: dices *Z*: om. *E*

13 *VEZ*   5 quis non accuset in ista *V*: complevit munia vitae *EZ*
(munera *K*: tute *M*)   6 aetatis meritis anus est *V*: iam meritis anus
est et adhuc *EZ*

14 *EZ*   2 vere *Avant.*: rene *Z*

nunc piget, et quereris quod non aut ista voluntas   5
tunc fuit aut non est nunc ea forma tibi.
da tamen amplexus oblitaque gaudia iunge.
   da fruar, etsi non quod volo, quod volui.

15

Trinacrii quondam currentem in litoris ora
ante canes leporem caeruleus rapuit.
at lepus, 'in me omnis terrae pelagique rapina est,
   forsitan et caeli, si canis astra tenet.'

16

Quam segnis scriptor, tam lentus, Pergame, cursor
fugisti et primo captus es in stadio.
ergo notas scripto tolerasti, Pergame, vultu
   et quas neglexit dextera frons patitur.

17

Pergame, non recte punitus fronte subisti
supplicium, lentae quod meruere manus.
at tu, qui dominus, peccantia membra coerce;
   iniustum falsos excruciare reos.
aut inscribe istam, quae non vult scribere, dextram   5
   aut profugos ferri pondere necte pedes.

18

   Canus rogabat Laidis noctem Myron;
     tulit repulsam protinus.
   causamque sensit et caput fuligine
     fucavit atra candidum,

5 voluntas *M*: voluptas *ECKT*   6 tunc *CT*: tum *EKM*
15 *Z*
16 *Z*   1 Quam . . . tam *Green*: tam . . . quam *codd.*
17 *Z*   *ab epigr. superiore seiunxit Scal.*   1 punitus *C*: penitus
KMT   4 excruciare *KMT*: est cruciare *C*
18 *Z*

idemque vultu, crine non idem Myron   5
  orabat oratum prius.
sed illa formam cum capillo comparans
  similemque, non ipsum, rata,
fortasse et ipsum, sed volens ludo frui,
  sic est adorta callidum: 10
'inepte, quid me quod recusavi rogas?
  patri negavi iam tuo.'

19

Laidas et Glyceras, lascivae nomina famae,
  coniunx in nostro carmine cum legeret,
ludere me dixit falsoque in amore iocari:
  tanta illi nostra est de probitate fides.

20

Vxor, vivamus ceu viximus, et teneamus
  nomina quae primo sumpsimus in thalamo,
nec ferat ulla dies ut commutemur in aevo,
  quin tibi sim iuvenis tuque puella mihi.
Nestore sim quamvis provectior aemulaque annis   5
  vincas Cumanam tu quoque Deiphoben,
nos ignoremus quid sit matura senectus:
  scire aevi meritum, non numerare decet.

21

Qui primus, Meroe, nomen tibi condidit, ille
  Thesidae nomen condidit Hippolyto.
nam divinare est nomen componere quod sit
  fortunae et morum vel necis indicium.

19 *Z*   1 Thaidas *Heins*.
20 *EZ*   1 ceu *Heins*: quod *ECKM*: ut *T*   3 commutemur
CK: commutentur *M*: commutetur *ET*   5 annis *C*: annos *EKMT*
    21 *Z*   4 et *om. Scal.*

Protesilae, tibi nomen sic fata dederunt,   5
    victima quod Troiae prima futurus eras;
Idmona quod vatem, medicum quod Iapyga dicunt,
    discendas artes nomina praeveniunt.
et tu sic, Meroe, non quod sis atra colore
    ut quae Niliaca nascitur in Meroe,   10
infusum sed quod vinum non diluis undis,
    potare immixtum sueta merumque merum.

22

Me lapidem quondam Persae advexere, tropaeum
    ut fierem belli; nunc ego sum Nemesis.
ac sicut Graecis victoribus asto tropaeum,
    punio sic Persas vaniloquos Nemesis.

23

Qui laqueum collo nectebat, repperit aurum
    thesaurique loco deposuit laqueum;
at qui condiderat, postquam non repperit aurum,
    aptavit collo quem reperit laqueum.

24

Excipis adverso quod pectore vulnera septem,
    arma super veheris quod, Thrasybule, tua,
non dolor hic patris, Pitanae sed gloria maior;
    rarum tam pulchro funere posse frui.
quem postquam maesto socii posuere feretro,   5
    talia magnanimus reddidit orsa pater:
'flete alios: natus lacrimis non indiget ullis,
    et meus et talis et Lacedaemonius.'

22 *Z*   2 belli *Kenney*: bello *Z*
23 *EZ*
24 *Z*   3 *post* patris *add*. est *Peip*.   Pitanae *Ug*.: pitani (pitai *M*)
codd.   6 reddidit *Green*: edidit *codd*.

25

Mater Lacaena clipeo obarmans filium
'cum hoc', inquit, 'aut in hoc redi.'

26

Quidam superbus opibus et fastu tumens
    tantumque verbis nobilis,
spernit vigentis clara saecli nomina,
    antiqua captans stemmata,
Martem Remumque et conditorem Romulum   5
    privos parentes nuncupans.
hos ille Serum veste contexi iubet,
    hos caelat argento gravi,
ceris inurens ianuarum limina
    et atriorum pegmata: 10
credo, quod illi nec pater certus fuit
    et mater est vere lupa.

27

Laudet Achaemenias Orientis gloria telas,
    molle aurum pallis, Graecia, texe tuis,
non minus Ausoniam celebret dum fama Sabinam,
    parcentem magnis sumptibus, arte parem.

28

Sive probas Tyrio textam subtemine vestem,
    seu placet inscripti commoditas tituli,
ipsius hoc dominae concinnat utrumque venustas;
    has geminas artes una Sabina colit.

---

25 *Z*   1 Lacaena *ed. Par. 1511*: laceno *Z*
26 *Z*   3 vigentis *ed. pr.*: rigentis *codd.*   6 privos *KT*:
primos *CM*
27 *Z*
28 *Z*

29

Licia qui texunt et carmina, carmina Musis,
  licia contribuunt, casta Minerva, tibi;
ast ego rem sociam non dissociabo Sabina,
  versibus inscripsi quae mea texta meis.

30

'Inventor primus cynices ego.' 'quae ratio istaec?
  Alcides multo dicitur esse prior.'
'Alcida quondam fueram doctore secundus:
  nunc ego sum cynices primus, et ille deus.'

31

Discipulus melior nulli meliorve magister
  εἰς ἀρετὴν συνέβη καὶ κυνικὴν σοφίην.
dicere me verum novit qui novit utrumque
  καὶ θεὸν Ἀλκείδην καὶ κύνα Διογένην.

32

Ogygia me Bacchum vocat,
Osirin Aegyptos putat;
Mysi Phanacen nominant,
Dionyson Indi existimant;
Romana sacra Liberum,   5
Arabica gens Adoneum,
Lucaniacus Pantheum.

29 Z
30 Z
31 Z   1 melior (molior K) nulli CKM: nulli melior T
32 Z   1 Ogygia Lugd.: Ogigie (Ogigiae C) codd.: Ogigidae
Evelyn White   vocat Lugd.: vocant codd.   2 putat ed. pr.:
putant codd.   3 Mysi Pulm.: mystae (misce K, miste T) codd.
Phanacen Lugd.: phanacem Z

33

Αἰγυπτίων μὲν Ὄσιρις ἐγώ, Μυσῶν δὲ Φανάκης,
Βάκχος ἐνὶ ζωοῖσιν, ἐνὶ φθιμένοισιν Ἀδωνεύς,
πυρογενής, δικέρως, τιτανολέτης, Διόνυσος.

34

Αἲξ χίμαρος πήρη ποιμὴν ῥαβδοῦχος ἐλαίη
εἷς λίθος· ἐκ πάντων λιτὸς ἐγὼ Κορύδων.

35

Lesbia Pieriis Sappho soror addita Musis
εἴμ᾽ ἐνάτη λυρικῶν, Ἀονίδων δεκάτη.

36

Orta salo, suscepta solo, patre edita Caelo,
Aeneadum genetrix, hic habito alma Venus.

37

Lucius una quidem, geminis sed dissita punctis
littera; praenomen sic nota sola facit.
post M incisum est. puto sic, non tota videtur;
dissiluit saxi fragmine laesus apex.
nec quisquam, Marius seu Marcius anne Metellus   5
hic iaceat, certis noverit indiciis.
truncatis convulsa iacent elementa figuris,
omnia confusis interiere notis.
miremur periisse homines? monumenta fatiscunt,
mors etiam saxis nominibusque venit.   10

33 Z   1 Αιγυπτιων C: Αιρυπτιων KMT
34 Z (= CKM)   2 λιτὸς ed. Par. 1513: αλυτος C: αλιτος K: αλσσος
M: αὐτὸς Pulm.   ἐγὼ ed. pr.: εσω C: ετα K: ετω M
35 Z (= CKMT)   36 Z
37 VEZ (1–6 om. E)   1 Lucius una quidem geminis Z: una
quidem geminis fulget V: Vna quidem L geminis fulget Mondin
3 post M VCKT: post in me M   5 quisquam Z: quisque V
Marius Graev.: marcus codd.   7–10 seiunxerunt KT
7 latent Baehrens   8 nomina Graev.

83

38

Me sibi et uxori et natis commune sepulchrum
   constituit seras Carus ad exsequias.
iamque diu monumenta vacant, sitque ista querella
   longior, et veniant ordine quisque suo
nascendi qui lege datus, placidumque per aevum   5
   condatur, natu qui prior, ille prior.

39

Hanc volo quae non vult, illam quae vult ego nolo:
   vincere vult animos, non sociare Venus.

40

Oblatas sperno illecebras, detrecto negatas;
   nec satiare animum nec cruciare volo.
nec bis cincta Diana placet nec nuda Cythere:
   illa voluptatis nil habet, haec nimium.
callida sed mediae Veneris mihi venditet artem   5
   femina, quae iungat quod 'volo nolo' vocant.

41

Χρηστὸς Ἀκίνδυνος αὐτοαδέλφεοι, ἀγλαὰ τέκνα,
   moribus ambo malis nomina falsa gerunt,
οὔθ᾽ οὗτος χρηστός γ᾽ οὔθ᾽ οὗτος ἀκίνδυνός ἐστιν.
   una potest ambos littera corrigere.
αἴ κεν Χρηστὸς ἔχῃ παρ᾽ ἀδελφοῦ Ἀκινδύνου ἄλφα,   5
   κίνδυνος hic fiet, frater ἄχρηστος erit.

38 V   4 veniant Heins.: veniat V   6 (ille) prius Kenney
39 Z (= CKMT)   1 nolo ego Sh.B.   (illam) quae Avant.: quia
codd.   2 pascere Desposius   sociare CM: sotiare K: satiare T
40 Z   ab epigr. superiore seiunxit Green   6 cui iungar
Graev.   vocet Graev.: vocans Baehrens
41 Z   1 αὐτοαδέλφεοι Peip.: αυταδελφεοι CT: δυλδεαφεοι K: ανα-
λεαφεοι M   ἀγλαὰ Green: οικτρα δε CT: οικλαα K: οικλλα M
3 οὔθ᾽ . . . οὔθ᾽ Kenney: ουδ᾽ . . . ουδ᾽ Z   χρηστος γ᾽ T: χρηστος
CKM   5 χρηστος εχη T: χρηστεαχης CK: χρηστ᾽ ελχης M   παρ᾽
ἀδελφοῦ Ἀκινδύνου Sch.: παρακινδυνον C: παρακιναυννονα (-ονονα M) KM:
παρ᾽ ἀδελφεον ἀκινδυνον T

42

Germani fratres sunt Chrestos, Acindynos alter.
falsum nomen utrique, sed ut verum sit utrique
alpha suum Chresto det Acindynos, ipse sine alpha
permaneat: verum nomen uterque geret.

43

'Tris uno in lecto; stuprum duo perpetiuntur
et duo committunt.' 'Quattuor esse reor.'
'Falleris: extremis da singula crimina et illum
bis numera medium, qui facit et patitur.'

44

Emptis quod libris tibi bibliotheca referta est,
doctum et grammaticum te, Philomuse, putas.
hoc genere et chordas et plectra et barbita conde;
omnia mercatus cras citharoedus eris.

45

Rhetoris haec Rufi statua est, nil verius; ipse est,
ipse adeo linguam non habet et cerebrum.
et riget et surda est et non videt: omnia Rufi.
unum dissimile est: mollior ille fuit.

46

Elinguem quis te dicentis imagine pinxit?
dic mihi, Rufe. taces? nil tibi tam simile est.

---

42 *Z*   1–2 *del. Scal.*   1 Germani duo sunt: hic *Green dub.*
43 *Z*
44 *VZ*   3 conde *Z*: condis *V*: condes *Peip.*
45 *VZ* ($Z = CKMT$; *in KT bis scriptum est, unde* K^1, K^2, T^1, T^2)   1 ipse $K^2MT^{1ac}T^2$: ipsa CK^1T^{1pc} 3 omnia Rufi CK^1MT^1: haec sibi constant VT^2K^2
46 *VZ*

47

'Haec Rufi tabula est.' 'nil verius. ipse ubi Rufus?'
  'in cathedra.' 'quid agit?' 'hoc quod et in tabula.'

48

'Reminisco' Rufus dixit in versu suo;
  cor ergo versus, immo Rufus, non habet.

49

Qui 'reminisco' putat se dicere posse Latine,
  hic ubi 'co' scriptum est, faceret 'cor', si cor haberet.

50

Rufus vocatus rhetor olim ad nuptias,
    celebri ut fit in convivio,
  grammaticae ut artis se peritum ostenderet,
    haec vota dixit nuptiis:
  'et masculini et feminini gignite   5
    generisque neutri filios.'

51

'Ore pulchro et ore muto scire vis quae sim?' 'volo.'
  'imago Rufi rhetoris Pictavici.'
'diceret sed ipse vellem rhetor hoc mi.' 'non potest.'
  'cur?' 'ipse rhetor est imago imaginis.'

52

'Rhetoris haec Rufi statua est?' 'si saxea, Rufi.'
  'cur id ais?' 'semper saxeus ipse fuit.'

47 *VZ*
48 *VZ*
49 *Z*
50 *Z*
51 *VZ*   3 diceret *CK*^{ac}*M*: dicerem *K*^{pc}*T*: dicere *V*   ipse *V*:
ille *Z*   vellem *CKM*: volens *V*: *om. T*
52 *VZ*   2 ipse *VCKM*: ille *T*

53

Laeta bis octono tibi iam sub consule pubes
   cingebat teneras, Glaucia adulte, genas.
et iam desieras puer anne puella videri,
   cum properata dies abstulit omne decus.
sed neque functorum socius miscebere vulgo   5
   nec metues Stygios flebilis umbra lacus,
verum aut Persephonae Cinyreius ibis Adonis
   aut Iovis Elysii tu Catamitus eris.

54

'Dic, canis, hic cuius tumulus?' 'canis.' 'at canis hic
   quis?'
'Diogenes.' 'obiit?' 'non obiit sed abît.'
'Diogenes, cui pera penus, cui dolia sedes,
   ad manes abiit?' 'Cerberus inde vetat.'
'quonam igitur?' 'clari flagrat qua stella Leonis,   5
   additus est iustae nunc canis Erigonae.'

55

Pera polenta tribon baculus scyphus, arta supellex
   ista fuit Cynici: sed putat hanc nimiam.
namque cavis manibus cernens potare bubulcum
   'cur, scyphe, te', dixit, 'gesto supervacuum?'

53 Z   2 pingebat *Markland*   7 Cinyreius ibis *Scal.*: emire visibus C: crinite iussibus K^{ac} (cr. iussus K^{pc}): cinire visibus M: cincte visibus T

54 VbdZ   1 at VZ: hoc bd   hic quis V^{ac}?: hic quit V^{pc}: inquit bdZ   2 abit CT: abiit VbdKM   3 pera *Avant.*: para V^{ac}: parva V^{pc}bdZ   4 ire *Avant.*   5 quonam igitur Z: et quoniam Vbd: at quonam *Toll.*   flagrat qua (qua fl. K) Z: flagrat iam Vb: flagrantia d   6 iustae VZ: inibi bd

55 Vbd   1 pera *Lugd.*: pare Vb: pan d   sciphus V: cibus bd   2 Cynici set V: Cynicis et bd   nimiam V: nimia bd   4 cur sciphe te V: cur sum et ^{e} b: cur suete d

56

Effigiem, rex Croese, tuam, ditissime regum,
  vidit apud manes Diogenes cynicus.
'nil', inquit, 'tibi, Croese, tuum; superant mihi cuncta.
  nudus eram; sic sum. nil habui; hoc habeo.'
rex ait, 'haud egui, cum tu mendice carebas   5
  omnibus; et careo, si modo non egeo?'

57

Vivebam; sum facta silex, qua deinde polita
  Praxiteli manibus vivo iterum Niobe.
reddidit artificis manus omnia, sed sine sensu:
  hunc ego, cum laesi numina, non habui.

58

Thebarum regina fui, Sipyleia cautes
  quae modo sum. laesi numina Letoidum.
bis septem natis genetrix laeta atque superba
  tot duxi mater funera quot genui.
nec satis hoc divis: duro circumdata saxo   5
  amisi humani corporis effigiem.
sed dolor obstructis quamquam vitalibus haeret
  perpetuasque rigat fonte pio lacrimas.
pro facinus! tantaene animis caelestibus irae?
  durat adhuc luctus matris, imago perit.   10

59

Armatam vidit Venerem Lacedaemone Pallas.
  'nunc certemus', ait, 'iudice vel Paride.'

56 *VbdZ*; 3–6 *om. Z*   1 Croese *VZ*: Xerse *b*: Xerxe *d*
3 tibi Croese tuum *V*: curo tua sat *b*: xerxe tua *d*   5–6 *del.*
Jachmann   6 at *Sch.*   caream *Green dub.*   si *V*: sic *b*: sed *d*:
qui *Kenney*
  57 *Z* (= *CKMT*)   1 qua *KM*: quae *CT* (e *sup. lin. C*)
  58 *V*   1 cautes *Lugd.*: cautis *V*   2 numina *Scal.*: nomina *V*
  59 *Z*

cui Venus, 'armatam tu me, temeraria, temnis,
quae quo te vici tempore nuda fui?'

60

Lais anus Veneri speculum dico; dignum habeat se
aeterna aeternum forma ministerium.
at mihi nullus in hoc usus, quia cernere talem
qualis sum nolo, qualis eram nequeo.

61

Istos, tergemino nasci quos cernis ab ovo,
patribus ambiguis et matribus assere natos.
hos genuit Nemesis, sed Leda puerpera fovit;
Tyndareus pater his et Iuppiter—hic putat, hic scit.

62

Vera Venus Cnidiam cum vidit Cyprida, dixit,
'vidisti nudam me, puto, Praxitele.'
'non vidi nec fas, sed ferro opus omne polimus:
ferrum Gradivi Martis in arbitrio.
qualem igitur domino scierant placuisse Cytheren,   5
talem fecerunt ferrea caela deam.'

63

Bucula sum caelo genitoris facta Myronis
aerea; nec factam me puto sed genitam.
sic me taurus init, sic proxima bucula mugit,
sic vitulus sitiens ubera nostra petit.
miraris quod fallo gregem? gregis ipse magister   5
inter pascentes me numerare solet.

60 *Z*
61 *Z* (= *CKM*)   2 assere natos *ed. Par. 1511*: asseveratos *CM*
(ads- *M*): ad serenatos *K*   3 hos *K*^{ac}*M*: nos *CK*^{pc}
62 *Z* (= *CKMT*)
63 *Z*   5 quod *CKM*: si *T*

64

Vbera quid pulsas frigentia matris aenae,
    o vitule, et sucum lactis ab aere petis?
hunc quoque praestarem, si me pro parte parasset
    exteriore Myron, interiore deus.

65

Daedale, cur vana consumis in arte laborem?
    me potius clausa subice Pasiphae.

66

Illecebras verae si vis dare, Daedale, vaccae,
    viva tibi species vacca Myronis erit.

67

Aerea mugitum poterat dare vacca Myronis,
    sed timet artificis deterere ingenium.
fingi nam similem vivae quam vivere plus est,
    nec sunt facta dei mira, sed artificis.

68

Aerea bos steteram; mactata est vacca Minervae,
    sed dea proflatam transtulit hic animam.
et modo sum duplex, pars aerea, pars animata;
    haec manus artificis dicitur, illa deae.

69

Quid me, taure, paras specie deceptus inire?
    non sum ego Minoae machina Pasiphaae.

64 Z   2 petis *CKM*: cupis *T*
65 Z
66 Z   *ab epigr. superiore seiunxit Brandes*
67 Z   3 fingi *Green*: fingere *codd*.
68 Z
69 Z

70

Necdum caduco sole, iam sub vespere
ageret iuvencas cum domum pastor suas,
unam relinquens me minabat ut suam.

71

Vnam iuvencam pastor forte amiserat
    numerumque iussus reddere
me defuisse conquerebatur, sequi
    quae noluissem ceteras.

72

Vallebanae (nova res et vix credenda poetis,
    sed quae de vera promitur historia)
femineam in speciem convertit masculus ales
    pavaque de pavo constitit ante oculos.
cuncti admirantur monstrum, sed mollior agna   5

        *   *   *   *   *

'quid stolidi ad speciem notae novitatis hebetis?
    an vos Nasonis carmina non legitis?
Caenida convertit proles Saturnia Consus
    ambiguoque fuit corpore Tiresias.   10
vidit semivirum fons Salmacis Hermaphroditum,
    vidit nubentem Plinius androgynum.
nec satis antiquum, quod Campana in Benevento
    unus epheborum virgo repente fuit.
nolo tamen veteris documenta arcessere famae: 15
    ecce ego sum factus femina de puero.'

70 *Z*   3 unam *Green*: suam *codd.*   minabat *Loisel*: monebat
codd.: movebat *Laur. 33. 19 teste Prete*
    71 *Z*   2 iussus *CM*: lusus *K*: visus *T*
    72 *Z*   1 Vallebane *KTM*: Valle bane *C*   nova res *Toll.*:
notares *vel* iotares *C*ac: nota res *C*pc: iocares *KMT*   5 si
Heins.   7 quid *C*: quod *KMT*   hebetis *ed. Par. 1513*:
habetis *Z*   9 Caenida *KMT*: Caenea *C*

73

'Pythagora Euphorbi, reparas qui semina rerum
 corporibusque novis das reduces animas,
dic, quid erit Marcus iam fata novissima functus,
 si redeat vitam rursus in aeriam?'
'quis Marcus?' 'feles nuper pullaria dictus,   5
 corrupit totum qui puerile secus,
perversae Veneris postico vulnere fossor,
 Lucili vatis †sub pilo pullo premor†.'
'non taurus, non mulus erit, non hippocamelus,
 'non caper aut aries, sed scarabaeus erit.'   10

74

Lambere cum vellet mediorum membra virorum
 Castor nec posset vulgus habere domi,
repperit ut nullum fellator perderet inguen:
 uxoris coepit lingere membra suae.

75

Praeter legitimi genitalia foedera coetus
repperit obscenas veneres vitiosa libido,
Herculis heredi quam Lemnia suasit egestas,
quam toga facundi scaenis agitavit Afrani
et quam Nolanis capitalis luxus inussit.   5
Crispa tamen cunctas exercet corpore in uno:
deglubit, fellat, molitur per utramque cavernam,
ne quid inexpertum frustra moritura relinquat.

---

73 *Z*   1 Euphorbus *Green dub.*   4 aetheriam *Markland*
6 secus *K*pc*M*: decus *CK*ac*T*pc: gecus *T*ac *ut vid.*   8 Lucili *ed. pr.*:
Lucilii *Z*   suppilo *ed. Par. 1511*   pullo (pulo- *T*) premor *M*: pullo
premon *C*: pullo fomorum *K*: pulliprema *Scal.*: pullipremo *L. Mueller*:
culopremus *Brandes*: pullopremus *Sch.*

74 *Z*

75 *Z*   1 genialia *Baehrens*   4 facundi scaenis *ed. Par.
1511*: facundis cenis *codd.*   7 deglubit *CKM*: deglutit *T*

76

Abiecta in triviis inhumati glabra iacebat
  testa hominis, nudum iam cute calvitium.
fleverunt alii, fletu non motus Achillas,
  insuper et silicis verbere dissecuit.
eminus ergo icto rediit lapis ultor ab osse   5
  auctorisque sui frontem oculosque petit.
sic utinam certos manus impia dirigat ictus,
  auctorem ut feriant tela retorta suum.

77

Languenti Marco dixit Diodorus haruspex
  ad vitam non plus sex superesse dies.
sed medicus divis fatisque potentior Alcon
  falsum convicit †ilico† haruspicium.
tractavitque manum victuri, ni tetigisset: 5
  ilico nam Marco sex periere dies.

78

Alcon hesterno signum Iovis attigit. ille
  quamvis marmoreus vim patitur medici.
ecce hodie iussus transferri e sede vetusta
  effertur, quamvis sit deus atque lapis.

79

Languentem Gaium moriturum dixerat olim
  Eunomus; evasit fati ope, non medici.

76 *VGEZ*   5 ergo] en *Green dub.*   icto *VEK*[ac]: ictu G: ictor
CK[pc]*M*: ictus *T*   6 auctorisque *VGCKT*: actorisque *E*: auctori-
que *M*   7 certos *VGZ*: certo *E*   8 auctorem ut feriant tela
retorta suum *VG*: in proprium ut redeant (redeat *K*[ac], redeunt *K*[pc]) tela
retorta caput (manu *T*) *EZ*
    77 *Z*   4 convicit *CMT*[pc]: convenit *KT*[ac]   ilico] vatis *Green
dub.*: certus *Kenney*
    78 *Z*   1 hesterno *CK*: externo *MT*
    79 *VZ*   1 languentem *VCM*: languentum *KT*   Gaium *V*: e
populo *Z*   olim *V*: aegrum *Z*

paulo post ipsum videt aut vidisse putavit
pallentem et multa mortis in effigie.
'quis tu?' 'Gaius', ait. 'vivisne?' hic abnuit. 'et quid   5
nunc agis hic?' 'missu Ditis', ait, 'venio,
ut, quia notitiam rerumque hominumque tenerem,
accirem medicos.' Eunomus obriguit.
tum Gaius, 'metuas nihil, Eunome: dixi ego et omnes
nullum qui saperet dicere te medicum.'   10

80

Latratus catulorum, hinnitus fingis equorum,
    caprigenumque pecus lanigerosque greges
balatu assimulas, asinos quoque rudere dicas
    cum vis Arcadicum fingere, Marce, pecus.
gallorum cantus et ovantes gutture corvos   5
    et quicquid vocum belua et ales habet,
omnia cum simules ita vere, ut ficta negentur,
    non potes humanae vocis habere sonum.

81

Emendata potest quaenam vox esse magistri,
    nomen qui proprium cum vitio loquitur?
Auxilium te nempe vocas, inscite magister.
    da rectum casum: iam solicismus eris.

82

Eune, quid affectas vendentem Phyllida odores?
    diceris hanc mediam lambere, non molere.

4 multum *Markland*   5 hic *V*: hoc *Z*   abnuit *VCKT*: annuit
M   et quid *V*: at quid *C*: *om. KMT*   7 ut quia *VCK*: utque *MT*:
ut qui *V*   tenerent *Markland*   8 accirem *V*: acciperem *Z*
9 dixi *Z*: dico *V in ras.*
80 *V*   1 fingis *Lugd.*: fungis *V*   6 et ales *Toll.*: talis *V*
81 *V*   3 Auxilium *Scal.*: ausilium *V*
82 *Z* (= *CKMT*)

perspice ne mercis fallant te nomina, vel ne
aere Seplasiae decipiare cave,
dum κύσθον κόστονque putas communis odoris   5
et nardum ac sardas esse sapore pari.

83

Diversa infelix et lambit et olfacit Eunus;
dissimilem olfactum naris et oris habet.

84

Salgama non hoc sunt quod balsama—cedite odores.
nec male olere mihi nec bene olere placet.

85

Λαΐς Ἔρως et Ἴτυς, Χείρων et Ἔρως, Ἴτυς alter
nomina si scribas, prima elementa adime,
ut facias verbum, quod tu facis, Eune magister.
dicere me Latium non decet opprobrium.

86

Eune, quod uxoris gravidae putria inguina lambis,
festinas γλώσσας non natis tradere natis.

87

Eunus Syriscus, inguinum ligurritor,
opicus magister (sic eum docet Phyllis),

---

5 κύσθον κόστονque *Sch.*: cycton coctonque *C*: κυστον κοστονque *K*:
kyecton koctonque *M*ᵃᶜ: cyston costonque *M*ᵖᶜ: chytom choctom *T*

83 *Z   ab epigr. superiore seiunxit Toll.*   2 dissimilem *C*:
dissimile *KMT   olfactum ed. Par. 1511*: olfatum *codd.*

84 *Z*

85 *Z*   1 *Graecis litteris usus est Lugd., Latinis codd.*   ytis alter
C: et itis (itys *M*) alter *KMT*   4 decet *CKM*: licet *T*

86 *Z*   1 putria *Avant.*: patria (patᶦa *K*) *codd.*   2 γλώσσας
Green: glossas *codd.*

87 *Z*

muliebre membrum qua triangulum cernit
triquetro coactu *Δ* litteram ducit.
de valle femorum altrinsecus pares rugas   5
mediumque, fissi rima qua patet, callem
Ψ dicit esse: nam trifissilis forma est.
cui ipse linguam cum dedit suam, *Λ* est.
veramque in illis esse *Φ* notam sentit.
quid, imperite, *P* putas ibi scriptum,   10
ubi locari *I* convenit longum?
miselle doctor, *OY* tibi sit obsceno
tuumque nomen *Θ* sectilis signet.

88

Deformem quidam te dicunt, Crispa; at ego istud
nescio. si pulchra es iudice me, satis est.
quin etiam cupio, iunctus quia zelus amori est,
ut videare aliis foeda, decora mihi.

89

Sit mihi talis amica velim,
iurgia quae temere incipiat
nec studeat quasi casta loqui,
pulchra procax petulante manu,
verbera quae ferat et regerat   5
caesaque ad oscula confugiat.
nam nisi moribus his fuerit,
casta modesta pudenter agens,
dicere abominor, uxor erit.

---

3 qua triangulum *Menagius*: quadrangulum (quadri- *K*, quatri- *M*)
codd.   4 triquetro coactu *C*: trique troco actu *KM*: trique troque
actu *T*ᵃᶜ (tractu *T*ᵖᶜ)   *Δ ed. Ald. 1517*: a *codd.*   ducit *C*ᵖᶜ*T*ᵖᶜ: dicit
*C*ᵃᶜ*KMT*ᵃᶜ   7 *Ψ CT*ᵖᶜ: Y *KMT*ᵃᶜ   8 *Λ C*ᵃᶜ*M*: Λ *C*ᵖᶜ*T*: *om.*
K   11 iota *MT*: ᴵ iota *C* : I ⁱᵒᵗᵃ *K*   longum *CM*: solum *T*: *om.*
K   13 *Θ CMT*ᵖᶜ: *ΦΘ K*: *Φ T*ᵃᶜ
88 *Z*   1 Crispa; at ego *ed. Par. 1513*: Crispa ego *codd.*: Crispa
sed *Reeve*   2 si *Brandes*: mi *codd.*   (satis) est *CMT*: es *K*
89 *Z*

90

Hoc quod amare vocant misce aut dissolve, Cupido:
aut neutrum flammis ure vel ure duos.

91

Aut restingue ignem quo torreor, alma Dione,
aut transire iube vel fac utrimque parem.

92

Incipe: dimidium facti est coepisse. superfit
dimidium: rursum hoc incipe et efficies.

93

Gratia quae tarda est ingrata est gratia; namque
cum fieri properat, gratia grata magis.

94

Si bene quid facias, facias cito; nam cito factum
gratum erit, ingratum gratia tarda facit.

95

Deceptae felix casus se miscuit arti:
histrio, saltabat qui Capanea, ruit.

96

Dodra ex dodrante est. sic collige: ius aqua vinum
sal oleum panis mel piper herba, novem.

---

90 *EZ*   1 misce aut dissolve *ECT*: solve aut misce *K*: [precor] aut
dissolve *M*: solve aut misceto *Peip.*
91 *EZ*   2 utrimque *ECM*: utrumque *KT*
92 *VEZ*   1 superfit *VCK*: supersit *EMT*
93 *VE*
94 *VEZ*
95 *VZ*
96 *VZ*

AVSONII OPERA

97

'Dodra vocor.' 'quae causa?' 'novem species gero.'
  'quae sunt?'
'ius aqua mel vinum panis piper herba oleum sal.'

98

Δόδρα, ποτὸν καὶ ἀριθμός, ἔχω μέλι οἶνον ἔλαιον
ἄρτον ἅλας βοτάνην ζωμὸν ὕδωρ πέπερι.

99

Iuris consulto, cui vivit adultera coniunx,
  Papia lex placuit, Iulia displicuit.
quaeritis, unde haec sit distantia? semivir ipse
  Scantiniam metuens non metuit Titiam.

100

Inguina quod calido levas tibi dropace, causa est:
  irritant vulsas levia membra lupas.
sed quod et elixo plantaria podice vellis
  et teris inclusas pumice Κλαζομενάς,
causa latet, bimarem nisi quod patientia morbum 5
  appetit et tergo femina, pube vir es.

101

Semivir uxorem duxisti, Zoile, moecham;
  o quantus fiet quaestus utrimque domi,
cum dabit uxori molitor tuus et tibi adulter,
  quantum deprensi damna pudoris emunt!

97 *VZ*
98 *Z (= CKM)*
99 *EZ*
100 *Z*   4 inclusas *CMT*: incusas *Scal.*: incurvas *Sch.*
Κλαζομενάς *Sch.*: clazomenas *T*: claxomenas *CKM*
101 *EZ*   4 quanti *vel* quanto *Gron.*   depensi *Graev.*: depecti
Holford-Strevens   ement *Toll.*

98

sed modo quae vobis lucrosa libido videtur,   5
   iacturam senio mox subeunte feret.
incipient operas conducti vendere mocchi,
   quos modo munificos lena iuventa tenet.

102

'Hanc amo quae me odit, contra illam quae me amat
    odi.
   compone inter nos, si potes, alma Venus.'
'perfacile id faciam. mores mutabo et amores:
   oderit haec, amet haec.' 'rursus idem patiar.'
'vis ambas ut ames?' 'si diligat utraque, vellem.'   5
   'hoc tibi tu praesta, Marce: ut ameris, ama.'

103

'Suasisti, Venus, ecce, duas dyseros ut amarem.
   odit utraque; aliud da modo consilium.'
'vince datis ambas.' 'cupio, verum arta domi res.'
   'pellice promissis.' 'nulla fides inopi.'
'antestare deos.' 'non fas mihi fallere divos.'   5
   'pervigila ante fores.' 'nocte capi metuo.'
'scribe elegos.' 'nequeo, Musarum et Apollinis expers.'
   'frange fores.' 'poenas iudicii metuo.'
'stulte, ab amore mori pateris, non vis ob amorem?'
   'malo miser dici quam miser atque reus.'   10
'suasi quod potui: ⟨tu⟩ alios modo consule.' 'dic quos.'
   'quod sibi suaserunt Phaedra et Elissa dabunt,

7–8 *seiunxerunt CKT*   7 incipient *EC*: incipiant *KMT*
8 tenet *ECKM*: dabit *T*

  102 *EZ*   1 illam *Peip.*: hanc *codd.*

  103 *VEZ*   *cum epigr. superiore coniunxerunt EZ*   1 ecce *V*:
alma *EZ*   diseros *V*: gliceras *CK*: cliceras *MT*: glicera *E*
5 antestare *Sch.*: atestare *codd.* (att- *V*)   non fas *Sch.*: nefas est *codd.*:
nec fas *ed. pr.*: fasne est *H. J. Mueller*   9 ob amorem *V*: ab amore
EZ   10 atque] esse *Kenney*   11 quod *EZ*: quo *V*   tu *add.*
ed. pr.   12 quod sibi suaserunt phedra et ellissa dabunt *V*: phaedra
et elissa (elisa *CT*) tibi dent laqueum aut gladium *EZ*

quod Canace Phyllisque et fastidita Phaoni.'
'hoc das consilium?' 'tale datur miseris'.

104

Doctus Hylas caestu, Phegeus catus arte palaestrae,
  clarus Olympiacis et Lycus in stadiis,
an possent omnes venturo vincere agone
  Ammonem Libyae consuluere deum.
sed deus, ut sapiens, 'dabitur victoria vobis   5
  indubitata equidem, si caveatis', ait,
'ne quis Hylan caestu, ne quis certamine luctae
  Phegea, ne cursu te, Lyce, praetereat.'

105

Punica turgentes redimibat zona papillas
  Hermiones. zonae textum elegeon erat:
'qui legis hunc titulum, Paphie tibi mandat, ames me
  exemploque tuo neminem amare vetes.

106

Aspice quam blandae necis ambitione fruatur
  letifera experiens gaudia pulcher Hylas.
oscula et infestos inter moriturus amores
  ancipites patitur Naidas Eumenidas.

107

Furitis, procaces Naides
  amore saevo et irrito:
  ephebus iste fons erit.

---

13 quod Canace phillisque et fastidiata phaonis *V* (fastidita
Phaoni *Vin.*): praecipitem pelago (pellago *K*, pelagos *T*) vel leuchados
elige rupem *EZ*
104 *Z*   6 equidem *CKT*: quidem *M*
105 *Z*   1 redimibat *T*: redimebat *CKM*
106 *Z*   4 naidas *MT*: naiadas *C*: nayadas *K*
107 *Z*   1 naides *M*: naiᵃdes *CT*: nayades *K*   3 fons
Förster: flos *codd.*

108

Si cuperes alium, posses, Narcisse, potiri;
 nunc tibi amoris adest copia, fructus abest.

109

Quid non ex huius forma pateretur amator,
 ipse suam qui sic deperit effigiem?

110

Commoritur, Narcisse, tibi resonabilis Echo,
 vocis ad extremos exanimata modos,
et pereuntis adhuc gemitum resecuta querellis
 ultima nunc etiam verba loquentis amat.

111

Mercurio genitore satus, genetrice Cythere,
 nominis ut mixti, sic corporis Hermaphroditus,
concretus sexu, sed non perfectus, utroque,
 ambiguae Veneris, neutro potiendus amori.

112

Salmacis optato concreta est nympha marito;
 felix virgo, sibi si scit inesse virum.
et tu, formosae iuvenis permixte puellae,
 bis felix, unum si licet esse duos.

113

Pone arcum, Paean, celeresque reconde sagittas:
 non te virgo fugit, sed tua tela timet.

---

108 *Z*   1 posses *KM*: possis *CT*
109 *Z*
110 *Z*
111 *Z*
112 *Z*   4 si licet *K*: silicet *C*: scilicet *MT*
113 *Z*

114

Invide, cur properas, cortex, operire puellam?
laurea debetur Phoebo si virgo negatur.

115

Thermarum in solio si quis Polygitona vidit
ulcera membrorum scabie putrefacta foventem,
praeposuit cunctis spectacula talia ludis.
principio tremulis gannitibus aera pulsat
verbaque lascivos meretricum imitantia coetus   5
vibrat et obscenae numeros pruriginis implet.
bracchia deinde rotat velut enthea daemone Maenas:
pectus crura latus ventrem femora inguina suras
tergum colla umeros luteae symplegadis antrum,
tam diversa locis vaga carnificina pererrat,   10
donec marcentem calidi fervore lavacri
blandus letali solvat dulcedine morbus.
desectos sic fama viros, ubi cassa libido
femineos coetus et non sua bella lacessit,
irrita vexato consumere gaudia lecto,   15
titillata brevi cum iam sub fine voluptas
fervet et ingesto peragit ludibria morsu.
turpia non aliter Polygiton membra resolvit
et, quia debentur suprema piacula vitae,
ad Phlegethonteas sese iam praeparat undas.   20

114 Z
115 Z   7 rotat *CKM*: vibrat *T*   12 solvat *CKM*:
solvit *T*   17 ingesto *CM*: ingestu *KT*: incesto *Salmasius*
18 turpia *C*: torpida *K*: turpida *MT*   19 quia *CKT*: qua *M*: quae
Kenney: quasi *Green dub.*   20 praeparat *CM*: praeparet *KT*

116

Silvius ille Bonus, qui carmina nostra lacessit;
nostra magis meruit disticha Britto Bonus.

117

'Silvius hic Bonus est.' 'quis Silvius?' 'iste Britannus.'
'aut Britto hic non est, Silvius aut malus est.'

118

Silvius esse Bonus fertur, ferturque Britannus;
quis credat civem degenerasse bonum?

119

Nemo bonus Britto est; si simplex Silvius esse
incipiat, simplex desinat esse bonus.

120

Silvius hic Bonus est, sed Britto est Silvius idem:
simplicior res est, credite: Britto malus.

121

Silvi, Britto, Bonus, quamvis homo non bonus esse
ferris nec †iungere Britto et homo†.

116–21 *seiunxit Scal.*
116 *Z*   2–121. 2 britto *CM*: brito *KT*
117 *Z*   1 hic bonus est *CKM*: iste bonus *T*
118 *Z*   1 fertur ferturque *T*: fertur *C*[ac]: Britto fertur *C*[pc]:
simplex ferturque *K*: fertur pariterque *M*
119 *Z*   2 desinat *KMT*: desinet *C*
120 *Z*
121 *Z*   1 salve *Green dub.*   2 nec iungere *C*[ac]*MT*: *inter* nec
et iungere possunt *C*: tamen *K*: se quit *ed. Par. 1511*: consequeris (nec
om.) *vel* mire *collega olim meus Woodward*   Brito bono *Lugd.*

XIV. ECLOGAE

1. *De nominibus septem dierum*

Nomina, quae septem vertentibus apta diebus
annus habet, totidem errantes fecere planetae,
quos indefessa volvens vertigine mundus
signorum obliqua iubet in statione vagari.
primum supremumque diem radiatus habet sol.   5
proxima fraternae succedit luna coronae.
tertius assequitur Titania lumina Mavors.
Mercurius quarti sibi vindicat astra diei.
illustrant quintam Iovis aurea sidera zonam.
sexta salutigerum sequitur Venus alma parentem.   10
cuncta supergrediens Saturni septima lux est.
octavum instaurat revolubilis orbita solem.

2. *Monosticha de mensibus*

Primus Romanas ordiris, Iane, kalendas.
    Februa vicino mense Numa instituit.
Martius antiqui primordia protulit anni.
    fetiferum Aprilem vindicat alma Venus.
†maiorum† dictus patrum de nomine Maius.   5
    Iunius aetatis proximus est titulo.
nomine Caesareo Quintilem Iulius auget.
    Augustus nomen Caesareum sequitur.
autumnum, Pomona, tuum September opimat.
    triticeo October faenore ditat agros.   10
sidera praecipitas pelago, intempeste November.
    tu genialem hiemem, feste December, agis.

XIV *V*
1 *V*
2 *Vb*   5 maiorum *suspectum habet Green*   11 intempeste *V*:
intempesta *b*   12 tu genialem hiemem, feste December, agis *V*:
imbrifer aut mensis tumque december adest *b*

3. *Item disticha*

Iane novus, primo qui das tua nomina mensi,
  Iane bifrons, spectas tempora bina simul.
post superum cultus vicino Februa mense
  dat Numa cognatis manibus inferias.
Martius et generis Romani praesul et anni   5
  prima dabas Latiis tempora consulibus.
Aeneadum genetrix vicino nomen Aprili
  dat Venus; est Marti namque Aphrodita comes.
Maia dea an maior Maium te fecerit aetas
  ambigo: sed mensi est auctor uterque bonus.   10
Iunius hunc sequitur duplici celebrandus honore,
  seu nomen Iuno sive Iuventa dedit.
inde Dionaeo praefulgens Iulius astro
  aestatis mediae tempora certa tenet.
Augustus sequitur, cognatum a Caesare nomen,   15
  ordine sic anni proximus, ut generis.
nectuntur post hos numerumque ex ordine signant
  September, Bacchi munere praela rigans,
et qui sementis per tempora faenore laetus
  October cupidi spem fovet agricolae,   20
quique salo mergens sollemnia signa November
  praecipitat, caelo mox reditura suo.
concludens numerum genialia festa December
  promit, ut a bruma mox novus annus eat.

4. *De tribus menstruis mensuum*

Bis senas anno reparat Lucina kalendas,
et totidem medias dat currere Iuppiter idus,
nonarumque diem faciunt †infra octo secundi†.
haec sunt Romano tantum tria nomina mensi,
cetera per numeros sunt cognomenta dierum.   5

3 *V*   1 novus *Lugd.*: nove *V*   24 promit *Green*: finit *V*
4 *V*   3 infra *V*: intra *Momms.*: citra *Green dub.*   secundam
Green dub.

5. *Quoteni dies sint mensuum singulorum*

Implent tricenas per singula menstrua luces
Iunius Aprilisque et cum Septembre November.
unum ter denis cumulatius adde diebus
per septem menses, Iani Martisque kalendis
et quas Maius agit, quas Iulius Augustusque   5
et quas October positusque in fine December.
unus erit tantum duodetriginta dierum,
quem Numa praeposito voluit succedere Iano.
sic ter centenis decies accedere senos   9
quadrantemque et quinque dies sibi computat annus.

6. *Quo mense quotae nonae vel idus sint*

At nonas modo quarta aperit, modo sexta refert lux.
sexta refert Mai Octobris Martisque recursu
et qui solstitio sua tempora Iulius infert.
cetera pars mensum quartis est praedita nonis:
omnes vero idus octava luce recurrunt.   5

7. *Quotae kalendae sint mensuum singulorum*

Post idus, quas quisque suas habet ordine mensis,
diversae numero redeunt variante kalendae,
dum   *   *   rursumque iterumque vocantur,
ut tandem optati procedant temporis ortu.
ter senis unoque die genialia festa   5
porrigit ut Ianum arcessat nova bruma morantem.
hoc numero mensisque Numae redit autumnique
principium referens Bacchi September alumnus.
Iulius et Maius positusque in fine December

5 *V*   5 quas (Iulius) *V*pc: qua *V*ac   9–10 *et* 8.
17–18 *transp. Holford-Strevens*
6 *V*
7 *V*   3 dum rursumque iterum [*duarum litterarum spatium*] que
vocantur *V*: *lac. post* dum *Sch., post* iterumque *Lugd.*   4 ortus
Gron.

Octoberque die revocantur tardius uno.   10
inde die redeunt minus uno quattuor ultra,
quos numero adiciam, Sextilis, Iunius atque
Aprilis, post quos paenultima meta November.
ter quinis unoque die, Iunonie Mavors,
ut redeas referasque exordia prima cieris.   15
[hoc numero ad plenum vertens reparabitur annus.]

8. *Ratio dierum anni vertentis*

Nonaginta dies et quattuor ac medium sol
conficit, a tropico in tropicum dum permeat astrum,
octipedem in Cancrum Phrixeo ab Ariete pergens.
hoc spatio aestivi pulsusque et meta diei.
semidiemque duosque dies deciesque novenos   5
a Cancro in Chelas aequatae tempora noctis
atque dii cursu peragit sol aureus alto,
autumni aestatisque simul confinia miscens.
unde autumnales transcurrens ordine menses
ad tropicum pergit signum gelidi Capricorni,   10
octo dies decies octonis insuper addens
quadrantemque diei, quinto qui protinus anno
mense Numae extremo nomen capit embolimaei.
inde ad Agenorei festinans cornua Tauri,
scandit Lanigeri tropicum sol aureus astrum,   15
nonaginta dies decreto fine coercens.
hic tibi circus erit semper vertentibus annis
ter centum ac senis decies et quinque diebus.

---

10 revocantur *Gron.*: revocatur *V*   11 redeunt *Lugd.*:
rediunt *V*   16 *del. Green*
   8 *V*   7 alto *Reeve*: altero *V*: altro *L. Mueller*   12–13 *suspectos habet Green*   12 dii *Lugd.*   13 embolimaei *Lugd.*:
embolisme *V*ac: embolismaei *V*pc   17–18 *et* 5. 9–10 *transp.*
Holford-Strevens   17 circlus *Baehrens*

9. *In quo mense quod signum sit ad cursum solis*

Principium Iani sancit tropicus Capricornus.
mense Numae [in] medio solidi stat sidus Aquari.
procedunt duplices in Martia tempora Pisces.
respicis Apriles, Aries Phrixee, kalendas.
Maius Agenorei miratur cornua Tauri.   5
Iunius aequatos caelo videt ire Laconas.
solstitio ardentis Cancri fert Iulius astrum.
Augustum mensem Leo fervidus igne perurit.
sidere, Virgo, tuo Bacchum September opimat,
aequat et October sementis tempore Libram.   10
Scorpios hibernum praeceps iubet ire Novembrem.
terminat Arquitenens medio sua signa Decembri.

10. *A solstitio in aequinoctium ratio*

Sol profectus a teporo veris aequinoctio
post semidiem postque totos nonaginta et quattuor
fervidis flagrans habenis pulsum aestivum conficit.

     *   *   *   *   *

inde autumnus noctis horas librans aequo lumine
octo et octoginta goeris et super trihorio   5

     *   *   *   *   *

inde floridum reflexis ver revisit oreis
additis ad hos priores goeros geminis orbibus.

11. *De temporibus*

Et ternos menses et tempora quattuor anni
quattuor ista tibi subiecta monosticha dicent.

---

9 *V et alii, inter quos Bedae codd.*   1–3 *post* 12 *Beda*   2 in
del. Buecheler
10 *V*   3 cursum *Graev.*   *post* 3 *lac. Reeh*   *post* 5 *lac.*
Scal.   6 reflexis *Canter:* reflexit *V*   7 goeros *Scal.:* goeres *V*
11 *EZ* (*Z* = *CKMT*)   1 Et ternos *EMT:* Aeternos *CK*

Martius, Aprilis, Maius sunt tempora veris.
Iulius, Augustus nec non et Iunius aestas.
Septembri Octobri autumnat totoque Novembri.   5
brumales Ianus, Februarius atque December.

12. *De lustralibus agonibus*

Quattuor antiquos celebravit Achaia ludos.
  caelicolum duo sunt et duo festa hominum:
sacra Iovis Phoebique Palaemonis Archemorique,
  serta quibus pinus malus oliva apium.

13. *De locis agonum*

Prima Iovi magno celebrantur Olympia Pisae,
Parnasus Clario sacravit Pythia Phoebo.
Isthmia Portuno bimarisque dicata Corinthos.
Archemori Nemeaea colunt funebria Thebae.

14. *De auctoribus agonum*

Primus Olympiacae sacravit festa coronae
Iuppiter Argivi stadia ad longissima circi.
proximus Alcides Nemeae sacravit honorem.
[haec quoque temporibus quinquennia sacra
    notandis.]
Isthmia Neptuno data sunt et Pythia Phoebo.   5
[ancipiti cultu divorum hominumque sepultis.]

---

3 tempora *ECMT*: tempore *K*   5 autumnat *EZ*: autumnus *ed.
pr.*

12 *V*

13 *V*   1 celebrantur *Lugd*.: celebratur *V*   2 Clario *Lugd*.:
claro *V*   3 bimarisque *Peip. dub*.: bimaris *codd*.   4 nemeaea
colunt *Scal*.: nemeae colunt *V*

14 *V*   3 Nemeae *Lugd*.: nemeaeam *V ut vid*.   4 *et* 6 *del*.
Green: in initium carminis sequentis transp. Sch., sepultis (6) *in* sepulchri
mutato

15. *Quod idem qui sacri agones sunt et funebres*
       ludi habeantur

Tantalidae Pelopi maestum dicat Elis honorem.
Archemori Nemeaea colunt quinquennia Thebae.
Isthmia defuncto celebrata Palaemone notum.
Pythia placando Delphi statuere draconi.

16. *De feriis Romanis*

Nunc et Apollineos Tiberina per ostia ludos
    et Megalesiacae matris operta loquar,
Vulcanique dies, autumni exordia primi,
    Quinquatrusque deae Pallados expediam,
et medias idus Mai Augustique recursu,   5
    quas sibi Mercurius quasque Diana dicat,
matronae et quae sacra colant pro laude virorum,
    Mavortis primi cum rediere dies.
festa Caprotinis memorabo celebria nonis,
    cum stola matronis dempta tegit famulas.   10
[quattuor illa etiam discretis partibus anni
    solstitia et luces nocte dieque pares.]
nec Regifugium pulsis ex urbe tyrannis
    laetum Romanis fas reticere diem.
visne Opis ante sacrum vel Saturnalia dicam   15
    festaque servorum, cum famulantur eri,
et numquam certis redeuntia festa diebus,
    compita per vicos cum sua quisque colit,
aut duplicem cultum, quem Neptunalia dicunt
    et quem de Conso consiliisque vocant,   20

---

15 *V*   1 dicat Elis *Vin*.: dicaehelis *V*   2 Nemeaea colunt
Scal.: nemeae colunt *V*   3 notum *Scal*.: motum *V*
16 *V*   7 matronae et quae *Green*: matroneque *V*: matronaeque ut
Lugd.: matronae quae *Scal*.   colunt *Green dub*.   10 tegit *Heins*.:
teget *V*   11–12 del. *Green*   11 anni *Lugd*.: annis *V*
15 Opis *Scal*.: opes *V*

festa aut navigiis aut quae celebrata quadrigis
   iungunt Romanos finitimosque duces?
adiciam cultus peregrinaque sacra deorum,
   natalem Herculeum vel ratis Isiacae,
nec non lascivi Floralia laeta theatri,   25
   quae spectare volunt qui voluisse negant.
nunc etiam veteres celebrantur Equirria ludi:
   prima haec Romanus nomina circus habet.
et Dionysiacos Latio cognomine ludos
   Roma colit, Liber, cum tibi vota dicat.   30
aediles etiam plebi aedilesque curules
   sacra sigillorum nomine dicta colunt.
et gladiatores funebria proelia notum
   decertasse foro; nunc sibi harena suos
vindicat, extremo qui iam sub fine Decembris   35
   falcigerum placant sanguine Caeligenam.

17. De aerumnis Herculis

Prima Cleonaei tolerata aerumna leonis.
proxima Lernaeam ferro et face contudit hydram.
mox Erymantheum vis tertia perculit aprum.
aeripedis quarto tulit aurea cornua cervi.
Stymphalidas pepulit volucres discrimine quinto.   5
Threiciam sexto spoliavit Amazona balteo.
septima in Augei stabulis impensa laboris.
octava expulso numeratur adorea tauro.
in Diomedeis victoria nona quadrigis.
Geryone exstincto decimam dat Hiberia palmam.   10
undecimo mala Hesperidum destricta triumpho.
Cerberus extremi suprema est meta laboris.

21 (festa) aut *Sh.B.*: haec *V*   24 Isiacae *Lugd.*: siacae *V*
30 cum *Green*: que *V*ᵃᶜ: quae *V*ᵖᶜ: quis *Heins.*   tibi *Sch.*: sibi *V*
dicant *Heins.*   31 aediles *Lugd.*: aedilis *V*   plebeii etiam *Vin.*

17 *VbBGWEZ* (*Z = CKMT*)   1 leonis *VbBGWCKM*: laboris
ET   2 contudit *VbBGWET*: contulit *CKM*   hydram
bBGWEZ: Iram *V*   11 destricta *VBW*: districta *GEZ*: distincta *b*

18. *Hic versus sine auctore est. quo die quid demi*
de corpore oporteat

Vngues Mercurio, barbam Iove, Cypride crines.

Hoc sic refellendum

Mercurius furtis probat ungues semper acutos
articulisque aciem non sinit imminui.
barba Iovi, crinis Veneri decor; ergo necesse est
ut nolint demi, quo sibi uterque placent.
Mavors imberbes et calvos, Luna, adamasti;   5
non prohibent comi tum caput atque genas.
sol et Saturnus nil obstant unguibus. ergo
non placitum divis tolle monostichium.

19. *De ambiguitate eligendae vitae*

Quod vitae sectabor iter, si plena tumultu
sunt fora, si curis domus anxia, si peregrinos
cura domus sequitur, mercantem si nova semper
damna manent, cessare vetat si turpis egestas,
si vexat labor agricolam, mare naufragus horror   5
infamat, poenaeque graves in caelibe vita
et gravior cautis custodia vana maritis,
sanguineum si Martis opus, si turpia lucra
faenoris et velox inopes usura trucidat?
omne aevum curae, cunctis sua displicet aetas.   10
sensus abest parvis lactantibus et puerorum
dura rudimenta et iuvenum temeraria pubes.
afflictat fortuna viros per bella, per aequor,
irasque insidiasque catenatosque labores

18 *V*   1 furtis *Toll*.: furti *V*   4 nolint *Toll*.: nollent *V*
placet *Lugd*.   7 nihil *Scal*.

19 *VPaH*   ex graeco pythagoricon de ambiguitate eligendae vitae *V*:
egloga eiusdem de ambiguitate vitae eligendae iuxta graecum . . . *P*: egl.
de ambiguitate vitae eligendae *a*: aegl. de ambiguitate eligendae vitae . . .
H   6 infestat *vel* insanat *Green dub*.   11 lactantibus *VP*:
lactentibus *aH*   14 irasque *VPH*: iras *a*

mutandos semper gravioribus. ipsa senectus   15
exspectata diu votisque optata malignis
obicit innumeris corpus lacerabile morbis.
spernimus in commune omnes praesentia; quosdam
constat nolle deos fieri. Iuturna reclamat:
'quo vitam dedit aeternam? cur mortis adempta est 20
condicio?' sic Caucasea sub rupe Prometheus
testatur Saturnigenam nec nomine cessat
incusare Iovem, data sit quod vita perennis.
   respice et ad cultus animi. sic nempe pudicum
perdidit Hippolytum non felix cura pudoris.   25
at contra illecebris maculosam degere vitam
quem iuvat, aspiciat poenas et crimina regum,
Tereos incesti vel mollis Sardanapalli.
perfidiam vitare monent tria Punica bella,
sed prohibet servare fidem deleta Saguntos.   30
vive et amicitias semper cole; crimen ob istud
Pythagoreorum periit schola docta sophorum.
hoc metuens igitur nullas cole; crimen ob istud
Timon Palladiis olim lapidatus Athenis.
dissidet ambiguis semper mens obvia votis,   35
nec voluisse homini satis est; optata recusat.
esse in honore placet; mox paenitet et dominari
ut possint, servire volunt. idem auctus honore
invidiae obicitur. pernox est cura disertis;
sed rudis ornatu vitae caret. esto patronus   40
et defende reos; sed gratia rara clientis.
esto cliens; gravis imperiis persona patroni.
exercent hunc vota patrum; mox aspera curis
sollicitudo subit.   *   *
     *   *   contemnitur orba senectus

15 mutandos *PaH*: multandos *V*   18–23 *om. V*   23 incusare (-caus- *P*) *PH*: incursare *a*   sit quod *PH*: quod sit *a*   26 at
contra *PaH*: E contra *V*   27 aspiciat *V*: aspice et ad *PaH* (ad *sup.
lin. H*)   36 recusat *V*: recusant *PaH*   38 possit . . .
volet *Toll.*   44 *post* subit *lac. Sch.*

et captatoris praeda est heredis egenus.   45
vitam parcus agas; avidi lacerabere fama.
et largitorem gravius censura notabit.
cuncta tibi adversis contraria casibus. ergo
optima Graiorum sententia: quippe homini aiunt
non nasci esse bonum aut natum cito morte potiri.   50

20. De viro bono

Vir bonus et sapiens, qualem vix repperit unum
milibus e cunctis hominum consultus Apollo,
iudex ipse sui totum se explorat ad unguem.
quid proceres vanique levis quid opinio vulgi

    *   *   *   *   *

securus, mundi instar habens, teres atque rotundus,   5
externae ne quid labis per levia sidat.
ille, dies quam longus erit sub sidere Cancri
quantaque nox tropico se porrigit in Capricorno,
cogitat et iusto trutinae se examine pendit,
ne quid hiet, ne quid protuberet, angulus aequis   10
partibus ut coeat, nil ut deliret amussis,
sit solidum quodcumque subest, nec inania subter
indicet admotus digitis pellentibus ictus,
non prius in dulcem declinans lumina somnum
omnia quam longi reputaverit acta diei.   15
quae praetergressus, quid gestum in tempore, quid non?
cur isti facto decus afuit aut ratio illi?

---

45 egenus *PaH*: et gen^{u}s *V*   47 at *Graev.*   notabit *aH*:
notavit *V*: notabis *P*   48 sibi *Gron.*   50 aut natum *V*:
natum aut *PaH*

20 *VGWYIℐλ*   De viro bono. Pytagorice atioasis *V*: De Institu-
tione Viri Boni *GWYℐλ: tit. om. I*   1 sapiens *VGWYℐ*: prudens *I*
post 4 *lac. Ribbeck, post* proceres *Sch. dub.*   6 levia *VGYℐλ*: devia *WI*
7 dies *Leid. Voss. Lat. O. 96*: diem *VGWYIℐFλ*   12 subter *VGW*:
subtus *YIλ: om. ℐ*   14 declinans *VGWℐ*: declinatis *Yλ*:
declinat *I*   16 quae *Leid. Voss. Lat. O 81*: quo *VGWYIℐλ*: quid
Leid. Voss. Lat. O 96: qua *Vin.*

quid mihi praeteritum? cur haec sententia sedit,
quam melius mutare fuit? miseratus egentem
cur aliquem fracta persensi mente dolorem?   20
quid volui, quod nolle bonum foret? utile honesto
cur malus antetuli? num dicto aut denique vultu
perstrictus quisquam? cur me natura magis quam
disciplina trahit? sic dicta et facta per omnia
ingrediens ortoque a vespere cuncta revolvens   25
offensus pravis dat palmam et praemia rectis.

21. Ναὶ καὶ οὔ

Est et non cuncti monosyllaba nota frequentant.
his demptis nil est hominum quod sermo volutet.
omnia in his et ab his sunt omnia, sive negoti
sive oti quicquam est, seu turbida sive quieta.
alterutro pariter nonnumquam, saepe seorsis   5
obsistunt studiis, ut mores ingeniumque
et facilis vel difficilis contentio nata est.
si consentitur, mora nulla, intervenit 'est est',
sin controversum, dissensio subiciet 'non'.
hinc fora dissultant clamoribus, hinc furiosi   10
iurgia sunt circi, cuneati hinc lata theatri
seditio, et tales agitat quoque curia lites;
coniugia et nati cum patribus ista quietis
verba serunt studiis salva pietate loquentes.
hinc etiam placidis schola consona disciplinis,   15

21 quod *VGIℐλ*: quid *WY*   foret *GWYIℐ*: feret *V*: furet *λ*
22–6 *om. Y*   22 num *VGℐλ*: non *WI*   26 dat *GI*: det *VWℐλ*
   21 *VGWYIℐλ*   Ναι και ου pithagoricon *V*: Incipit de Pythagoricis
diffinitionibus *GWℐ*: De Est et Non *Yλ*: *tit. om. I*   2 *post* 4 *transp.*
Ribbeck   nil *VGℐ*: nihil *WYIλ* quod *YI*: quo *VGWλ*: quos *ℐ*
4 quieta *Brux. 5330–2*: quietis *VGWYIℐλ*   5 nonnumquam *WYℐ*:
non umquam *VIλ*: umquam *G*   7 et *VGWYIℐλ*: vel *Leid. Voss. Lat.*
O 96: ut *Bondam*   facilis . . . difficilis *V*: faciles . . . difficiles *GWYIℐλ*
nata *V*: nacta *GWYIℐλ*   8 si *GWYIℐλ*: sic *V*   10–12 *post*
14 *transp. Buecheler*   11 lata *Sch.*: laeta *codd.*: tanta *Ribbeck*
13–16 *om. I*   15 placidis *VGWYℐλ*: placitis *Leid. Voss. Lat. O 96*

[dogmaticas agitat placido certamine lites.]
hinc omnis certat dialectica turba sophorum.
'est lux?' 'est'. 'est ergo dies.' non convenit istuc;
nam facibus multis aut fulgoribus quotiens lux
est nocturna homini, non est lux ista diei.   20
est et non igitur, quotiens lucem esse fatendum est,
sed non esse diem. mille hinc certamina surgunt,
hinc pauci   *   *   *   *
      *   multi quoque talia commeditantes
murmure concluso rabiosa silentia rodunt.
qualis vita hominum, duo quam monosyllaba versant! 25

22. De aetatibus animantium. Hesiodion

Ter binos deciesque novem super exit in annos
iusta senescentum quos implet vita virorum.
hos novies superat vivendo garrula cornix
et quater egreditur cornicis saecula cervus.
alipedem cervum ter vincit corvus et illum   5
multiplicat novies Phoenix, reparabilis ales.
quem nos perpetuo decies praevertimus aevo,
Nymphae Hamadryades, quarum longissima vita est.
  haec cohibet finis vivacia fata animantum.
cetera secreti novit deus arbiter aevi.   10

16 del. Green   placido VGW: placito YJλ: lento Ribbeck: blando
Peip. dub.   18 est lux est est ergo dies Green: estne dies est ergo
dies VGWYIJλ: est lux estne dies ergo Leid. Voss. Lat. F 78: lux est
estne dies ergo Ribbeck: si lux est, est ergo dies Riese: est en lux est e. d.
Sch.: est nunc lux est e. d. Mommsen   non om. WJλ   istuc Leid.
Voss. Lat. O 81: istic VGWJλ: ista Y: illud I   21 quoniam Green
dub.   est alt. om. WYλ   23 hinc Iλ: hic VGWY: hi J
pauci VGWYJλ: pauci et I: rauci Ribbeck: fatui Buecheler: ἐποχῇ J. J.
Fraenkel   lac. post pauci Sch.   24 concluso VGWλ: concluse
YJ: conclusa I
      22 VGWIJ   De aetatibus. Hesiodion V: De aetatibus animantium
(-tum IJ): Hesiodion GWIJ   1 ter senos Roscher   2 iusta VGJ:
iuxta WI   5 vincit GWIJ: vinxit V   9 finis VW: fines
GIJ   10 secreti V: secreta GWIJ

23

*   *   *   *   *

tempora quae Stilbon volvat, quae saecula Phaenon,
quos Pyrois habeat, quos Iuppiter igne benigno
circuitus, quali properet Venus alma recursu,
qui Phoeben, quanti maneant Titana labores,
donec consumpto, magnus qui dicitur, anno   5
rursus in antiquum veniant vaga sidera cursum,
qualia dispositi steterunt ab origine mundi.

24. *De ratione librae*

Miraris quicumque manere ingentia mundi
corpora, sublimi caeli circumdata gyro,
et tantae nullam moli intercedere labem,
accipe quod mirere magis. tenuissima tantis
principia et nostros non admittentia visus   5
parvarum serie constant conexa atomorum;
sed solidum in parvis nullique secabile segmen.
unde vigor viresque manent aeternaque rerum
mobilitas nulloque umquam superabilis aevo.
divinis humana licet componere. sic est   10
as solidus, quoniam bis sex de partibus aequis
constat et in minimis paribus tamen una manet vis.
nam si quid numero minuatur, summa vacillet
convulsaeque ruant labefacto corpore partes,
ut medium si quis vellat de fornice saxum   15
incumbunt cui cuncta, simul devexa sequentur
cetera communemque trahent a vertice lapsum.

---

23 *V, cum praecedenti coniunctum*   1 quae Stilbon volvat *Acc.*: que stilo involvat *V*   Phaenon *Scal.*: p^{h}aeton *V*   2 quos (Iuppiter) *Acc.*: quod *V*: quot *Heins.*   7 disposita *vel* dispositu *Buecheler*   steterunt *Baehrens*: steterant *V*

24 *V*   8 vigor viresque *Canter*: vires virg^{o}que *V*   13 vacillent *Heins.*   14 ruant *Heins.*: ru^{un}t *V*

non aliter libra est. si deficit uncia, totus
non erit as nomenque deunx iam cassus habebit.
nec dextans retinet nomen sextante remoto,   20
et dodrans quadrante †satus auctore carebit†
divulsusque triens prohibet persistere bessem.
iam quincunx tibi nullus erit, †si prama revellas†.
et semis qui semis erit pereuntibus assis
partibus? et qui, cuius abest pars septima, septunx?   25
libra igitur, totum si nulla in parte vacillet.
ponderis et numeri morumque operumque et aquarum
libra; nec est modulus, quem non hoc nomine signes.
telluris, medio quae pendet in aere, libra est
et solis lunaeque vias sua libra cohercet.   30
libra dii somnique pares determinat horas,
libra Caledonios sine litore continet aestus.
tu quoque certa mane morum mihi libra meorum.

25. *De ratione puerperii maturi*

Omnia quae vario rerum metimur in actu
astrorum dominatus agit terrenaque tantum
membra homini. e superis fortuna et spiritus auris
septeno moderanda choro, sed praesidet ollis
sortitus regimen nitidae sol aureus aethrae.   5
nec sola in nobis moderatur tempora vitae
dum breve solliciti spatium producimus aevi;
creditur occultosque satus et tempora vitae
materno ducenda utero formare videndo
et nondum exortae leges componere vitae.   10

18 deficit *Green*: defuit *V*   19 deunx *Lugd.*: dunx *V*   21 satus
auctore carebit *V*: carens auctore carebit *Gron.*: resecto auctore carebit
Sch. dub.   23 si prama rebellas *V*: si prima revellas *Lugd.*: septena
revellas *Gron.*: si gramma revellas *Peip.*: si gamma revellas *Green*: septunce
revulso *Sh.B. (dubitanter omnes)*   24 qui *Hultsch*: cui *V*   25 qui,
cuius abest *Green*: cuius librae *V*   31 die *Souchay*
  25 *V*   3 oris *Kenney*   6 sola *Toll.*: sol *V*   8 occultosque satus *Scal.*: occultosquae satos *V*   10 exortae *Scal.*:
exorate *V*

namque ubi conceptus genitali insederit arvo,
haud dubium solem cuicumque insistere signo.
qui cum vicini stationem ceperit astri,
contiguos nullum transfundit lumen in ortus.
ast ubi conversis post menstrua tempora habenis 15
scandit purpureo iam tertia sidera curru,
obliqua exilem demittit linea lucem,
aspirans tenues per inertia pondera motus.
quarta in sede viget primi indulgentia solis,
suadet et infusus teneros coalescere fetus. 20
fulgor tetragono aspectu vitale coruscat,
clarum et lene micans, quintique ⟨e⟩ cardine signi
incutit attonitam vegetato infante parentem.
nam sexto vis nulla loco, quia nulla tuendi
aequati lateris signatur regula Phoebo. 25
ast ubi signiferae media in regione cohortis
septimus accepit limes rutilantia flammis
recto castra situ, turgentis foedera partus
iam plena sub luce videt, nec fulgura parci
luminis intendens toto fovet igne coronae. 30
hinc illud, quod legitimos Lucina labores
praevenit et gravidos sentit subrepere nixus
ante exspectatum festina puerpera votum.
quod nisi septeno cum lumina fudit ab astro
impulerit tardi claustra obluctantia partus, 35
posterior nequeat, possit prior. an quia sexto
aemulus octavi conspectus inutilis astri
nescit compariles laterum formare figuras?
sed nono incumbens signo cunctantia matrum

11 arvo *Graev*.: albo *V*   17 obliqua *Lugd*.: obliquae *V*   demittit *Flor*.: dimittit *V*   19 prima *Sch. dub.*   20 infusus *Scal*.: infusos *V*   21 fulgor tetragono *Scal*.: fulgor tetrigono *V*: fulgore et trigono *Evelyn White*   aspectu *Vin*.: aspectus *V*   22 quintique e *Sch*.: quintique *V*: quinti qui *Scal*.: quintique in *Vin*.: quintique a *Heins*.   26 signiferae . . . cohortis *Scal*.: signifer . . . cohortes *V*   32 subrepere *Lugd*.: subripere *V*   ante 36 *lac. Green dub.*

vota levat, trigono viris sociante sequenti.   40
at si difficilis trahit Ilithyia retrorsum,
tetragono absolvet dubiarum vincla morarum.

XV. GRIPHVS TERNARII NVMERI

Ausonius Symmacho

Latebat inter nugas meas libellus ignobilis; utinamque
latuisset neque indicio suo tamquam sorex periret. hunc
ego cum velut gallinaceus Euclionis situ chartei pulveris
eruissem, excussum relegi atque ut avidus faenerator
5 improbum nummum malui occupare quam condere.
dein cogitans mecum, non illud Catullianum 'cui dono
lepidum novum libellum', sed ἀμουσότερον et verius 'cui
dono illepidum, rudem libellum', non diu quaesivi; tu
enim occurristi, quem ego, si mihi potestas sit ex omnibus
10 deligendi, unum semper elegerim. misi itaque ad te haec
frivola gerris Siculis vaniora, ut cum agis nihil, hoc legas
et, ne nihil agas, defendas. igitur iste nugator libellus, iam
diu secreta quidem, sed vulgi lectione laceratus, perveniet
tandem in manus tuas. quem tu aut ut Aesculapius
15 redintegrabis ad vitam aut ut Plato iuvante Vulcano
liberabis infamia, si pervenire non debet ad famam.

fuit autem ineptiolae huius ista materia. in expeditione,
quod tempus, ut scis, licentiae militaris est, super mensam
meam facta est invitatio, non illa de Rubrii convivio, ut
20 Graeco more biberetur, sed illa de Flacci ecloga, in qua

---

40 vires *Scal.*   41 trahit Ilithyia retrorsum *Heins.*: trahithilithi-
sider a rᵘrsum *V*: nixus trahit Ilithyia *Scal.*: partum trahit I. *vel* trahit I.
cursum *Toll.*: rursum trahit I. *Peip.*

xv *VPHZ* (*Z = CKLT*)   3 gallinaceus Euclionis *VPH*: gallinaceus (callon- *T*ᵃᶜ) evedionis (ved- *T*ᵃᶜ) *Z*   7 αμουσοτερον *VPH*:
amorcoteron *CLT* (-pon *L*): αμοιωτερον *K*   7–8 et verius . . .
libellum non *om. VPH*   10 deligendi *T*: deligi *VPH*: diligendi
CKL   haec *om. Z*   11–12 Siculis . . . ne nihil *om. VPH*   hoc
KT: haec *CL*   19 Rubrii *VPH*: ludibrii *Z*

propter mediam noctem et novam lunam et Murenae
auguratum ternos ter cyathos attonitus petit vates. hunc
locum de ternario numero ilico nostra illa poetica scabies
coepit exsculpere, cuius morbi quoniam facile contagium
est, utinam ad te quoque prurigo commigret et fuco tuae 25
emendationis adiecto impingas spongiam, quae imper-
fectum opus equi male spumantis absolvat. ac ne me
gloriosum neges, coeptos inter prandendum versiculos
ante cenae tempus absolvi, hoc est dum bibo et paulo
ante quam biberem. sit ergo examen pro materia et 30
tempore. sed tu quoque hoc ipsum paulo hilarior et
dilutior lege; namque iniurium est de poeta male sobrio
lectorem abstemium iudicare.

neque me fallit fore aliquem qui hunc iocum nostrum
acutis naribus et caperrata fronte condemnet negetque me 35
omnia quae ad ternarium et novenarium numeros perti-
nent attigisse. quem ego verum dicere fatebor; iuste,
negabo. quippe si bonus est, quae omisi non oblita mihi
sed praeterita existimet. dehinc qualiscumque est, cogitet
secum quam multa de his non repperisset si ipse quae- 40
sisset. sciat etiam me neque omnibus erutis usum et
quibusdam oblatis abusum. quam multa enim de ternario
sciens neglexi: tempora et personas, genera et gradus,
novem naturalia metra cum trimetris, totam grammati-
cam et musicam librosque medicinae, ter maximum 45
Hermen et amatorem primum philosophiae Varronisque
numeros, et quicquid profanum vulgus ignorat. postremo,
quod facile est, cum ipse multa invenerit, comparet

---

22 petit *VPH*: petii *CT*: peti *KL*   vates *HZ*: vatis *VP*
28 gloriosum neges *Z*: nescias gloriosum *VPH*   41 me neque *PH*:
me que *V*: quae me neque *Z*   41 erutis *Z*: eruditis *VP*
43 neglexi *CT*: neglego *VPH*: neglexit *KL*   et personas genera *om.*
PH   45 medicinae ter maximum *Scal.*: medicinae trimaximum *V*:
medici nostri maximi *P*: medici nostri maximum *H*: medicinos (-nae *K*):
Ter maximus (-um *T*) *Z*   46 sophiae *Markland*   47–8 postremo . . . comparet *om. V*

se atque me, occupatum cum otioso, pransum cum
50 abstemio, iocum et ludum meum, diligentiam et calum-
niam suam. alius enim alio plura invenire potest, nemo
omnia. quod si alicui et obscurus videbor, apud eum me
sic tuebere: primum eiusmodi epyllia, nisi vel obscura
sint, nihil futura; deinde numerorum naturam non esse
55 scirpum, ut sine nodo sint. postremo si etiam tibi
obscurus fuero, cui nihil neque non lectum est neque
non intellectum, tum vero ego beatus quod affectavi
assequar, me ut requiras, me desideres, de me cogites.
vale.

Ter bibe vel totiens ternos; sic mystica lex est
vel tria potanti vel ter tria multiplicanti
imparibus novies ternis contexere coebum.
iuris idem tribus est quod ter tribus, omnia in istis:
forma hominis coepti plenique exactio partus   5
quique novem novies fati tenet ultima finis.
tris Ope progeniti fratres, tris ordine partae,
Vesta Ceres et Iuno, secus muliebre, sorores.
inde trisulca Iovi sunt fulmina, Cerberus inde,
inde tridens triplexque Helenes cum fratribus ovum.   10
ter nova Nestoreos implevit purpura fusos
et totiens trino cornix vivacior aevo;
quam novies terni glomerantem saecula tractus
vincunt aeripedes ter terno Nestore cervi;
tris quorum aetates superat Phoebeius oscen;   15
quem novies senior Gangeticus anteit ales,

49 se atque *PHZ*: sciatque *V*   56 non lectum *VH*: neglectum *Z*:
lectum *P*   56–7 neque non intellectum *PHZ*: non intellectum *V*^{pc}:
om. *V*^{ac}   58 ut *ante* desideres *VPH*

3 contexere *VZ*: contere *PH*   5 coepti *Z*: coepit *VPH*
(cepit *P*)   7–10 *post* 17 *Acc.*   7 tris *VPZ*: tres *H*
partae *Parrhasius*: parcae (parce *PKLT*) *codd.*   8 secus *CKT*:
decus *VPH*: sexu *L*   9 Iovi *VPHCLT*: Iovis *K*
10 helenes *Z*: helene *VPH*   12 terno *Toll.*   14 terno *VHZ*:
trino *P*   15 tris *VPH*^{ac}*Z*: tres *H*^{pc}

ales cinnameo radiatus tempora nimbo.
tergemina est Hecate, tria virginis ora Dianae;
tris Charites, tria fata, triplex vox, trina elementa.
tris in Trinacria Sirenes et omnia ternae,   20
tris volucres, tris semideae, tris semipuellae,
ter tribus ad palmam iussae certare Camenis,
ore manu flatu buxo fide voce canentes.
tris sophiae partes, tria Punica bella, trimenstres
annorum caelique vices noctisque per umbram   25
tergemini vigiles. ter clara instantis Eoi
signa canit serus deprenso Marte satelles.
et qui conceptus triplicatae tempore noctis
iussa quater ternis affixit opima tropaeis.
et lyrici vates numero sunt Mnemonidarum,   30
tris solas quondam tenuit quas dextera Phoebi,
sed Citheron totiens ternas ex aere sacravit
religione patrum, qui sex sprevisse timebant.
trina Tarentino celebrata trinoctia ludo,
qualia bis genito Thebis trieterica Baccho.   35
tris primas Thraecum pugnas tribus ordine bellis
Iuniadae patrio inferias misere sepulcro.
illa etiam thalamos per trina aenigmata quaerens,
qui bipes et quadrupes foret et tripes, omnia solus,
terruit Aoniam, volucris, leo, virgo, triformis   40

17 nimbo *Scal.*: nido *codd.*   19 tris *VH*[pc]?*CKL*: tres *PT*
trina *VPHCKL*: terna *T*   20 tris *VHZ*: tres *P*   Sirenes et
Silvius: Sirenes *Z*: Siredones *VPH*: Sirenides *Voss*   omnia *PHZ*:
omina *V*   ternae *Sch. dub.*: terna *VPH*: trina *CLT*[pc]: trine
KT[ac]   27 deprenso *Z*: depenso *VPH*   28 tempore *Green*:
vespere VHZ: trippe *P*   29 iussa quater ternis (trinis *P*) *VPHC*[pc]:
iussa quaternis *C*[ac]*K*: iussaque quaternis *LT*   affixit *VPH*:
suspendit *Z*   30 Mnemonidarum *Heins.*: mnemosinarum (in
nemo *P*, nemo- *Z*) *codd.*   33 religiove *Green dub.*   qui sex
sprevisse *Pulm.*: qui sex praebuisse *V*: quis ex praevisse *PH*: quis
exprevisse *CLT*: quis exposuisse *K*   36 tris *VHZ*: tres *P*
Thraecum *L*: thracum *Z*: pheacum *V*: phaecum *PH*   bellis *VH*:
belli *P*: sellis *Z*   37 patrio *VPH*: patri *Z*

Sphinx, volucris pinnis, pedibus fera, fronte puella.
trina in Tarpeio fulgent consortia templo.
humana efficiunt habitacula tergenus artes:
parietibus qui saxa locat, qui culmine tigna,
et qui supremo comit tectoria cultu.   45
hinc Bromii quadrantal et hinc Sicana medimna:
hoc tribus, haec geminis tribus explicat usus agendi.
in physicis tria prima: deus, mundus, data forma.
tergenus omne genus: genitor, genetrix, generatum.
per trinas species trigonorum regula currit,   50
aequilatus vel crure pari vel in omnibus impar.
tris coit in partes numerus perfectus, ut idem
†congreget et terno† per ter tria dissolvatur.
tris primus par, impar habet mediumque; sed ipse
ut tris, sic quinque et septem quoque dividit unus,   55
et numero in toto positus sub acumine centri
distinguit solidos coebo pereunte trientes,
aequipares dirimens partes ex impare terno.
et paribus triplex medium, cum quattuor et sex
bisque quaternorum secernitur omphalos idem.   60
ius triplex, tabulae quod ter sanxere quaternae:
sacrum, privatum, et populi commune quod usquam est.
interdictorum trinum genus: unde repulsus
vi fuero aut utrubi fuerit quorumve bonorum.
triplex libertas capitisque minutio triplex.   65

41 pinnis *VPH*: pennis *Z*   43 artes *CKL*: arces *T*:
artis *VPH*   47 haec *VP?H*: hoc *Z*   49 tergenus *Lugd.*:
trisgenus *PHZ*: trigenus *V*   omne genus *Green*: omnigenum
codd.   50 regula *VPH*: linea *Z*   51 aequilatus (-ter *T*ac)
CKT: aequilatus *V*: aequa latus *PHL*   52 abit *Kenney*
53 congreget et terno *VH*: congreget e trino *P*: congrege ter terno *K*:
cum grege ter terno *CLT*: congrege ter trino *Vin. 1551*: congrediens *vel*
concretus terno *Green dub.*   54 tris *VHZ*: tres *P*   55 ut tris
(tres *P*) sic *VPH*: qui medius *Z*   57 pereunte *Z*: pergentet *V ut
vid.*: pergentes *P*: pergente *H*: emergente *Hultsch dub*.   64 vi *PHZ*:
ut *V*   aut utrubi *Barb. 815, teste Sch.*: utrumvi *V*: aut rubi *PH*: aut
utrobi CL: aut ut rubi *K*: aut robi (rabiac) *T*pc

trinum dicendi genus est: sublime, modestum,
et tenui filo. triplex quoque forma medendi,
cui logos aut methodos cuique experientia nomen,
et medicina triplex: servare, cavere, mederi.
tris oratorum cultus: regnata colosso   70
quem Rhodos, Actaeae quem dilexistis Athenae,
et quem de scaenis tetrica ad subsellia traxit
prosa Asiae, in causis numeros imitata chororum.
Orpheos hinc tripodes, quia sunt tria: terra, aqua, flamma.
triplex sideribus positus: distantia, forma,   75
et modus. et genetrix modulorum musica triplex:
missa labris, secreta astris, vulgata theatris.
Martia Roma triplex, equitatu, plebe, senatu.
hoc numero tribus et sacro de monte tribuni.
tris equitum turmae, tria nomina nobiliorum.   80
nomina sunt chordis tria, sunt tria nomina mensi.
Geryones triplex, triplex compago Chimaerae.
Scylla triplex, commissa tribus: cane, virgine, pisce.
Gorgones Harpyiaeque et Erinyes agmine terno
et tris fatidicae, nomen commune, Sibyllae,   85
quarum tergemini, fatalia carmina, libri,
quos ter quinorum servat cultura virorum.
ter bibe. tris numerus super omnia, tris deus unus.
hic quoque ne ludus numero transcurrat inerti,
ter decies ternos habeat deciesque novenos.   90

67–9 quoque . . . triplex *om. P*   68 cui (logos) *Silv. dub.*: quae *codd.*
70 decorata *vel* dignata *Heins.*   72 quem *Z*: quam *VPH*   de
scaenis *Z*: discernens *VPH* (n *alt. sup. lin. V*)   74 Orpheos *PH*:
Orpheus *VZ*   flamma *V?PH*: flammae *Z*   77 missa labris *Green*:
mixta libris *codd.*   82 *post* 90 *V*   82 Geryonae *Heins.*
triplex *ed. Par. 1513*: triplices *codd.*   84 arpieque *Z*:
arpalicaeque *VP*: harpalyce *H*   Erinyes *Avant.*: ernis *V*: erinis (-ys
H) *PH*: erines *Z*   85 tris fatidicae *VPHK*: trifatidicae *CLT* (ter
sup. tri- *T*)   88 tris (numerus) *HZ*: res *V*: ter *P*   tris *VH*: tres *P*:
ter *Z*

XVI. MOSELLA

Transieram celerem nebuloso flumine Navam,
addita miratus veteri nova moenia Vingo,
aequavit Latias ubi quondam Gallia Cannas
infletaeque iacent inopes super arva catervae.
unde iter ingrediens nemorosa per avia solum   5
et nulla humani spectans vestigia cultus
praetereo arentem sitientibus undique terris
Dumnissum riguasque perenni fonte Tabernas
arvaque Sauromatum nuper metata colonis;
et tandem primis Belgarum conspicor oris   10
Noiomagum, divi castra inclita Constantini.
purior hic campis aer Phoebusque sereno
lumine purpureum reserat iam sudus Olympum
nec iam consertis per mutua vincula ramis
quaeritur exclusum viridi caligine caelum,   15
sed liquidum iubar et rutilam visentibus aethram
libera perspicui non invidet aura diei.
in speciem quin me patriae cultumque nitentis
Burdigalae blando pepulerunt omnia visu:
culmina villarum pendentibus edita ripis   20
et virides Baccho colles et amoena fluenta
subterlabentis tacito rumore Mosellae.

  salve, amnis laudate agris, laudate colonis,
dignata imperio debent cui moenia Belgae,
amnis odorifero iuga vitea consite Baccho,   25
consite gramineas, amnis viridissime, ripas!
naviger ut pelagus, devexas pronus in undas

XVI *GXBRLF*; *181–483 om. X*   1 lumine *Scal.*: flamine *Momm-
sen*   2 Vingo *Mommsen*: vico *GXBR*: mco *L*: muro *F*: Vinco
Minola   8 Dumnissum *GBF*: Dumnisum *X*: Dumnissam *R*:
Dumnixum *L*   18 quin *Peip.*: cum *codd.*: tum *Boecking*: iam
Ottmann   cultuque *Görler*   nitentis *GB*pc: nitentes *XB*acRLF:
nitentia *Vollmer*   27 devexas *GX*: devexus *BLF*: divexas *R*

ut fluvius, vitreoque lacus imitate profundo,
et rivos trepido potes aequiperare meatu
et liquido gelidos fontes praecellcre potu;   30
omnia solus habes, quae fons, quae rivus et amnis
et lacus et bivio refluus manamine pontus.

tu placidis praelapsus aquis nec murmura venti
ulla nec occulti pateris luctamina saxi,
non spirante vado rapidos properare meatus   35
cogeris; exstantes medio non aequore terras
interceptus habes, iusti ne demat honorem
nominis, exclusum si dividat insula flumen.

tu duplices sortite vias, et cum amne secundo
defluis, ut celeres feriant vada concita remi,   40
et cum per ripas nusquam cessante remulco
intendunt collo malorum vincula nautae,
ipse tuos quotiens miraris in amne recursus
legitimosque putas prope segnius ire meatus!

tu neque limigenis ripam praetexeris ulvis   45
nec piger immundo perfundis litora caeno;
sicca in primores pergunt vestigia lymphas.

i nunc, et Phrygiis sola levia consere crustis
tendens marmoreum laqueata per atria campum;
ast ego despectis quae census opesque dederunt   50
naturae mirabor opus, non cara nepotum
laetaque iacturis ubi luxuriatur egestas.

hic solidae sternunt umentia litora harenae,
nec retinent memores vestigia pressa figuras.

---

28 imitate *GXR*: imitante *B*: imitare *LF*   29 potis
Gron.   32 manamine *Gron.*: munimine *codd.*: molimine
Heins.   35 spirante *G*: sperante *BRLF*: speranti *X*   properare
G: reparare *BR*: preparare *X*: remeare *LF*   40 remi *GXBR*:
remis *LF*   42 mulorum *Scheffer*   43 tuo *Christ*
44 legitimoque *Christ*   segnius *GXBR*: segnis *LF*   45 limigenis
GXB: limigeris *R*: legenis *LF*   50 despectis *BRLF*: dispectis *G*:
despectus *X*   51 cara *Heins.*: cura *codd.*: alia alii

spectaris vitreo per levia terga profundo,   55
secreti nihil amnis habens; utque almus aperto
panditur intuitu liquidis obtutibus aer
nec placidi prohibent oculos per inania venti,
sic demersa procul durante per intima visu
cernimus arcanique patet penetrale profundi,   60
cum vada lene meant liquidarum et lapsus aquarum
prodit caerulea dispersas luce figuras,
quod sulcata levi crispatur harena meatu,
inclinata tremunt viridi quod gramina fundo;
usque sub ingenuis agitatae fontibus herbae   65
vibrantes patiuntur aquas lucetque latetque
calculus et viridem distinguit glarea muscum.
nota Caledoniis talis pictura Britannis,
cum virides algas et rubra corallia nudat
aestus et albentes, concharum germina, bacas,   70
delicias hominum, locupletibus atque sub undis
assimulant nostros imitata monilia cultus;
haud aliter placidae subter vada laeta Mosellae
detegit admixtos non concolor herba lapillos.

intentos tamen usque oculos errore fatigant   75
interludentes, examina lubrica, pisces.
sed neque tot species obliquatosque natatus,
quaeque per adversum succedunt agmina flumen,
nominaque et cunctos numerosae stirpis alumnos
edere fas aut ille sinit, cui cura secundae   80
sortis et aequorei cessit tutela tridentis;
tu mihi, flumineis habitatrix Nais in oris,

---

56 habens *GXBLF*: habes *R*   57 introitu *Peip.*   sub
noctibus *Tränkle*   60 profundi *G*: fluenti *XBRLF*   62 resper-
sas *Wakefield*   63–4 qua . . . qua *Green dub.*   68 nota *Barth.*:
tota *codd.*   talis patet ora *Peip.*   71 delicias *GB*: deliciasque
XRLF   72 assimulat *Helm*   76 interludentes *GX*: inter
ludentes *BRLF*   77 natatus *GXBLF*: meatus *R*   79 nominaque et *B*: nomina quae *GLF*: nominaque *X*: nomina quae et *R*: novi
nec *Bücheler*   80 aut *GXBLF*: haud *R*   cura *XBRLF*: iura *G*

squamigeri gregis ede choros liquidoque sub alveo
dissere caeruleo fluitantes amne catervas.

squameus herbosas capito interlucet harenas,   85
viscere praetenero fartim congestus aristis
nec duraturus post bina trihoria mensis,
purpureisque salar stellatus tergora guttis,
et nullo spinae nociturus acumine rhedo
effugiensque oculos celeri levis umbra natatu.   90
tuque per obliqui fauces vexate Saravi,
qua bis terna fremunt scopulosis ostia pilis,
cum defluxisti famae maioris in amnem
liberior laxos exerces, barbe, natatus;
tu melior peiore aevo, tibi contigit omni   95
spirantum ex numero non illaudata senectus.

nec te puniceo rutilantem viscere, salmo,
transierim, latae cuius vaga verbera caudae
gurgite de medio summas referuntur in undas,
occultus placido cum proditur aequore pulsus;   100
tu loricato squamosus pectore, frontem
lubricus et dubiae facturus fercula cenae,
tempora longarum fers incorrupte morarum,
praesignis maculis capitis, cui prodiga nutat
alvus opimatoque fluens abdomine venter.   105
quaeque per Illyricum, per stagna binominis Histri,
spumarum indiciis caperis, mustela, natantum,
in nostrum subvecta fretum, ne lata Mosellae
flumina tam celebri defraudarentur alumno.
quis te naturae pinxit color! atra superne   110

---

84 fluitantes *GR*: fluitantibus *XBLF*   catervas *GXRLF*: catervis
B   87 trihoria *GXB*: cibaria *R*: thioria *LF*   88 purpureisque
GXF: purpureusque *BR*: purpureasque *L*   89 rhedo *GBR*: raedo
X: thedo *LF*   90 celeri *GXBLF*: hominum *R*   93 maioris
(-es *X*) *XBRLF*: melioris *G*   95 omni *GXBLF*: uni *R*
101 frontem *GXBLF*: fronte *R*   102 cenae *GXBLF*: mensae *R*
103 incorrupte *GXRLF*: incorrupta *B*   108 laeta *Tross*

puncta notant tergum, quae lutea circuit iris;
lubrica caeruleus perducit tergora fucus;
corporis ad medium fartim pinguescis, at illinc
usque sub extremam squalet cutis arida caudam.

nec te, delicias mensarum, perca, silebo,   115
amnigenas inter pisces dignande marinis,
solus puniceis facilis contendere mullis;
nam neque gustus iners solidoque in corpore partes
segmentis coeunt, sed dissociantur aristis.

hic etiam Latio risus praenomine, cultor   120
stagnorum, querulis vis infestissima ranis,
lucius obscuras ulva caenoque lacunas
obsidet; hic nullos mensarum lectus ad usus
fervet fumosis olido nidore popinis.

quis non et virides, vulgi solacia, tincas   125
norit et alburnos, praedam puerilibus hamis,
stridentesque focis, obsonia plebis, alausas?

teque inter species geminas neutrumque et utrumque,
qui necdum salmo, nec iam salar, ambiguusque
amborum, medio varie intercepte sub aevo?   130
tu quoque flumineas inter memorande cohortes,
gobio, non geminis maior sine pollice palmis,
praepinguis, teres, ovipara congestior alvo
propexique iubas imitatus, gobio, barbi.

nunc, pecus aequoreum, celebrabere, magne silure, 135
quem velut Actaeo perductum tergora olivo
amnicolam delphina reor; sic per freta magnum
laberis et longi vix corporis agmina solvis

---

111 quae *Toll.*: qua *codd.*   113 pinguescis *GXBLF*: pinguescit *R*
114 horrida *Kenney*   116 amnigenas *Boecking*: amnigenos
GXBLF: amnigeros *R*   118 nam neque *B*: namque *GXLF*: nam
quae *R*   120, 123 hic *GXBR*: hinc *LF*   128 species geminas
GXBR: geminas species *LF*   130 varie *Green*: sario *codd.*: fario *ed.*
Ald. 1517   131 memorande *GXBRF*: memorante *L*: memorare
Sch. dub.   132 geminis maior *G*: maior geminis *XBRLF*
134 imitaris *Lachmann*

aut brevibus deprensa vadis aut fluminis ulvis.
at cum tranquillos moliris in amne meatus,   140
te virides ripae, te caerula turba natantum,
te liquidae mirantur aquae; diffunditur alveo
aestus et extremo procurrunt margine fluctus.
talis Atlantiaco quondam ballena profundo
cum vento motuve suo telluris ad oras   145
pellitur; exclusum fundit mare magnaque surgunt
aequora vicinique timent decrescere montes.
hic tamen, hic nostrae mitis ballena Mosellae
exitio procul est magnoque honor additus amni.

iam liquidas spectasse vias et lubrica pisces   150
agmina multiplicesque satis numerasse catervas;
inducant aliam spectacula vitea pompam,
sollicitentque vagos Baccheia munera visus,
qua sublimis apex longo super ardua tractu
et rupes et aprica iugi flexusque sinusque   155
vitibus assurgunt naturalique theatro.
Gauranum sic alma iugum vindemia vestit
et Rhodopen, proprioque nitent Pangaea Lyaeo;
sic viret Ismarius super aequora Thracia collis;
sic mea flaventem pingunt vineta Garunnam.   160
summis quippe iugis tendentis in ultima clivi
conseritur viridi fluvialis margo Lyaeo.
laeta operum plebes festinantesque coloni
vertice nunc summo properant, nunc deiuge dorso,
certantes stolidis clamoribus. inde viator   165
riparum subiecta terens, hinc navita labens,

139 deprensa *Lachmann*: defensa *codd.*   140 at *GBR*: aut *XLF*
tranquillo *Christ*   143 extremo *Tross*: extremi *codd.*   145 venti
Kenney   146 exundat *Peip.*: infundit *Kenney*   149 magnoque *GXBLF*: magnusque *R*   additus *GLF*: additur *XBR*
155 flexusque sinusque *GXBR*: flexuque sinuque (sineque *F*) *LF*
158 pangaea *GXR*: panchea (-eia *F*) *BLF*   160 garunnam *XB*:
garonnam *G*: garumnam *RLF*   166 terens *XBRLF*: tenens *G*
hinc *GBRLF*: hic *X*

131

probra canunt seris cultoribus; astrepit ollis
et rupes et silva tremens et concavus amnis.

  nec solos homines delectat scaena locorum:
hic ego et agrestes Satyros et glauca tuentes   170
Naidas extremis credam concurrere ripis,
capripedes agitat cum laeta protervia Panas
insultantque vadis trepidasque sub amne sorores
terrent, indocili pulsantes verbere fluctum.
saepe etiam mediis furata e collibus uvas   175
inter Oreiadas Panope fluvialis amicas
fugit lascivos, paganica numina, Faunos.
dicitur et, medio cum sol stetit igneus orbe,
ad commune fretum Satyros vitreasque sorores
consortes celebrare choros, cum praebuit horas   180
secretas hominum coetu flagrantior aestus;
tunc insultantes sua per freta ludere Nymphas
et Satyros mersare vadis rudibusque natandi
per medias exire manus, dum lubrica falsi
membra petunt liquidosque fovent pro corpore fluctus.
sed non haec spectata ulli nec cognita visu   186
fas mihi sit pro parte loqui; secreta tegatur
et commissa suis lateat reverentia rivis.

  illa fruenda palam species, cum glaucus opaco
respondet colli fluvius, frondere videntur   190
fluminei latices et palmite consitus amnis.
quis color ille vadis, seras cum propulit umbras
Hesperus et viridi perfundit monte Mosellam!
tota natant crispis iuga motibus et tremit absens
pampinus et vitreis vindemia turget in undis.   195

---

169 homines *Avant.*: hominum *codd.*   176 Oreiadas *ed. Par.
1513*: oreadas *codd.*   178 igneus *XBRLF*: aureus *G*   179 ad
Gron.: ut *codd.*   182 tunc *GBR*: et cum *LF*   184 dum
GRLF: cum *B*   187 tegatur *GB*: tegantur *RLF*   188 ripis
Boecking   191 consitus *GBR*: constitit *LF*   192 propulit
*GR*ᵖᶜ*LF*: protulit *BR*ᵃᶜ   193 perfundit *GBR*: profundit *LF*:
perfudit *Toll.*   194 motibus *B*ᵖᶜ*R*ᵖᶜ*L*: montibus *GB*ᵃᶜ*R*ᵃᶜ*F*

132

annumerat virides derisus navita vites,
navita caudiceo fluitans super aequora lembo
per medium, qua sese amni confundit imago
collis et umbrarum confinia conserit amnis.

    haec quoque quam dulces celebrant spectacula pompas,
remipedes medio certant cum flumine lembi   201
et varios ineunt flexus viridesque per oras
stringunt attonsis pubentia germina pratis!
puppibus et proris alacres gestire magistros
impubemque manum super amnica terga vagantem   205
dum spectat   *   *   *   *
    *   transire diem, sua seria ludo
posthabet; excludit veteres nova gratia curas.
tales Cumano despectat in aequore ludos
Liber, sulphurei cum per iuga consita Gauri
perque vaporiferi graditur vineta Vesevi,   210
cum Venus Actiacis Augusti laeta triumphis
ludere lascivos fera proelia iussit Amores
qualia Niliacae classes Latiaeque triremes
subter Apollineae gesserunt Leucados arces,
aut Pompeiani Mylasena pericula belli   215
Euboicae referunt per Averna sonantia cumbae;
innocuos ratium pulsus pugnasque iocantes
naumachiae, Siculo qualis spectata Peloro,
caeruleus viridi reparat sub imagine pontus.
non aliam speciem petulantibus addit ephebis   220
pubertasque amnisque et picti rostra phaseli.

   196 derisus *GRLF*: de rivis *B*   198 sese amni *BRLF*: sese animi
G: se ambigui *Vollmer*: se gemini *Coulter*   confundit *GF*: confudit
BRL   203 gramina *Boecking*   204 alacres *GR*: alacris
BLF   205 sator *Knebel*   206 spectat *GBLF*: spectant *R*
post spectat *lac. Toll.*   dein *Scal.*: dies *Toll.*: cliens *Bieler*
208 quales *Peip.*   215 milasena *BRL*: mylesana *G*: mille sera *F*:
Mylaea *Gron.*   216 Cumae *Heins*.   218 qualis *Acc.*: quales
codd.   spectante *Lugd.*   221 pubertasque amnisque *Barth.*: pubertasque amnis *codd.*: pubertas amnisque *La V. de Mirmont*

hos Hyperionio cum sol perfuderit aestu,
reddit nautales vitreo sub gurgite formas
et redigit pandas inversi corporis umbras,
utque agiles motus dextra laevaque frequentant   225
et commutatis alternant pondera remis,
unda refert alios, simulacra umentia, nautas.
ipsa suo gaudet simulamine nautica pubes,
fallaces fluvio mirata redire figuras.

sic ubi compositos ostentatura capillos,   230
candentem late speculi explorantis honorem
cum primum carae nutrix admovit alumnae,
laeta ignorato fruitur virguncula ludo
germanaeque putat formam spectare puellae;
oscula fulgenti dat non referenda metallo   235
aut fixas praetemptat acus aut frontis ad oram
vibratos captat digitis extendere crines:
talis ad umbrarum ludibria nautica pubes
ambiguis fruitur veri falsique figuris.

iam vero accessus faciles qua ripa ministrat,   240
scrutatur toto populatrix turba profundo
heu male defensos penetrali flumine pisces.
hic medio procul amne trahens umentia lina
nodosis decepta plagis examina verrit;
ast hic, tranquillo qua labitur agmine flumen,   245
ducit corticeis fluitantia retia signis;
ille autem scopulis subiectas pronus in undas
inclinat lentae conexa cacumina virgae,
inductos escis iaciens letalibus hamos.
quos ignara doli postquam vaga turba natantum   250
rictibus invasit patulaeque per intima fauces

223 navales *Vollmer*   225 utque *GBLF*: atque *R*   230 sicuti
Speck: sicut *Tränkle*   232 quam *Haag*: tum *Lachmann*: iam *Ott-*
mann   236 acus *GRLF*: avis *B*   240 faciles *G*: facilis
BRLF   242 defensos . . . pisces *BRLF*: defensus . . . piscis *G*
247 subiectas *BRLF*: deiectas *G*   248 convexa *Vin.*   249 inductos *G*: indutos *BR*: inclytos *L*: illitos *F*

sera occultati senserunt vulnera ferri,
dum trepidant, subit indicium crispoque tremori
vibrantis saetae nutans consentit harundo,
nec mora et excussam stridenti verbere praedam   255
dexter in obliquum raptat puer; excipit ictum
spiritus, ut fractis quondam per inane flagellis
aura crepat motoque assibilat aere ventus.
exultant udae super arida saxa rapinae
luciferique pavent letalia tela diei,   260
cuique sub amne suo mansit vigor, aere nostro
segnis anhelatis vitam consumit in auris.
iam piger invalido vibratur corpore plausus,
torpida supremos patitur iam cauda tremores
nec coeunt rictus, haustas sed hiatibus auras   265
reddit mortiferos exspirans branchia flatus.
sic ubi fabriles exercet spiritus ignes
accipit alterno cohibetque foramine ventos
lanea fagineis alludens parma cavernis.
vidi egomet quosdam leti sub fine trementes   270
collegisse animas, mox in sublime citatos
cernua subiectum praeceps dare corpora in amnem,
desperatarum potientes rursus aquarum;
quos impos damni puer inconsultus ab alto
impetit et stolido captat prensare natatu.   275
sic Anthedonius Boeotia per freta Glaucus,
gramina gustatu postquam exitialia Circes
expertus carptas moribundis piscibus herbas
sumpsit, Carpathium subiit novus accola pontum.
ille hamis et rete potens, scrutator operti   280
Nereos, aequoream solitus converrere Tethyn,

---

254 consentit *GB*: consensit *RLF*   257 raptis *Peip.*: tractis
Sch.   261 cuique *Avant.*: quique *GRLF*: quaeque *B*
268 alternos *Fuchs*   269 parma *GRLF*: parva *B*   275 stolido
GRLF: solido *B*   277 Circes *Ug.*: Dirces *codd.*   281 Nereos
GRLF: Nereus *B*   converrere *G*: convertere *BRLF*

inter captatas fluitavit praedo catervas.
   talia despectant longo per caerula tractu
pendentes saxis instanti culmine villae,
quas medius dirimit sinuosis flexibus errans   285
amnis, et alternas comunt praetoria ripas.
quis modo Sestiacum pelagus, Nepheleidos Helles
aequor, Abydeni freta quis miretur ephebi?
quis Chalcedonio constratum ab litore pontum,
regis opus magni, mediis euripus ubi undis   290
Europaeque Asiaeque vetat concurrere terras?
non hic dira freti rabies, non saeva furentum
proelia caurorum; licet hic commercia linguae
iungere et alterno sermonem texere pulsu.
blanda salutiferas permiscent litora voces,   295
et voces et paene manus; resonantia utrimque
verba refert mediis concurrens fluctibus echo.
quis potis innumeros cultusque habitusque retexens
pandere tectonicas per singula praedia formas?
non hoc spernat opus Gortynius aliger, aedis   300
conditor Euboicae, casus quem fingere in auro
conantem Icarios patrii pepulere dolores;
non Philo Cecropius, non qui laudatus ab hoste
clara Syracosii traxit certamina belli.
forsan et insignes hominumque operumque labores   305
hinc habuit decimo celebrata volumine Marci
hebdomas, hic clari viguere Menecratis artes
atque Ephesi spectata manus vel in arce Minervae
Ictinus, magico cui noctua perlita fuco

---

282 captatas *Green*: captivas *codd.*   praedo *GRLF*: praeda *B*
284 extanti *Cannegieter*   286 comunt *GR*: contra *L*: om. *BF*
288 miretur *GBR*: miratur *LF*   290 magni *Scal.*: magnum *codd.*
294 pulsu *GBLF*: plausu *R*: lusu *Heins.*: dictu *Tränkle*   296 visus
Markland   298 cultusque *GBLF*: cultus *R*   306 hinc *Pulm.*:
hic *codd.*   aluit *Diggle*   Marci *Pulm.*: margei *GB*: mar *R*: mergei *L*:
om. *F*   307 hinc *Pulm.*   Menecratis *Scal.*: Menecratos
codd.   309 Ictinus *Acc.*: bictinus *G*: hictinus *BRL*: om. *F*

allicit omne genus volucres perimitque tuendo.   310
conditor hic forsan fuerit Ptolomaidos aulae
Dinochares, quadrata cui in fastigia cono
surgit et ipsa suas consumit pyramis umbras,
iussus ob incesti qui quondam foedus amoris
Arsinoen Pharii suspendit in aere templi;   315
spirat enim tecti testudine virus achates
afflatamque trahit ferrato crine puellam.
    hos ergo aut horum similes est credere dignum
Belgarum in terris scaenas posuisse domorum,
molitos celsas, fluvii decoramina, villas.   320
haec est natura sublimis in aggere saxi,
haec procurrentis fundata crepidine ripae,
haec refugit captumque sinu sibi vindicat amnem.
illa tenens collem, qui plurimus imminet amni,
usurpat faciles per culta, per aspera visus,   325
utque suis fruitur dives speculatio terris;
illa etiam riguis humili pede condita pratis
compensat celsi bona naturalia montis
sublimique minans irrumpit in aethera tecto,
ostentans altam, Pharos ut Memphitica, turrim.   330
huic proprium clausos consaepto gurgite pisces
apricas scopulorum inter captare novales;
haec summis innixa iugis labentia subter
flumina despectu iam caligante tuetur.
atria quid memorem viridantibus assita pratis   335
innumerisque super nitentia tecta columnis?
quid quae fluminea substructa crepidine fumant

311 hic *BRLF*: hinc *G*   312 quadrata *Peip.*: quadra *G*: quadrae
B: quadro *R*: cedro cui *L*: *om. F*   316 virus *Peip.*: chorus *GBLF*:
totus *R*: corus *Lugd.*: clarus *Hos.*: *alia alii*   321 stat *Markland*
nativi *Lugd.*   326 utque *GBLF*: atque *R*   dives *BRLF*: felix *G*
327 illa *Green*: quin *codd.*   riguis *GRLF*: irriguis *B*   330 altam
GR: alta *LF*: aliam *B*   331 proprium *G^{ac}R*: proprium
est *G^{pc}BLF*   332 canales *Heins.*   337 substructa *GBR*: sub-
ducta *LF*

balnea, ferventi cum Mulciber haustus operto
volvit anhelatas tectoria per cava flammas,
inclusum glomerans aestu exspirante vaporem?   340
vidi ego defessos multo sudore lavacri
fastidisse lacus et frigora piscinarum
ut vivis fruerentur aquis, mox amne refotos
plaudenti gelidum flumen pepulisse natatu.
quod si Cumanis huc afforet hospes ab oris,   345
crederet Euboicas simulacra exilia Baias
his donasse locis: tantus cultusque nitorque
allicit, et nullum parit oblectatio luxum.

  sed mihi qui tandem finis tua glauca fluenta
dicere dignandumque mari memorare Mosellam,   350
innumeri quod te diversa per ostia late
incurrunt amnes? quamquam differre meatus
possent, sed celerant in te consumere nomen.
namque et Promeae Nemesaeque adiuta meatu
Sura tuas properat non degener ire sub undas,   355
Sura interceptis tibi gratificata fluentis,
nobilius permixta tuo sub nomine, quam si
ignoranda patri confunderet ostia ponto.
te rapidus Celbis, te marmore clarus Erubris
festinant famulis quam primum allambere lymphis: 360
nobilibus Celbis celebratur piscibus, ille
praecipiti torquens cerealia saxa rotatu
stridentesque trahens per levia marmora serras
audit perpetuos ripa ex utraque tumultus.   364
nec minor hoc, tacitum qui per sola pinguia labens   370
stringit frugiferas felix Alisontia ripas.   371

340 spirante *Heins.*   347 tantum *Mommsen*   350 Mosellam *GBLF*: Mosella *R*   354 Promeae *Sch.*: proneae *G in ras.*, *BR*:
pronea est *L*: est *F*: ⟨aquis⟩ Promae *Bergk*, aquis Promeae *Holford-
Strevens*   359 Celbis *Scal.*: gelbis *G*: belgis *BRLF*   erubris *GR*:
erubrus *BLF*   361 Celbis *Scal.*: celsis *codd.*   celebratur *R*:
celebratus *GBLF*   370–1 *post* 364 *transp.* Green   370 nec
GBR: non *LF*   371 alisontia *GBLF*: alisentia *R*

praetereo exilem Lesuram tenuemque Drahonum   365
nec fastiditos Salmonae usurpo fluores;
naviger undisona dudum me mole Saravus
tota veste vocat, longum qui distulit amnem,
fessa sub Augustis ut volveret ostia muris.   369
mille alii, prout quemque suus magis impetus urget,   372
esse tui cupiunt: tantus properantibus undis
ambitus aut mores. quod si tibi, dia Mosella,
Smyrna suum vatem vel Mantua clara dedisset,   375
cederet Iliacis Simois memoratus in oris
nec praeferre suos auderet Thybris honores.
da veniam, da, Roma potens; pulsa, oro, facessat
invidia et Latiae Nemesis non cognita linguae:

     *   *   *   *   *

imperii sedem Romae tenuere parentes.   380
    salve, magne parens frugumque virumque, Mosella!
te clari proceres, te bello exercita pubes,
aemula te Latiae decorat facundia linguae;
quin etiam mores et laetum fronte severa
ingenium natura tuis concessit alumnis,   385
nec sola antiquos ostentat Roma Catones
aut unus tantum iusti spectator et aequi
pollet Aristides veteresque illustrat Athenas.
    verum ego quid laxis nimium spatiatus habenis
victus amore tui praeconia detero? conde,   390
Musa, chelyn, pulsis extremo carmine netis.

365 drahonum *G*: drabonum *R*: trachorum *B*: draconum *LF*
369 fessa *GBLF*: festa *R*   solveret *Christ*   374 moles *Ug.*: amor
est *Galdi*   376 orsis *Pichon*   378 da Roma *G*: mihi
Roma *BRLF*   *post* 379 *lac. Acc. dub.*   380 Romaeque
tuere parentes *ed. Par. 1513*: Romae tueare parentis *Boecking*: Romae
tribuere parentes *Baehrens*: Romane tuere parentum *Peip. dub.*: Romam-
que tuere parentem *La V. de Mirmont*   384 severa *BRLF*:
serena *G*   387 spectator *GRLF*: speculator *B*: sectator
Heins.   389 quid *B*: quod *GRLF*   390 tui *GR*:
tuo *B*^mg^*LF*   391 chelyn *G*: chelin *RF*: chelim *BL*   netis *BR*^pc^:
neos *G*: necis *LF*: nervis *R*^ac^

tempus erit cum me studiis ignobilis oti
mulcentem curas seniique aprica foventem
materiae commendet honos, cum facta viritim
Belgarum patriosque canam, decora inclita, mores.   395
mollia subtili nebunt mihi carmina filo
Pierides tenuique aptas subtemine telas
percurrent; dabitur nostris quoque purpura fusis.
quis mihi tum non dictus erit? memorabo quietos
agricolas legumque catos fandique potentes,   400
praesidium sublime reis; quos curia summos
municipum vidit proceres propriumque senatum,
quos praetextati celebris facundia ludi
contulit ad veteris praeconia Quintiliani,
quique suas rexere urbes purumque tribunal   405
sanguine et innocuas illustravere secures,
aut Italum populos aquilonigenasque Britannos
praefecturarum titulo tenuere secundo;
quique caput rerum Romam, populumque patresque,
tantum non primo rexit sub nomine, quamvis   410
par fuerit primis: festinet solvere tandem
errorem fortuna suum libataque supplens
praemia iam veri fastigia reddat honoris
nobilibus repetenda nepotibus. at modo coeptum
detexatur opus, dilata et laude virorum   415
dicamus laeto per rura virentia tractu
felicem fluvium Rhenique sacremus in undas.

   caeruleos nunc, Rhene, sinus hyaloque virentem
pande peplum spatiumque novi metare fluenti
fraternis cumulandus aquis. nec praemia in undis   420
sola, sed Augustae veniens quod moenibus urbis

   399 tum GB: tunc R: tun L: tamen F   407 quique
Italum Prete   409 populumque ed. Par. 1517: populique
codd.   411 festinet Boecking: festinat codd.   413 reddat
GBR^{pc}LF: reddit R^{ac} ut vid.   417 undas G: undis BRLF
418 hinc Ermenricus

spectavit iunctos natique patrisque triumphos
hostibus exactis Nicrum super et Lupodunum
et fontem Latiis ignotum annalibus Histri.
haec profligati venit modo laurea belli,   425
mox alias aliasque feret. vos pergite iuncti
et mare purpureum gemino propellite tractu.
neu vereare minor, pulcherrime Rhene, videri;
invidiae nihil hospes habet. potiere perenni
nomine; tu fratrem famae securus adopta.   430
dives aquis, dives nymphis, largitor utrique,
alveus extendet geminis divortia ripis
communesque vias diversa per ostia fundet.
accedent vires, quas Francia quasque Chamaves
Germanique tremant; tunc verus habebere limes.   435
accedet tanto geminum tibi nomen ab amni,
cumque unus de fonte fluas, dicere bicornis.

haec ego, Vivisca ducens ab origine gentem,
Belgarum hospitiis non per nova foedera notus,
Ausonius, nomen Latium, patriaque domoque   440
Gallorum extremos inter celsamque Pyrenen,
temperat ingenuos qua laeta Aquitanica mores,
audax exigua fide concino. fas mihi sacrum
perstrinxisse amnem tenui libamine Musae.
nec laudem affecto, veniam peto: sunt tibi multi,   445
alme amnis, sacros qui sollicitare fluores
Aonidum totamque solent haurire Aganippen.
ast ego, quanta mihi dederit se vena liquoris,

423 Nicrum *Rhenanus*: nigrum *codd.*   et Lupodunum *Rhenanus*: et
(est *F*) luponudum *codd.*: ad Lupodunum *Mommsen*   426 mox
BRLF: hinc *G*   433 findet *Heins.*: pandet *Peip.*   436 amni
GBLF: amne *R*   438 Vivisca *Scal.*: vivifica *codd.*   439 non
GBR: nunc *LF*   440 Latium *Avant.*: Latius *codd.*   441 pyr-
enen *BRL*: pyrenem *GF*   442 aquitanica *G*: aquitania (eq- *LF*)
BRLF   447 aganippen *RLF*: aganippem *G*: aganippe *B*
448 quanta *GBR*: tanta *LF*   mihi *Fuchs*: mei *codd.*: (tanta) meri
Avant.

Burdigalam cum me in patriam nidumque senectae
Augustus pater et nati, mea maxima cura,   450
fascibus Ausoniis decoratum et honore curuli
mittent emeritae post tempora disciplinae,
latius Arctoi praeconia persequar amnis.
addam urbes, tacito quas subterlaberis alveo,
moeniaque antiquis te prospectantia muris;   455
addam praesidiis dubiarum condita rerum
sed modo securis non castra sed horrea Belgis;
addam felices ripa ex utraque colonos
teque inter medios hominumque boumque labores
stringentem ripas et pinguia culta secantem.   460
non tibi se Liger anteferet, non Axona praeceps,
Matrona non, Gallis Belgisque intersita finis,
Santonico refluus non ipse Carantonus aestu;
concedet gelido Durani de monte volutus
amnis, et auriferum postponet Gallia Tarnem,   465
insanumque ruens per saxa rotantia late
in mare purpureum, dominae tamen ante Mosellae
nomine adorato, Tarbellicus ibit Aturrus.

  corniger externas celebrande Mosella per oras,
nec solis celebrande locis, ubi fonte supremo   470
exseris auratum taurinae frontis honorem,
quaque trahis placidos sinuosa per arva meatus,
vel qua Germanis sub portibus ostia solvis;
si quis honos tenui volet aspirare camenae,
perdere si quis in his dignabitur otia musis,   475
ibis in ora hominum laetoque fovebere cantu.

---

450 Augustus pater et natus *Avant.*: Augusti pater et natus *La V. de
Mirmont*   452 tempora *BRLF*: munera *G*   461 axona *GLF*:
auxona *B*: anxona *R*   462 finis *Pulm.*: fines *codd.*   463 refluus
Lugd.: profluus *codd.*   464 concedes *Scal.*   465 Tarnem
Lugd.: Tarnen *GBR*: tandem *LF*: Tarnim *Green dub.*   468 numine
Scal.   Tarbellicus *Acc.*: Tarbellius *codd.*   469 celebrande *BR*:
celebranda *GLF*   470 celebrande *G^{pc}BR*: celebranda *G^{ac}LF*
supremo *BRLF*: superno *G*   474 volet *GBLF*: valet *R*

te fontes vivique lacus, te caerula noscent
flumina, te veteres, pagorum gloria, luci;
te Druna, te sparsis incerta Druentia ripis
Alpinique colent fluvii duplicemque per urbem   480
qui meat et dextrae Rhodanus dat nomina ripae;
te stagnis ego caeruleis magnumque sonoris
amnibus, aequoreae te commendabo Garunnae.

XVII. BISSVLA

Ausonius Paulo suo s.d.

Pervincis tandem et operta musarum mearum, quae
initiorum velabat obscuritas, quamquam non profanus
irrumpis, Paule carissime. quamvis enim te non eius vulgi
existimem quod Horatius arcet ingressu, tamen sua
cuique sacra, neque idem Cereri quod Libero, etiam sub   5
isdem cultoribus. poematia quae in alumnam meam
luseram rudia et incohata ad domesticae solacium cantilenae, cum sine metu ⟨laterent⟩ et arcana securitate fruerentur, proferri ad lucem caligantia coegisti. verecundiae
meae scilicet spolium concupisti aut quantum tibi in me 10
iuris esset ab invito indicari. ne tu Alexandri Macedonis
pervicaciam supergressus, qui fatalis iugi lora cum solvere
non posset abscidit et Pythiae specum quo die fas non erat
patere penetravit. utere igitur ut tuis, pari iure, sed fiducia
dispari; quippe tua possunt populum non timere, meis   15
etiam intra me erubesco. vale.

---

483 om. *LF*   garunnae *BR*: garonnae *G*
XVII *Z* (= *CKMT*)   *praef.* 1 tandem *Acc.*: tamen *codd.*
5–6 sub iisdem *T*: sub hiisdem *M*: subesse *C*: sub *K*   8 sine metu
laterent et *Peip.*: sine metu et *codd.*: et *del. Scal.*: sine metu *del. Toll.*:
semota et *Kurfess*: sine metu quiete et *Brakman*   14 patere *MT*:
parere *C*: pater *K*

1

Vt voluisti, Paule, cunctos Bissulae versus habes,
lusimus quos in Suebae gratiam virgunculae,
otium magis foventes quam studentes gloriae.
tu molestus flagitator lege molesta carmina.
tibi quod intristi, exedendum est: sic vetus verbum iubet,
compedes, quas ipse fecit, ipsus ut gestet faber.   6

2

Carminis inculti tenuem lecture libellum,
    pone supercilium.
seria contractis expende poemata rugis:
    nos Thymelen sequimur.
Bissula in hoc schedio cantabitur, utque Cratinus   5
    admoneo ante bibas.
ieiunis nil scribo; meum post pocula si quis
    legerit hic sapiet.
sed magis hic sapiat, si dormiat et putet ista
    somnia missa sibi.   10

3

Bissula, trans gelidum stirpe et lare prosata Rhenum,
    conscia nascentis Bissula Danuvii,
capta manu, sed missa manu, dominatur in eius
    deliciis, cuius bellica praeda fuit.
matre carens, nutricis egens, †nescit ere imperium† 5

*   *   *   *   *

2 1 inculti *KM*: incompti *CT*   3 poemata *T*: poemate
CKM   4 Thymelen *ed Par. 1513*: thymelam (tym- *C*) *CKM*:
Tymelem *T*   5 scedio *CMT*^pc*?*: sedio *KT*^ac*?*   utque Cratinus
Dezeimeris: aut erasinus *codd.*: haud Erasinus *Lugd. dub.*   7 ieiunis
CM: ieiunus *KT*   9 sapiat . . . dormiat *Green*: sapiet . . . dormiet
codd.   ut *Heins*.

3 5 nescit ere (erae *C*, here *K*) imperium *codd.*: nescivit erile imperium
Scal.: *alia alii*

fortunae ac patriae quae nulla opprobria sensit,
  ilico inexperto libera servitio,
sic Latiis mutata bonis, Germana maneret
  ut facies, oculos caerula, flava comas.   10
ambiguam modo lingua facit, modo forma puellam;
  haec Rheno genitam praedicat, haec Latio.

4

Delicium, blanditiae, ludus, amor, voluptas,
barbara, sed quae Latias vincis alumna pupas,
Bissula, nomen tenerae rusticulum puellae,
horridulum non solitis sed domino venustum.

5

Bissula nec ceris nec fuco imitabilis ullo
naturale decus fictae non commodat arti.
sandyx et cerusa, alias simulate puellas;
temperiem hanc vultus nescit manus. ergo age, pictor,
puniceas confunde rosas et lilia misce,   5
quique erit ex illis color aeris, ipse sit oris.

6

Pingere si nostram, pictor, meditaris alumnam,
  aemula Cecropias ars imitetur apes.

XVIII. CENTO NVPTIALIS

Ausonius Paulo sal.

Perlege hoc etiam, si operae est, frivolum et nullius pretii
opusculum, quod nec labor excudit nec cura limavit, sine

---

4 1 blandicie C^{pc}: blandie (-iee M) $C^{ac}KM$: blande T 3 tenerae
ed. Par. 1513: terrae *codd*.
5 3 sandix C: sandux KT: sandus M simulate CKM: stimulate T
6 *om. M*   2 pingere CT: fingere K
XVIII Z (= $CKLT$)

ingenii acumine et morae maturitate. centonem vocant qui
primi hac concinnatione luserunt. solae memoriae nego-
5 tium sparsa colligere et integrare lacerata, quod ridere
magis quam laudare possis. pro quo, si per Sigillaria in
auctione veniret, neque Afranius naucum daret neque
ciccum suum Plautus offerret. piget equidem Vergiliani
carminis dignitatem tam ioculari dehonestasse materia.
10 sed quid facerem? iussum erat, quodque est potentissi-
mum imperandi genus, rogabat qui iubere poterat.
imperator Valentinianus, vir meo iudicio eruditus, nuptias quondam eiusmodi ludo descripserat, aptis equidem
versibus et compositione festiva. experiri deinde volens
15 quantum nostra contentione praecelleret, simile nos de
eodem concinnare praecepit. quam scrupulosum hoc mihi
fuerit intellege. neque anteferri volebam neque postha-
beri, cum aliorum quoque iudicio detegenda esset adulatio
inepta, si cederem, insolentia, si ut aemulus eminerem.
20 suscepi igitur similis recusanti feliciterque et obnoxius
gratiam tenui nec victor offendi. hoc tum die uno et addita
lucubratione properatum modo inter liturarios meos cum
repperissem, tanta mihi candoris tui et amoris fiducia est
ut severitati tuae nec ridenda subtraherem. accipe igitur
25 opusculum de inconexis continuum, de diversis unum, de
seriis ludicrum, de alieno nostrum, ne in sacris et fabulis
aut Thyonianum mireris aut Virbium, illum de Dionyso,
hunc de Hippolyto reformatum.

et si pateris ut doceam docendus ipse, cento quid sit
30 absolvam. variis de locis sensibusque diversis quaedam
carminis structura solidatur, in unum versum ut coeant

7 naucum *Salmasius*: nauci *codd.*   7–8 neque ciccum *Sch.*: nec
citum (cicum *L*) *CKL*: neque cacum *T*   12 s. *ante* imperator *T*
21 tum die *Mommsen*: tu me *codd.*   25 de (diversis) *ed. Med. 1490*:
sed *Z*   26 nostrum *CT*: meum *K ut vid.*, *L*   27 Thyonianum
CLT: Thaeonianum *K*   dioniso *C*: dionisio (dy- *T*) *KLT*
31 structura *LT*: strictura *CK*   unum versum *CLT*: buum versuum
K: unum *L. Mueller*

aut caesi duo aut unus ⟨et unus⟩ sequenti cum medio. nam
duos iunctim locare ineptum est et tres una serie merae
nugae. diffinduntur autem per caesuras omnes, quas
recipit versus heroicus, convenire ut possit aut penthemi- 35
meres cum reliquo anapaestico aut trochaice cum posteriore segmento aut septem semipedes cum anapaestico
chorico aut * * post dactylum atque semipedem quicquid
restat hexametro, simile ut dicas ludicro, quod Graeci
στομάχιον vocavere. ossicula ea sunt: ad summam 40
quattuordecim figuras geometricas habent. sunt enim
quadrilatera vel triquetra extentis lineis aut ⟨eiusdem⟩
frontis, ⟨vel aequicruria vel aequilatera, vel rectis⟩ angulis
vel obliquis: isoscele ipsi vel isopleura vocant, orthogonia
quoque et scalena. harum verticularum variis coagmentis 45
simulantur species mille formarum: elephantus belua aut
aper bestia, anser volans et mirmillo in armis, subsidens
venator et latrans canis, quin et turris et cantharus et alia
eiusmodi innumerabilium figurarum, quae alius alio
scientius variegant. sed peritorum concinnatio miraculum 50
est, imperitorum iunctura ridiculum. quo praedicto scies
quod ego posteriorem imitatus sum. hoc ergo centonis
opusculum ut ille ludus tractatur, pari modo sensus
diversi ut congruant, adoptiva quae sunt ut cognata
videantur, aliena ne interluceant, arcessita ne vim redar- 55
guant, densa ne supra modum protuberent, hiulca ne
pateant. quae si omnia ita tibi videbuntur ut praeceptum

32 et unus *add. Green*   sequenti *Green*: sequens *CT*: sesque *K*:
sexque *L*   medius *post* sequens *add. Mommsen*   33 tres *ed. Med.
1490*: res *codd.*   38 *lac. post* aut *Birt*: ponatur *add. Peip.*:
sequatur *Prete*: post bucolicen ponatur aut *Koster*   40 stomachion
CT: ostomachion *K*: estomachion *L*   vocavere *KT*:
vocaverunt *CL*   42 quadrilatera vel *Green*: aequilatera vel *codd.*:
aequaliter *Peip.*   eiusdem *add. Peip.*   43 frontis] rectis *Avant.*
vel aequicruria vel aequilatera vel rectis *add. Green*   44 ipsi *et*
vocant *del. Scal.*   isopleura *Ug.*: sopleura *codd.*   vel *Scal.*
49 eiusmodi *CK*: huiusmodi *LT ut vid.*   52 posteriores *Toll.*
55 aliena *Avant.*: alienum *codd.*

est, dices me composuisse centonem et, quia sub
imperatore tum merui, procedere mihi inter frequentes
60 stipendium iubebis; sin aliter, aere dirutum facies, ut
cumulo carminis in fiscum suum redacto redeant versus
unde venerunt. vale.

Praefatio

Accipite haec animis laetasque advertite mentes,
ambo animis, ambo insignes praestantibus armis,
ambo florentes,   genus insuperabile bello:
tuque prior   (nam te maioribus ire per altum
auspiciis manifesta fides),   quo iustior alter   5
nec pietate fuit nec bello maior et armis,
tuque puerque tuus,   magnae spes altera Romae,
flos veterum virtusque virum,   mea maxima cura,
nomine avum referens, animo manibusque parentem.
non iniussa cano.   sua cuique exorsa laborem   10
fortunamque ferent;   mihi iussa capessere fas est.

Cena Nuptialis

Exspectata dies aderat   dignisque hymenaeis
matres atque viri,   iuvenes ante ora parentum
conveniunt stratoque super discumbitur ostro.
dant famuli manibus lymphas   onerantque canistris   15
dona laboratae Cereris   pinguisque ferinae
viscera tosta ferunt.   series longissima rerum:
alituum pecudumque genus   capreaeque sequaces
non absunt illic   neque oves haedique petulci
et genus aequoreum,   dammae cervique fugaces.   20
ante oculos interque manus sunt   mitia poma.

59 imperatore tum *Reeve*: imperatore meo tum *ed. Lugd. 1548*:
imperat metum (mecum *K*) *codd.*   60 iubebis *CLT*: videbis
K   aliter *LT*: autem *CK*

15 famuli manibus *Z*: manibus famuli (m. famulae *MP*) *codd. Verg. A.
1. 701*   17 tosta *CT*: tota *KL*   19 oves *codd. Verg.*: aves
CLT: cives *K*

postquam exempta fames et amor compressus edendi,
crateras magnos statuunt   Bacchumque ministrant.
sacra canunt,   plaudunt choreas et carmina dicunt.
nec non Threicius longa cum veste sacerdos   25
obloquitur numeris septem discrimina vocum.
at parte ex alia   biforem dat tibia cantum.
omnibus una quies operum   cunctique relictis
consurgunt mensis,   per limina laeta frequentes
discurrunt variantque vices,   populusque patresque,   30
matronae, pueri,   vocemque per ampla volutant
atria; dependent lychni laquearibus aureis.

Descriptio Egredientis Sponsae

Tandem progreditur   Veneris iustissima cura,
iam matura viro, iam plenis nubilis annis,
virginis os habitumque gerens,   cui plurimus ignem   35
subiecit rubor et calefacta per ora cucurrit,
intentos volvens oculos,   uritque videndo.
illam omnis tectis agrisque effusa iuventus
turbaque miratur matrum.   vestigia primi
alba pedis,   dederatque comam diffundere ventis.   40
fert picturatas auri subtemine vestes,
ornatus Argivae Helenae   ⟨qualisque videri⟩
caelicolis et quanta solet   Venus aurea contra,
talis erat species,   talem se laeta ferebat
ad soceros   solioque alte subnixa resedit.   45

Descriptio Egredientis Sponsi

At parte ex alia   foribus sese intulit altis
ora puer prima signans intonsa iuventa,
pictus acu chlamydem   auratam, quam plurima circum
purpura maeandro duplici Meliboea cucurrit,

---

31 pueri *KLT*: puerique (que *in ras.*) *C, codd. Verg. A. 11. 476*
41 fert *codd. Verg. A. 3. 483*: et *Z*   42 qualisque videri *codd. Verg.
A. 2. 591*: *om. Z*

et tunicam, molli mater quam neverat auro: 50
os umerosque deo similis   lumenque iuventae.
qualis, ubi Oceani perfusus Lucifer unda
extulit os sacrum caelo, sic ora ferebat,
sic oculos, cursuque amens ad limina tendit.
illum turbat amor figitque in virgine vultus: 55
oscula libavit dextramque amplexus inhaesit.

Oblatio Munerum

Incedunt pueri pariterque ante ora parentum
dona ferunt, pallam signis auroque rigentem,
munera portantes, aurique eborisque talenta
et sellam et pictum croceo velamen acantho,   60
ingens argentum mensis colloque monile
bacatum et duplicem gemmis auroque coronam.
olli serva datur geminique sub ubere nati,
quattuor huic iuvenes, totidem innuptaeque puellae.
omnibus in morem tonsa coma: pectore summo   65
flexilis obtorti per collum circulus auri.

Epithalamium Vtrique

Tum studio effusae matres ad limina ducunt.
at chorus aequalis pueri innuptaeque puellae
versibus incomptis ludunt et carmina dicunt:
'o digno coniuncta viro, gratissima coniunx,   70
sis felix, primos Lucinae experta labores,
et mater. cape Maeonii carchesia Bacchi.
sparge, marite, nuces, cinge haec altaria vitta,
flos veterum virtusque virum: tibi ducitur uxor,
omnes ut tecum meritis pro talibus annos   75
exigat et pulchra faciat te prole parentem.
fortunati ambo, si quid pia numina possunt;
vivite felices. dixerunt "currite" fusis
concordes stabili fatorum numine Parcae.'

64 huic *Scal.*: hic *Z*: hinc *ed. Ald. 1517*   65 *lac. post* coma *Green dub.*   75 omnes *CLT*: omnis *K*

Ingressus in Cubiculum

Postquam est in thalami pendentia pumice tecta   80
perventum,   licito tandem sermone fruuntur.
congressi iungunt dextras   stratisque reponunt.
at Cytherea novas artes   et pronuba Iuno
sollicitat suadetque ignota lacessere bella.
ille ubi complexu   molli fovet, atque repente   85
accepit solitam flammam   lectumque iugalem

      *   *   *   *   *

'o virgo, nova mi facies,   gratissima coniunx,
venisti tandem, mea sola et sera voluptas.
o dulcis coniunx, non haec sine numine divum
proveniunt.   placitone etiam pugnabis amori?'   90
talia dicentem iamdudum aversa tuetur
cunctaturque metu telumque instare tremescit
spemque metumque inter   funditque has ore loquelas:
'per te, per, qui te talem genuere, parentes,
o formose puer,   noctem non amplius unam   95
hanc tu, oro, solare inopem et   miserere precantis.
succidimus; non lingua valet, non corpore notae
sufficiunt vires, nec vox aut verba sequuntur.'
ille autem, 'causas nequiquam nectis inanes',
praecipitatque moras omnes   solvitque pudorem.   100

Parecbasis

Hactenus castis auribus audiendum mysterium nuptiale
ambitu loquendi et circuitione velavi. verum quoniam et
fescenninos amat celebritas nuptialis verborumque petulantiam notus vetere instituto ludus admittit, cetera

---

82 reponunt *Z*: residunt *vel lac. Sch. dub.*   85 atque *Z*: ille *codd.*
Verg. A. 8. 388: inde *Sch., A. 8. 238 secutus*   *post* 86 *lac. Sch.*
88 sola et sera *CLT, codd. Verg. A. 8. 581 MR et alii*: sera et sola *K, codd.*
Verg. P et alii   91 aversa *CK*: adversa *LT*   92 telumque *Z, codd.*
Verg. A. 12. 916 MR: letumque *cod. Verg. P, Rufinianus*   96 hanc *Z*:
at *codd. Verg. A. 9. 290*   *Parecb.* 4 admittit *CLT*: admittitur *K*

5 quoque cubiculi et lectuli operta prodentur, ab eodem
auctore collecta, ut bis erubescamus qui et Vergilium
faciamus impudentem. vos, si placet, hic iam legendi
modum ponite; cetera curiosis relinquite.

Imminutio

Postquam congressi   sola sub nocte per umbram
et mentem Venus ipsa dedit,   nova proelia temptant.
tollit se arrectum,   conantem plurima frustra
occupat os faciemque,   pedem pede fervidus urget.
perfidus alta petens   ramum, qui veste latebat,   105
sanguineis ebuli bacis minioque rubentem
nudato capite   et pedibus per mutua nexis,
monstrum horrendum, informe, ingens, cui lumen
        ademptum,
eripit a femore et trepidanti fervidus instat.
est in secessu,   tenuis quo semita ducit,   110
ignea rima micans;   exhalat opaca mephitim.
nulli fas casto sceleratum insistere limen.
hic specus horrendum: talis sese halitus atris
faucibus effundens   nares contingit odore.
huc iuvenis nota fertur regione viarum   115
et super incumbens   nodis et cortice crudo
intorquet summis adnixus viribus hastam.
haesit virgineumque alte bibit acta cruorem.
insonuere cavae gemitumque dedere cavernae.
illa manu moriens telum trahit, ossa sed inter   120
altius ad vivum persedit   vulnere mucro.
ter sese attollens cubitoque innixa levavit,
ter revoluta toro est;   manet imperterritus ille.
nec mora nec requies,   clavumque affixus et haerens

5 cubiculi et lectuli operta *KL*: cubilis et lecti operta *C*: operta
cubiculi et lectuli operta *T*
109 femore *Z*: femine *codd. Verg. A. 10. 788*: foemine *L*
122 innixa *Z* (*om. L*): adnixa *codd. Verg. A. 4. 690*   *post* 122 vulneris
impatiens crudeli funere mucro *C*ᵐᵍ*K*

nusquam amittebat oculosque sub astra tenebat.   125
itque reditque viam totiens   uteroque recusso
transadigit costas   et pectine pulsat eburno.
iamque fere spatio extremo fessique sub ipsam
finem adventabant: tum creber anhelitus artus
aridaque ora quatit, sudor fluit undique rivis,   130
labitur exsanguis, destillat ab inguine virus.

> Contentus esto, Paule mi,
> †lasciva, o Paule, pagina:†
> ridere, nil ultra expeto.

sed cum legeris, adesto mihi adversum eos, qui, ut
Iuvenalis ait, 'Curios simulant et Bacchanalia vivunt', ne
fortasse mores meos spectent de carmine. 'lasciva est
nobis pagina, vita proba', ut Martialis dicit. meminerint
autem, quippe eruditi, probissimo viro Plinio in poematiis   5
lasciviam, in moribus constitisse censuram, prurire opusculum Sulpiciae, frontem caperrare, esse Apuleium in vita
philosophum, in epigrammatis amatorem, in praeceptis
Ciceronis exstare severitatem, in epistulis ad Caerelliam
subesse petulantiam, Platonis Symposion composita in   10
ephebos epyllia continere. nam quid Anniani Fescenninos, quid antiquissimi poetae Laevii Erotopaegnion libros
loquar? quid Evenum, quem Menander sapientem vocavit? quid ipsum Menandrum? quid comicos omnes?
quibus severa vita est et laeta materia. quid etiam Vergi-   15
lium Parthenien dictum causa pudoris? qui in octavo
Aeneidos, cum describeret coitum Veneris atque Vulcani,

---

127 et Z: iam codd. Verg. A. 6. 647   132 paule CKL: o
paule T   133 lasciva CT: lascive KL   et paula Moding
134 expeto CL: expecto KT
    4 Martialis Pulm.: plinius codd.   7 Sulpitiae Toll.: sulpici ve
CLT (-iive L, -tive T): supplici ve K: Sulpitillae Baehrens: Sulpicillae
von Winterfeld   8 in epigrammatis T: inepti grammatis CL: inepti
grammaticis K   9 Ciceronis Peip.: omnibus Z   post extare add.
Tullii L   15–16 Vergilium K: Maronem L: om. CT

αἰσχροσεμνίαν decenter immiscuit. quid? in tertio Georgi-
corum de summissis in gregem maritis nonne obscenam
20 significationem honesta verborum translatione velavit? et
si quid in nostro ioco aliquorum hominum severitas
vestita condemnat, de Vergilio arcessitum sciat. igitur
cui hic ludus noster non placet, ne legerit, aut cum legerit
obliviscatur, aut non oblitus ignoscat. etenim fabula de
25 nuptiis est: et velit nolit aliter haec sacra non constant.

XIX. CVPIDO CRVCIATVS

Ausonius Gregorio Filio sal.

En umquam vidisti tabulam pictam in pariete . . .? vidisti
utique et meministi. Treveris quippe in triclinio Zoili
fucata est pictura haec: Cupidinem cruci affigunt mulieres
amatrices, non istae de nostro saeculo quae sponte
5 peccant, sed illae heroicae quae sibi ignoscunt et plectunt
deum. quarum partem in lugentibus campis Maro noster
enumerat. hanc ego imaginem specie et argumento miratus sum. denique mirandi stuporem transtuli ad ineptiam
poetandi. mihi praeter lemma nihil placet, sed commendo
10 tibi errorem meum; naevos nostros et cicatrices amamus,
nec soli nostro vitio peccasse contenti affectamus ut
amentur. verum quid ego huic eclogae studiose patroci-
nor? certus sum, quodcumque meum scieris, amabis;
quod magis spero quam ut laudes. vale ac dilige parentem.

Aeris in campis, memorat quos Musa Maronis,
myrteus amentes ubi lucus opacat amantes,
orgia ducebant heroides et sua quaeque,
ut quondam occiderant, leti argumenta gerebant,

21 in *T*: *om. CKL*
xix *Z* (= *CKLT*)   1 En umquam *CT*: o numquam *K*: en
numquam *L*   tabulam *Vin.*: nebulam *codd.*   9 praeter *Ug.*:
propter *CKL*: promptus *T*   10 nevos *KLT*: nervos *C*
11 vicio *CKT*: iudicio *L*
1 quos *ed. pr.*: quo *codd.*   maronis *ed. pr.*: Platonis *codd.*

errantes silva in magna et sub luce maligna   5
inter harundineasque comas gravidumque papaver
et tacitos sine labe lacus, sine murmure rivos;
quorum per ripas nebuloso lumine marcent
fleti, olim regum et puerorum nomina, flores,
mirator Narcissus et Oebalides Hyacinthus   10
et Crocus auricomans et murice pictus Adonis
et tragico scriptus gemitu Salaminius Aeas.
omnia quae lacrimis et amoribus anxia maestis
rursus in amissum revocant heroidas aevum.   15
exercent memores obita iam morte dolores: 14
fulmineos Semele decepta puerpera partus
deflet et ambustas lacerans per inania cunas
ventilat ignavum simulati fulguris ignem.
irrita dona querens, sexu gavisa virili,
maeret in antiquam Caenis revocata figuram.   20
vulnera siccat adhuc Procris Cephalique cruentam
diligit et percussa manum. fert fumida testae
lumina Sestiaca praeceps de turre puella,
et de nimboso saltum Leucate minatur

    *   *   *   *   *

Harmoniae cultus Eriphyle maesta recusat,   26
infelix nato nec fortunata marito.
tota quoque aeriae Minoia fabula Cretae
picturarum instar tenui sub imagine vibrat:
Pasiphae nivei sequitur vestigia tauri,   30
licia fert glomerata manu deserta Ariadne,
respicit abiectas desperans Phaedra tabellas.
haec laqueum gerit, haec vanae simulacra coronae;

6 amaricinasque *Heins.*   9 fleti olim *ed. pr.*: fletiolum
(-odum *T*) *codd.*: fleta olim *Baehrens*   15 *ante* 14 *transp. Sch.*
15 antiquum *Gron.*   14 doloris *Gron.*   17 lacerans *Scal.*:
latera *C*: lacera *KLT*   ambustos *Oudin*   cunas CK^{pc} *ut vid.*, *LT*:
curas K^{ac}: crines *Oudin*   post 24 *lac. Ug.*   26 heriphilae *K*:
eriphyles *CL*: heriphilles *T*   29 picturatum *Barth.*   32–3 *om. K*
32 abiectas CL^{ac}: adiectas $L^{pc}T$ 33 coronae *CL*: figurae *T*

Daedaliae pudet hanc latebras subiisse iuvencae.
praereptas queritur per inania gaudia noctes   35
Laodamia duas, vivi functique mariti.
parte truces alia strictis mucronibus omnes
et Thisbe et Canace et Sidonis horret Elissa:
coniugis haec, haec patris et haec gerit hospitis ensem.
errat et ipsa, olim qualis per Latmia saxa   40
Endymioneos solita affectare sopores,
cum face et astrigero diademate Luna bicornis.
centum aliae veterum recolentes vulnera amorum
dulcibus et maestis refovent tormenta querellis.

quas inter medias furvae caliginis umbram   45
dispulit inconsultus Amor stridentibus alis.
agnovere omnes puerum memorique recursu
communem sensere reum, quamquam umida circum
nubila et auratis fulgentia cingula bullis
et pharetram et rutilae fuscarent lampados ignem.   50
agnoscunt tamen et vanum vibrare vigorem
occipiunt hostemque unum loca non sua nactum,
cum pigros ageret densa sub nocte volatus,
facta nube premunt; trepidantem et cassa parantem
suffugia in coetum mediae traxere catervae.   55
eligitur maesto myrtus notissima luco,
invidiosa deum poenis. cruciaverat illic
spreta olim memorem Veneris Proserpina Adonin.
huius in excelso suspensum stipite Amorem
devinctum post terga manus substrictaque plantis   60
vincula maerentem nullo moderamine poenae
afficiunt. reus est sine crimine, iudice nullo
accusatur Amor. se quisque absolvere gestit,
transferat ut proprias aliena in crimina culpas.

39 at *Markland*   41 aspectare *Baehrens*   49 auratis . . . bullis
Scriverius: auratas . . . bullas *codd*.   inauratis *Kenney*   50 fuscarent
ed. pr.: fugarent *codd*.   52 unum] ferum *Kenney dub*.   58 Adonin
ed. pr.: Adoni *Z*   62 affigunt *Barth*.   63 accusatur *Baehrens*:
accusatus *CKL*: accusator *T*   quaeque *Scriverius*

cunctae exprobrantes tolerati insignia leti   65
expediunt: haec arma putant, haec ultio dulcis
ut quo quaeque perit studeat punirc doloro.
haec laqueum tenet, haec speciem mucronis inanem
ingerit, illa cavos amnes rupemque fragosam
insanique metum pelagi et sine fluctibus aequor.   70
nonnullae flammas quatiunt trepidaeque minantur
stridentes nullo igne faces. rescindit adultum
Myrrha uterum lacrimis lucentibus inque paventem
gemmea fletiferi iaculatur sucina trunci.
quaedam ignoscentum specie ludibria tantum   75
sola volunt, stilus ut tenuis sub acumine puncti
eliciat tenerum, de quo rosa nata, cruorem
aut pubi admoveant petulantia lumina lychni.
ipsa etiam simili genetrix obnoxia culpae
alma Venus tantos penetrat secura tumultus.   80
nec circumvento properans suffragia nato
terrorem ingeminat stimulisque accendit amaris
ancipites furias natique in crimina confert
dedecus ipsa suum, quod vincula caeca mariti
deprenso Mavorte tulit, quod pube pudenda   85
Hellespontiaci ridetur forma Priapi,
quod crudelis Eryx, quod semivir Hermaphroditus.
nec satis in verbis: roseo Venus aurea serto
maerentem pulsat puerum et graviora paventem.
olli purpureum mulcato corpore rorem   90
sutilis expressit crebro rosa verbere, quae iam
tincta prius traxit rutilum magis ignea fucum.
inde truces cecidere minae vindictaque maior
crimine visa suo, Venerem factura nocentem.
ipsae intercedunt heroides et sua quaeque   95

67 dolore *Barth.*: dolorem *codd.*   71 trepidaeque *KT*: trepido-
que *CL*   73 lucentibus *Acc.*: lugentibus *codd.*   paventem *CK*:
parentem *L*: pavorem *T*[pc]   74 fletiferi *CL*: flectiferi *KT*
76 sola *susp. habet Green*

funera crudeli malunt ascribere fato.
tum grates pia mater agit cessisse dolentes
et condonatas puero dimittere culpas.
  talia nocturnis olim simulacra figuris
exercent trepidam casso terrore quietem.   100
quae postquam multa perpessus nocte Cupido
effugit, pulsa tandem caligine somni
evolat ad superos portaque evadit eburna.

XX. PRECATIONES VARIAE

I

Phoebe potens numeris, praeses Tritonia bellis,
tu quoque ab aerio praepes Victoria lapsu,
come serenatam duplici diademate frontem
serta ferens quae dona togae, quae praemia pugnae.
bellandi fandique potens Augustus honorem   5
bis meret, ut geminet titulos qui proelia Musis
temperat et Geticum moderatur Apolline Martem.
arma inter Chunosque truces furtoque nocentes
Sauromatas, quantum cessat de tempore belli,
indulget Clariis tantum inter castra Camenis.   10
vix posuit volucres, stridentia tela, sagittas,
Musarum ad calamos fertur manus, otia nescit
et commutata meditatur harundine carmen,
sed carmen non molle modis: bella horrida Martis
Odrysii Thressaeque viraginis arma retractat.   15
exulta, Aeacide, celebraris vate superbo
rursum Romanusque tibi contingit Homerus.

99 olli *Sch*.   102 pulsa *C*: pulsi *KLT*
xx 1 *Z* (= *CKM*)   2 praepes *CM*: praeceps *K*   10 indulget *C*: indulge *KM*   Clariis *Scal.*: datiis *CM*: daniis *K*^ac?: latiis
K^pc   15 thresseque *M*: thesaeque (-ss- *K*) *CK*

2. Precatio consulis designati

Iane veni, novus anne, veni, renovate veni Sol,
consulis Ausonii Latiam visure curulem.
ecquid ab Augusta nunc maiestate secundum
quod mireris habes? Roma illa domusque Quirini
et toga purpurei rutilans praetexta senati   5
hoc capite aeternis signat sua tempora fastis.

⟨Iane veni, novus anne, veni, renovate veni Sol.⟩   6a
anne, bonis coepte auspiciis, da vere salubri
apricas ventorum animas, da roscida Cancro
solstitia et gelidum Borean Septembribus horis.
mordeat autumna frigus subtile pruina   10
et tenuata modis cesset mediocribus aestas.

⟨Iane veni, novus anne, veni, renovate veni Sol.⟩ 11a
sementem notus umificet, sit bruma nivalis,
dum pater antiqui renovatur Martius anni.
spiret odorato florum nova gratia Maio,
Iulius et segetes coquat et mare temperet euris,   15
Sirius ardentem non augeat igne Leonem;
discolor arboreos variet Pomona sapores,
mitiget autumnus, quod maturaverit aestas,
et genialis hiems parta sibi dote fruatur.

⟨Iane veni, novus anne, veni, renovate veni Sol.⟩ 19a
pacem mundus agat nec turbida sidera regnent: 20
nulla tuos, Gradive, offendat stella penates
quae non aequa tibi, non Cynthia, non celer Arcas
finitimus terris, non tu, Saturne, supremo
ultime circuitu; procul a Pyroente remotus

---

2 *V*   *post* 1 *lac. Peip.*   3 ecquid *Scal.*: et quid *V*   6 apice
Heins.   6a, 11a, 19a *add. Brandes*   9 egelidum *Toll.*
10 autumna . . . pruina *Heins.*: autumnas . . . pruinas *V*: autumnis . . .
pruinis *Peip.*: autumnum . . . pruina *Green dub.*   11 attenuata
Heins.   moris *Wakefield*   22 Arcas *Gron.*: arc^us *V*
23 non tu *Lugd.*: notu *V*

tranquillum properabis iter. vos comminus ite,   25
stella salutigeri Iovis et Cythereie Vesper;
nonnumquam hospitibus facilis Cyllenius adsit.
  Iane veni, novus anne, veni, renovate veni Sol.
hostibus edomitis, qua Francia mixta Suebis
certat ad obsequium Latiis ut militet armis,   30
qua vaga Sauromates sibi iunxerat agmina Chuni,
quaque Getes sociis Histrum assultabat Alanis
(hoc mihi praepetibus Victoria nuntiat alis),
iam venit Augustus, nostros ut comat honores,
officio exornans quos participare cupisset.   35
  Iane veni, novus anne, veni, renovate veni Sol.
aurea venturo, Sol, porrige gaudia Iano:
fascibus Ausonii succedet Caesar in annum,
quintam Romulei praetextam habiturus honoris.
ecce ubi se cumulat mea purpura (mitibus audi   40
auribus hoc, Nemesis) post me dignatur oriri
Augustus consul; plus quam conferre videtur
me sibi, qui iussit nostros praecedere fasces.
  Iane veni, novus anne veni, renovate veni Sol,
coge secuturos bis sena per ostia menses.   45
tu tropicum solido da cedere, rursus et illum
terga dare, ut duplex tropico varietur ab astro
et quater a ternis properet mutatio signis.
aestivos impelle dies brumamque morantem
noctibus acceleret promissus Caesaris annus.   50
illum ego si cernam, tum terque quaterque beatus,
tunc ero bis consul, tunc tangam vertice caelum.

---

27 nonnumquam V^{ac}: non umquam V^{pc} absit *Peip.*
31 Sauromatae *Toll.*   sua *Sch. dub.*   Chuni *Vin.*: c^{u}nis V: Chunis
Sch. dub.: Chunus *Toll.*   32 Getes *Vin.*: getis V 46 tu
Lugd.: ut V rursus *Scal.*: ruris V 47 tropicus *Scal.*
48 a *Scal.*: hac V^{ac}: ac V^{pc} mutatio *Scal.*: mutua V^{ac}: mutatia V^{pc}

3. *Precatio kal. ianuariis*

Anne, bonis coepte auspiciis, felicia cernis
consulis Ausonii primordia; prome coruscum,
Sol aeterne, caput solitoque illustrior almo
lumine purpureum iubar exsere lucis eoae.
Anne, pater rerum quas Iani mense bifrontis   5
volvis in hibernum glaciali fine Decembrem,
Anne, veni et festum veteri novus adice Ianum.
sollemnes pervade vias bissenaque mundo
curricula aequatis varians per tempora signis
praecipitem aeterna perfer vertigine cursum,   10
sic prono raptate polo, contraria Phoebus
ut momenta ferat servata parte dierum
et novus hiberno reparet sua lumina pulsu.
menstrua terdecies redeunt dum cornua lunae,
exortus obitusque manu volvente rotabis,   15
legitimum Phoebi cohibens per signa meatum.

XXI. GRATIARVM ACTIO

I. Ago tibi gratias, imperator Auguste; si possem, etiam
referrem. sed neque tua fortuna desiderat remunerandi
vicem neque nostra suggerit restituendi facultatem.
privatorum ista copia est inter se esse munificos: tua
5 beneficia ut maiestate praecellunt, ita mutuum non
reposcunt. quod solum igitur nostrae opis est, gratias   2
ago; verum ita ut apud deum fieri amat, sentiendo
copiosius quam loquendo. atque non in sacrario modo
imperialis oraculi, qui locus horrore tranquillo et pavore
10 venerabili raro eundem animum praestat et vultum, sed

---

3 *V*   1 auspiciis *Lugd.*: aᵘspeciis *V*   5 alme *Green*
dub.   6 Decembrem *Lugd.*: december *V*   7 alme *Peip.*
12 ut *Scal.*: et *V*: nec *Heins.*   16 meatum *Lugd.*: meatu *V*
XXI *Z* (= *CKMT*)   7–162.1 verum ita ... gratias ago *om. C*

usquequaque gratias ago, tum tacitus, tum loquens, tum
in coetu hominum, tum ipse mecum, et cum voce patui et
cum meditatione secessi, omni loco actu habitu et
tempore. nec mirum, si ego terminum non statuo tam
grata profitendi, cum tu finem facere nescias honorandi. 5
3 quis enim locus est aut dies qui non me huius aut similis
gratulationis admoneat? admoneat autem? o inertiam
significationis ignavae! quis, inquam, locus est qui non
beneficiis tuis agitet inflammet? nullus, inquam, imperator Auguste, quin admirandam speciem tuae venerationis 10
incutiat: non palatium, quod tu cum terribile acceperis
amabile praestitisti; non forum et basilicae, olim negotiis
plena, nunc votis (votis pro tua salute susceptis—nam de
sua cui non te imperante securitas?); non curia honorificis
modo laeta decretis, olim sollicitis maesta querimoniis; 15
non publicum, in quo occursus gaudentium plurimorum
neminem patitur solum gratulari; non domus commune
4 secretum. lectus ipse, ad quietem datus, beneficiorum
tuorum reputatione tranquillior. somnus, abolitor
omnium, imagines tuas affert. ista autem sedes honoris, 20
sella curulis, gloriosa pompis imperialis officii, in cuius
me fastigio ex qua mediocritate posuisti, quotiens a me
cogitatur, vincor magnitudine et redigor ad silentium, non
5 ingratus beneficiis sed oppressus. ades enim locis
omnibus, nec iam miramur licentiam poetarum qui 25
omnia deo plena dixerunt. spem superas, cupienda
praevenis, vota praecurris; quaeque animi nostri celeritas
divinum instar affectat beneficiis praeeuntibus antecedi-
tur. praestare tibi est quam nobis optare velocius.

1 tacitus *CKM*: tacens *T*   7 inertiam *CKM*: inertia *T*
9 agitet *KMT*: agitet et *C*   13 votis votis *CKM*: votis *T*: otiis
votisque *Haupt*   20 offert *Toll.* ipsa *Acc.*   23 vincor rei
vel fortunae magnitudine *Heins.*: vincor magnitudine rei *Prete*
24 ingravatus *Dezeimeris*: oneratus *Sch.*: ligatus *Prete* *post* sed *add.*
ingravatus, non oneratus sed *Green dub.*   27 vota *C*pc: nota
*C*ac*KMT*   28 divini *Haupt*: divum *Avant.*

II. Ago igitur gratias, optime imperator; ac si quis hunc 6
sermonem meum isdem verbis tam saepe repetitum
inopiae loquentis assignat, experiatur hoc idem prosequi,
et nihil poterit proferre facundius. aguntur enim gratiae 7
5 non propter maiestatis ambitum neque sine argumentis
imperatori fortissimo—testis est uno pacatus anno et
Danuvii limes et Rheni; liberalissimo—ostentat hoc
dives exercitus; indulgentissimo—docet securitas erroris
humani; consultissimo—probat hoc tali participe oriens
10 ordinatus; piissimo—huius vero laudis locupletissimum
testimonium est pater divinis honoribus consecratus,
instar filii ad imperium frater ascitus, a contumelia belli
patruus vindicatus, ad praefecturae collegium filius cum
patre coniunctus, ad consulatum praeceptor electus.
15 possum ire per omnes appellationes tuas, quas olim 8
virtus dedit, quas proxime fortuna concessit, quas adhuc
indulgentia divina meditatur, vocare Germanicum ded- 9
itione gentilium, Alamannicum traductione captorum,
vincendo et ignoscendo Sarmaticum, conectere omnia
20 merita virtutis et cognomina felicitatis—sed alia est ista
materia et suo parata secreto, cum placuerit signanter et
breviter omnia quae novimus indicare neque persequi, ut
qui terrarum orbem unius tabulae ambitu circumscribunt
aliquanto detrimento magnitudinis, nullo dispendio
25 veritatis. nunc autem, quod diei huius proprium, de 10
consulatu gratias agam. sed procurrunt et aliae dignitates
atque in vocem gratulationis erumpunt ac se prius debere
profitentur: tot gradus nomine comitis propter tua 11
incrementa congesti, ex tuo merito te ac patre principibus
quaestura communis, et tui tantum praefectura beneficii,

---

1 ac *CMT*: at *K*   2 meum *KMT*: nostrum *C*   3 persequi
Toll.   6 anno *CKM*: in anno *T*   9 participe *C*: perticipe
KM: principe *T*   14 evectus *Acid.*   15 possem *Acid.*
17 vocare *Sch.*: voco *C*: vota *K*: voca *MT*: vocarem *Acid.*
18 traductione *CT*: traditione *KM*   19 conectere *Sch.*: connec-
terem *CMT*: comederem *K*

quae et ipsa non vult vice simplici gratulari, liberalius divisa quam iuncta, cum teneamus duo integrum, neuter desideret separatum.

12 **III.** Sed illa, ut paulo ante promisi, habebunt sui muneris peculiare secretum. consulatus hic meus orat 5 atque obsecrat ut obnoxiam tibi uni sinas fieri eius dignitatem quem omnibus praetulisti. quot quidem et

13 ipse sibi invenit gradus! cum clarissimo viro collega meo honore coniunctus, nuncupatione praelatus, consul ego, imperator Auguste, munere tuo non passus saepta neque 10 campum, non suffragia, non puncta, non loculos, qui non pressaverim manus nec salutantium confusus occursu aut sua amicis nomina non reddiderim, aut aliena imposuerim, qui tribus non circumivi, centurias non adulavi, vocatis classibus non intremui, nihil cum sequestre 15 deposui, cum diribitore nil pepigi. Romanus populus, Martius campus, equester ordo, rostra, ovilia, senatus,

14 curia—unus mihi omnia Gratianus. iure meo, Auguste maxime, affirmare possum incolumi omnium gratia qui ad hunc honorem diversa umquam virtute venerunt venturi- 20 que sunt (suus enim cuique animus, suum meritum sibique mens conscia est), iure, inquam, meo affirmare

15 possum me mihi videri a ceteris esse secretum. sunt quos votorum cruciat inanitas: non optavi; quos exercet ambitus: non petivi; qui assiduitate exprimunt: non 25 coegi; qui offeruntur occasione: non affui; quos iuvat opulentia: obstat temporum disciplina; non emi, nec possum continentiam iactare: non habui. unum praestare temptavi, et hoc ipsum quasi meum vindicare non possum: in tua enim positum est opinione, si merui. 30

---

3 desideret *CM*: desiderat *KT*   4–5 sui muneris *om.* *T*
7 quot *Toll.*: quod *codd.*   8 invenit] iunxit *Haupt*   12 praes-
saverim (press- *T*) *C*^ac*KMT*: prensaverim *C*^pc   16 disposui
Sch.   diribitore *Lugd.*: distributore *codd.*   21 enim *om.*
CK   24 cruciat *CKT*: excruciat *M*   26 offeruntur *CKM*:
afferuntur *T*   29 vendicare *CM*: iudicare *KT*

IV. Fecisti autem et facies alios quoque consules, 16
piissime Gratiane, sed non et causa pari: viros gloriae
militaris—habent enim tecum ut semper laboris ita
dignitatis plerumque consortium, virtutis quam honoris
5 antiquiore collegio; viros nobilitatis antiquae—dantur
enim multa nominibus et est stemma pro merito; viros
fide inclitos et officiis probatos—quorum me etiamsi non
secerno numero, tamen, quod ad honoris viam pertinet,
ratione dispertio. quartum hunc gradum novi beneficii tu, 17
10 Auguste, constituis: deferre tibi ipsi quo alter ornetur,
bona animi tui ad alienam referre praestantiam, erudicio-
nemque naturae quam deo et patri et tibi debes ad alterius
efficaciam gratius retorquere quam verius. tua haec verba
sunt a te mihi scripta: solvere te quod debeas, et adhuc
15 debere quod solveris. o mentis aureae dictum bratteatum! 18
o de pectore candidissimo lactei sermonis alimoniam!
quisquamne tam parcus est in ostentatione beneficii?
quisquam pondus gratiae suae vim meriti profitetur
alieni? quisquam denique quod indulget, quasi ab obnoxio
20 deferatur, pretium mavult vocare quam donum? certent 19
huic sententiae veteres illi et Homerici oratores, subtilis
deducta oratione Menelaus et instar profundae grandinis
ductor Ithacensius et melleo delibutus eloquio iam tertiae
Nestor aetatis: sed neque ille concinnius eloquetur, qui se
25 Laconica brevitate collegit, nec ille contortius, qui cum
sensibus verba glomeravit, nec iste dulcius, cuius lenis
oratio mulcendo potius quam extorquendo persuasit.
solvere te dicis quod debeas, et debiturum esse cum
solveris. Auguste iuvenis, caeli tibi et humani ⟨generis⟩ 20

---

1 alios quoque *CT*: alios complures quoque *K*: quoque alios *M*
6 enim *om. T*   stemma *Heins.*: Roma *codd.*: trabea *Unger*:
fama *Peip.*   9 quartum *CKM*: quantum *T*   tui *Toll.*
10 deferre *KMT*: detrahere *C in ras.*: auferre *Graev.*: differre *Mommsen*   13 efficaciam gratius *KMT*: gratiam rectius *C*
14 debeas *KMT*: debebas *C*   26 iste] ille *Sch. dub.*
28 debeas *C^{ac}KT*: debebas *C^{pc}M*   29 generis *add. ed. pr.*

rector hoc tribuat, ut praelatus antiquis, quos etiam
elegantia sententiae istius antecessisti, vincas propria
singulorum: in Menelao regiam dignationem, in Vlixe
prudentiam, in Nestore senectutem.

21   V. Subiciet aliquis: 'ista equidem adeptus es, sed effare 5
quo merito'. quid me oneras, sciscitator? rationem
felicitatis nemo reddit. deus et qui deo proximus tacito
munera dispertit arbitrio et beneficiorum suorum indig-
natus per homines stare iudicium, mavult de subditis
22 dedisse miraculum. 'quo', inquis, 'merito?' ego nullum 10
scio, nisi quod tu, piissime imperator, debere te dicis, et
hoc debere latissime pertinet, sive hoc eruditionis tuae
faenus existimas, sive sine faenore gloriam liberalitatis
affectas, sive te pondere conceptae sponsionis exoneras,
seu fideicommissum patris exsolvis, seu magnanimitate 15
caelesti, ostentatione suppressa, dei munus imitaris.
23 debere te dicis. cui? quando? quo nomine? lege syngra-
pham, nomina creditorem, accepti et expensi tabulae
24 conferantur. videbis alio summae istius transire rationem:
tibi coepit deus debere pro nobis. quid autem mihi debes, 20
gratissime imperator (patitur enim humanitas tua ut
praeter regias virtutes privata appellatione laudaris)?
quid tu mihi debes? et contra quid non ego tibi debeo?
anne quod docui? hoc ego possum verius retorquere,
dignum me habitum qui docerem, tot facundia doctrina- 25
que praestantes inclinata in me dignatione praeteritos, ut
esset quem tu matura iam aetate succinctum per omnes
honorum gradus festinata bonitate proveheres; timere ut
viderieris ne in me vita deficeret, dum tibi adhuc aliquid
quod deberes praestare superesset. 30

1–2 etiam *post* vincas *transp. Acid.*   2 istius *om.* T
5 equidem *CKM*: quidem *T*   6 sciscitator *M*: sciss- *C*: sisci- *K*:
scisi- *T*   17 cui? quando? quo nomine? *CKM*: cui quomodo
quando est *T*   18 creditorum *Heins.*   21 enim *om.*
KT   23 quid[1] *CMT*: quod *K*   quid[2] (quod *M*) non ego tibi
debeo *CMT*: quid ego non debeo tibi *K*   ego *om.* T

VI. Negat Cicero consularis ultra se habere quod 25
cupiat. ego autem iam consul et senex adhuc aviditatem
meam fatebor: tc videre saepius in hoc magistratu,
Gratiane, desidero, ut et sex Val. Corvini et septem
5 C. Marii et cognominis tui Augusti tredecim consulatus
unus aequiperes. plures tibi potest aetas tua et fortuna 26
praestare, verum ego in numero parcior, quia tu in
munere liberalior; ipsum enim te saepius hoc honore
defraudas, ut et aliis largiaris. scis enim, imperator 27
10 doctissime (rursum enim utar laude privata), scis,
inquam, septem ac decem Domitiani consulatus, quos
ille invidia alteros provehendi continuando conseruit, ita
in eius aviditate derisos ut haec eum pagina fastorum
suorum, immo fastidiorum, fecerit insolentem nec
15 potuerit praestare felicem. quod si principi honoris 28
istius temperata et quae vocatur aurea debet esse
mediocritas, quid privati status hominibus, quid aequa-
nimis, quid iam senibus erga se oportet esse moderaminis?
ego quidem, quod ad honores meos pertinet, et vota 29
20 saturavi; tu tamen, imperator optime, tu piissime, tu
quem non fatigat liberalitas nisi quando cessavit, tu,
inquam, indulgentissime Gratiane, ut ad benefaciendum
subito es necopinus ingenio, adhuc aliquid quod hoc
nomine mihi praestetur invenies. invenies? sic intellexere
25 omnes, sic nobis ordinem ipse fecisti, sic amicus deo es, ut
a te iam impetratum sit quod optatur, a quo et quod
nondum optamus adipiscimur.

VII. Et rursum aliquis adiciet aut sermone libere aut 30
cogitatione liberius: 'nonne olim et apud veteres multi

---

4 val. Corvini *CKT*: corvini val. *M*   5 augusti *MT*: auguste *C*:
aug *K*   6 tibi potest *CMT*: potest tibi *K*   tua et fortuna *KMT*:
et fortuna tua *C*   11 ac *CKT*: atque *M*   12 alteros *CKM*:
alios *T*   13 haec *T*: hoc *KM*: ᵒᵇ hoc *C*   17 quid¹ *CᵖᶜK*: qui
CᵃᶜMT   18 iam *CKM*: etiam *T*   24 invenies. invenies]
invenis *Toll.*: invenies *Sch.*   28 et] at *vel* sed *Acid.*: en *Sebis.*
obiciet *Acid. dub.*

eiusdem modi doctores fuerunt? an tu solus praeceptor
Augusti?' immo ego cum multis coniunctus officio, sed
31 cum paucissimis secretus exemplo. nolo Constantini
temporum taxare collegas: Caesares docebantur. superiora contingam. dives Seneca, nec tamen consul, arguetur 5
rectius quam praedicabitur non erudisse indolem Ner-
onis, sed armasse saevitiam. Quintilianus consularia per
Clementem ornamenta sortitus honestamenta nominis
potius videtur quam insignia potestatis habuisse. †quo-
modo† Titianus magister, sed gloriosus ille municipalem 10
scholam apud Visontionem Lugdunumque variando non
32 aetate equidem sed vilitate consenuit. unica mihi [et]
amplectenda est Frontonis imitatio, quem tamen Augusti
magistrum sic consulatus ornavit ut praefectura non
cingeret. sed consulatus ille cuius modi? ordinario 15
suffectus, bimenstri spatio interpositus, in sexta anni
parte consumptus, quaerendum ut reliquerit tantus
33 orator quibus consulibus gesserit consulatum. ecce aliud
quod aliquis opponat: 'in tanti ergo te oratoris fastigium
gloriosus attollis?' cui talia requirenti respondebo brevi- 20
ter: non ego me contendo Frontoni, sed Antonino
praefero Gratianum.
34   . . . Celebrant equidem sollemnes istos dies omnes
ubique urbes quae sub legibus agunt, et Roma de more et
Constantinopolis de imitatione ⟨et⟩ Antiochia pro luxu et 25
Carthago discincta et donum fluminis Alexandria, sed
Treveri principis beneficio et mox cum ipso auctore
35 beneficii. loca inter se distant, vota consentiunt. unus in
ore omnium Gratianus, potestate imperator, virtute

---

4 taxare *ed. pr.*: taxabe *codd.*   9–10 Commodo *Acid. dub.*:
quomodo et *Toll. dub.*   12 et *om. ed. Par. 1513*   13 amplectenda *CMT*: complectenda *K*   21 Frontoni *M*: frontonis
CKT   23 *ante* celebrant *lac. Green*   celebrant equidem *Sch.*:
celebrante quidem *codd.*   25 et *ante* Antiochia *add. Toll.*
26 discincta *ed. Ven. 1496*: distincta *codd.*

victor, Augustus sanctitate, pontifex religione, indulgentia pater, aetate filius, pietate utrumque.

VIII. Non possum fidci causa ostendere imagines 36
maiorum meorum, ut ait apud Sallustium Marius, nec
5 deductum ab heroibus genus vel deorum stemma
replicare, nec ignotas opes et patrimonia sparsa sub
regnis, sed ea quae nota sunt dicere potius quam
praedicare: patriam non obscuram, familiam non paeni-
tendam, domum innocentem, innocentiam non coactam,
10 angustas opes, verumtamen libris et litteris dilatatas,
frugalitatem sine sordibus, ingenium liberale, animum
non illiberalem, victum vestitum supellectilem munda,
non splendida; veteribus ut illis consulibus (excepta quae
tum †erat† bellicarum collatione virtutum) si quis me
15 conferre dignetur, seponat opulentiam non derogaturus
industriam. Verum quoniam gratiis agendis iamdudum 37
succumbo materiae, tu orationi meae, Gratiane, succede.

tu, Gratiane, qui hoc nomen sic per fortunam adeptus es 38
ut nemo verius ambitione quaesierit—neque enim iustius
20 Metellus cognomento Pius patre revocato, qui esset
impius exulante, aut verius Sulla Felix, qui felicior
antequam vocaretur, quam tu, Gratianus, cui et hoc
nomen est et illa Metelli Sullaeque cognomina—tu, 39
inquam, Gratiane, qui hoc non singulis factis, sed
25 perpetua grate agendi benignitate meruisti, cui nisi ab
avo deductum esset ab omnibus adderetur, tu ipse tibi,
inquam, pro me gratiam refer, tu tuaeque virtutes:
bonitas, qua in omnes prolixus es, perpetuus in me;
pietas, qua orbem tuum temperas, quam in ulciscendo
30 patruo probas, tuendo in fratre cumulas, ornando in

1 indulgentia pater *CMT*: pater indulgentia *K* 5 vel *Peip.*: ad
codd.: vel adeo *Sch.*: aut *Brandes* 14 erant *ed. Ald. 1517*
bellicarum *M*: belcarum *KT*: balcarum *C* 25 nisi *CMT*: nisi nihil
K 26 omnibus *CKT*: hominibus *M* 27 refer *CMT*: refers
K

40 praeceptore multiplicas. agat gratias clementia, quam
humano generi impertis, liberalitas qua ditas omnes,
fortitudo, qua vincis, et mens ista aurea, quam de
communi deo plus quam unus hausisti. agant et pro me
gratias voces omnium Galliarum, quarum praefecto hanc 5
honorificentiam detulisti. ultra progredior, et hoc quia
debere te dicis: agat, quae optime agere potest, vox ista
quam docui.

41   **IX.** Iamdudum autem quam grati animi, tam sermonis
exigui, ut supra dictum est, succumbo materiae, neque 10
adhuc illa perstrinxi quae ne infantissimus quidem, nisi
idem impiissimus, eminentia per famam et omnium
gaudiis testata supprimeret. quae supra vires dicendi
meas posita cunctor attingere, aut ingrati crimine
arguendus aut temerarii professione culpandus; tamen 15
alterum cum subeundum sit audaciam quam malevolen-
42 tiam malo reprehendi. tu, Auguste venerabilis, districtus
maximo bello, assultantibus tot milibus barbarorum
quibus Danuvii ora praetexitur, comitia consulatus mei
armatus exerces. tributa ista, quod in urbe Sirmio 20
geruntur, an, [ut] quod in procinctu, centuriata dicentur?
an ut quondam pontificalia vocabuntur, sine arbitrio
multitudinis sacerdotum tractata collegio? sic potius, sic
vocentur quae tu pontifex maximus deo participatus
43 habuisti. non est ingenii mei, piissime imperator, talia 25
comminisci. verba sunt litterarum tuarum, quibus apud
me auctoritatem summi numinis et tuae voluntatis
amplificas. sic enim loqueris: 'cum de consulibus in
annum creandis solus mecum volutarem, ut me nosti

4 ullus *ed. Par. 1513*   10 succumbo materiae *CMT*: secundo
me *K*   17 districtus *Ug.*: destrictus (detr- *KM*) *codd.*
19 quibus *CKM*: quot *T*   21 an quod *Acid.*: an ut quod *CT*: aut ut
quod *K*: an ut quam *M*: aut quod *Prete*   procinctu *M*: praecinctu
CKT   24 vocentur *T*: vocetur *CKM*   26 quibus *CKM*:
qui *T*   27 *post* et *add.* vim *Toll.*   29 ut promisisse me *C*

atque ut facere debui et velle te scivi, consilium meum ad
deum rettuli. eius auctoritati obsecutus te consulem
designavi et declaravi et priorem nuncupavi.' cuius
orationis ordo lucidior? quae doctrina tam diligens **44**
5 propriis comitiorum verbis loqui nec vocabulis moris
antiqui nomina peregrina miscere? valete modo classes
populi et urbanarum tribuum praerogativae et centuriae
iure revocatae. quae comitia pleniora umquam fuerunt
quam quibus praestitit deus consilium, imperator obse-
10 quium?

X. Et nunc ego, piissime imperator, ne fastidium **45**
auditorii sacri dictorum tuorum timidus interpres offen-
dam, divinitatis tuae proprio cum piaculo verba trans-
curro. 'cum de consilibus', inquis, 'in annum creandis': **46**
15 erudita vox et cura sollemnis! '⟨solus⟩ mecum volutarem:'
o profundi altitudo secreti! habes ergo consiliatorem et
non metuis proditorem. 'ut me nosti': quid familiarius?
'ut facere debui': quid constantius? 'ut velle te scivi': quid **47**
dici blandius potest? 'consilium meum ad deum rettuli': et
20 quemadmodum solus, cui praesto est tam grande consilium? an plenius cum senatu, cum equestri ordine, cum
plebe Romana, cum exercitu tuo et provinciis omnibus
deliberasses? 'consilium meum ad deum rettuli': non ut, **48**
credo, novum sumeres, sed ut sanctius fieret quod
25 volebas. 'eius auctoritati obsecutus': scilicet ut in con-
secrando patre, in ulciscendo patruo, in cooptando fratre
fecisti. 'te consulem designavi et declaravi et priorem
nuncupavi.' quis haec verba te docuit? ego tam propria et **49**

---

1 atque *del. Toll.* et *KMT*: ut *C*   8 iure revocatae] iure
vocatae *Pulm.*: primo vocatae *Green dub.*   11 fastigium
Avant.   13 proprio *Green*: prolem *CT*: proprie *K*: prope *M*: pro!
levi *Peip.*   15 solus *add. Avant.*   16 secreti *CKM*:
consilii *T*   17–18 ut me nosti quid familiarius, ut facere debui,
quid constantius, ut velle te scivi *KMT*: ut [promisisse] me nosti, ut facere
debui, ut velle te scivi, quid familiarius, quid constantius *C*
19 consilium *M*: concilium *CKT*

tam Latina nescivi. 'designavi et declaravi et nuncupavi.'
non fit hoc temere; habet moras suas dispertitis gradibus
50 tam matura cunctatio. has ego litteras tuas si in omnibus
pilis atque porticibus, unde de plano legi possint, instar
edicti pendere mandavero, nonne tot statuis honorabor, 5
quot fuerint paginae libellorum?
51 **XI.** Sed ad blandiora festino. ab hac enim litterarum ad
me datarum parte digressus eo quoque descendisti, ut
quaereres qualis ad me trabea mitteretur. omne largitionum tuarum ministerium sollicitudine fatigasti. non ergo 10
supra consulatum mihi est adhibita per te cura tam
52 diligens, pro me cura tam felix? in Illyrico arma
quatiuntur: tu mea causa per Gallias civilium decorum
indumenta dispensas, loricatus de toga mea tractas, in
procinctu et cum maxime dimicaturus palmatae vestis 15
meae ornamenta disponis, feliciter et bono omine:
namque iste habitus, ut in pace consulis est, sic in victoria
triumphantis. parum est si qualis ad me trabea mittatur
53 interroges; te coram promi iubes. nec satis habes ut
largitionum ministri ex more fungantur: eligis ipse de 20
multis et cum elegeris munera tua verborum honore
prosequeris. 'palmatam', inquis, 'tibi misi, in qua divus
Constantius parens noster intextus est.' me beatum, cuius
insignibus talis cura praestatur! haec plane, haec est picta,
54 ut dicitur, vestis non magis auro suo quam tuis verbis. sed 25
multo plura sunt in eius ornatu, quae per te instructus
intellego. geminum quippe in uno habitu radiat nomen
Augusti: Constantius in argumento vestis intexitur,
Gratianus in muneris honore sentitur.
55 **XII.** Accessit tam impenso beneficio tuo pondus 30
quorundam sciscitatione cumulatum. interrogatus quem
priorem decerneres consulem nec dubitandum esse dixisti

15 vestis *susp. habet Acid.*   23 constantius *KT*: constantinus
CM   26 instructus *KMT*: instructius *C*   28 Constantius
KMT: constantinus *C*

tu, et qui tecum boni sunt dubitare non poterant. sed
tamen ad hoc dictum erexerant animos, qui libenter
clarissimum virum collegam meum, quem praesentem
habebat occasio, praelatum credidissent. fatigantes tamen
5 quod intellexerant requirebant. hic tu, sicut mihi 56
renuntiatum est, noto illo pudore tuo paulisper haesisti,
non rationis ambiguus sed eorum dubitationem vultu et
rubore condemnans, qui studium suum interpretationis
errore palpabant. deinde ilico subdidisti: 'quid de duobus
10 consulibus designatis quaeritis quis ordo sit nuncupationis? anne alius quam quem praefectura constituit?' o 57
felicem verecundiam tuam, cui ista popularis ratio tam
prudenter occurrit! scisti aliud, Gratiane, quod diceres:
sed propter quorundam verecundiam dicere noluisti.
15 scopulosus hic mihi locus est et propter eam quam
numquam appetivi gloriam recusandus. cum prior
renuntiatus sim, satis est tuum tenere iudicium: interpretes valete meritorum. neque autem ego, sacratissime 58
imperator, in tenui beneficio gradum nuncupationis
20 amplector. non est haec gloria ignota Ciceroni: 'praetorem
me', inquit, 'populus Romanus primum fecit, consulem
priorem.' ex ipsa eius sententia intellegitur commend-
abilius ei videri ⟨uni⟩ quam pluribus esse praepositum.
nulla est equidem contumelia secundi, sed in duobus
25 gloria magna praelati.

XIII. Alexandri Macedonis hoc fertur, cum legisset 59
illos Homericos versus quibus Hectore provocante de
novem ducibus qui omnes pugnare cupiebant unum deligi
placeret sortis eventu, trepida ubi contentione votorum

---

11 alius *M*: alium *CKT*   13 prudenter *CM*: erudentem *K*:
pudent *T*   14–15 dicere . . . locus est *ante* occurrit *K*   23 ei
videri uni *ed. Mil. 1490*: ei videri *codd.*: uni videri *Peip.*   24 est
equidem *CM*: enim est equidem *T*: equidem est *K*   27 homericos
versus *CM*: versus homericos *KT*   29 contentione *T*: conceptione
CKM

Iovem optimum maximum totus precatur exercitus ut
Aiacem vel Tydei filium aut ipsum regem ditium
Mycenarum sortiri patiatur Agamemnonem: 'occiderem',
60 inquit, 'illum, qui me tertium nominasset.' o magnanimi-
tatem fortissimi viri! nominari inter novem tertius 5
recusabat, ubi certe pluribus antecelleret quam subesset.
quanta hic verecundia gravaretur posterior de duobus? est
enim in hoc numero arduae plena dignationis electio. cum
universis mortalibus duo qui fiant consules praeferuntur,
qui alteri praeponitur non uni sed omnibus antefertur. 10
61 Exspectare nunc aures praesentium scio et eminere in
omnium vultu intellego, quod desiderio concipiatur
animorum. existimant enim, cum ea quae ad grates
agendas pertinebant summatim et tenuiore filo, sicut
dicitur, deducta libaverim, aliqua me etiam de maiestatis 15
62 tuae laudibus debere perstringere. quamquam me istam
dixerim seposuisse materiam et in tempus aliud reservare,
nihilominus tamen, ut nunc aliqua contingam, nutu et
prope murmure cohortantur. itaque faciam, quando
cogunt volentem, sed maioribus separatis tenuiora 20
memorabo, nulla spe ad plenum exsequendi, sed universi
ut intellegant eorum quae in te praedicanda sunt a me
poscendam esse notitiam, ab aliis dignitatem. nec
excellentia, sed cotidiana tractabo.

63 **XIV.** Nullum tu umquam diem ab adulescentia tua nisi 25
adorato dei numine et reus voti et ilico absolutus egisti,
lautis manibus, mente pura, immaculabili conscientia et,
64 quod in paucis est, cogitatione sincera. cuius autem
umquam egressus auspicatior fuit aut incessus modestior
aut habitudo cohibitior aut familiaris habitus condecentior 30

---

3 sortiri *ed. pr.*: sorti *codd.*   8 ardua plane *Acid.*   12 concipiatur $C^{pc}T$: concipiantur $C^{ac}M$: concipiant K 14 et
tenuiore *Peip.*: et ore *codd.*: tenuiore *Avant.*   filo *CMT*: suo
K 22 in te praedicanda *Vat. Lat. 3152*: inter praedicanda
$C^{ac}KMT$: *alia alii supplent*   30 familiaris habitus *CKT*: habitus
familiaris *M*   condecentior *KT*: decentior *CM*

aut militaris accinctior? in exercendo corpore quis cursum
tam perniciter incitavit? quis palaestram tam lubricus
expedivit? quis saltum in tam sublime collegit? nemo
adductius iacula contorsit, nemo spicula crebrius iecit aut
5 certius destinata percussit. mirabamur poetam, qui 65
infrenos dixerat Numidas, et alterum, qui ita collegerat
ut diceret in equitando verbera et praecepta esse fugae et
praecepta sistendi. obscurum hoc nobis legentibus erat;
intelleximus te videntes, cum idem arcum intenderes et
10 habenas remitteres aut equum segnius euntem verbere
concitares vel eodem verbere intemperantiam coerceres.
qui te visi sunt hoc docuisse, non faciunt; immo qui visi
sunt docuisse nunc discunt. in cibis autem cuius sacerdotis 66
abstinentior caerimonia? in vino cuius senis mensa
15 frugalior? operto conclavis tui non sanctior ara Vestalis,
non pontificis cubile castius nec pulvinar flaminis tam
pudicum. in officiis amicorum non dico paria reddis; 67
antevenis et quotiens in obsequendo praecedimus erubescis pudore tam obnoxio quam in nobis esse deberet ab
20 imperatore praeventis. in illa vero sede, ut ex more
loquimur, consistorii, ut ego sentio, sacrarii tui, nullus
umquam superiorum aut dicenda pensius cogitavit aut
consultius cogitata disposuit aut disposita maturius
expedivit.

25 **XV.** Et aliqua de oratoriis virtutibus tuis dicerem, nisi 68
vererer mihi gratificari. non enim Sulpicius acrior in
contionibus nec maioris Gracchi commendabilior mod-
estia fuit nec patris tui gravior auctoritas. qui tenor vocis,
cum incitata pronuntias, quae inflexio, cum remissa, quae
30 temperatio, cum utraque dispensas! quis oratorum laeta

---

1 exercendo *CMT*: exercitando *K*   cursum *CMT*: cursus *K*
3 saltum *CMT*: saltus *K*   6 infrenos *CKT*: infrenes *M*
12 hoc *CT*: hec *M*: *om. K*   16 nec *CKM*: ne *T*[pc]: non *T*[ac]
17 reddis *Acid.*: reddi *codd.*   18 praecedimus *CKT*: praevenimus
M   25 oratoriis virtutibus tuis (tuis v. *M*) *KMT*: oratorii virtutibus tui *C*   30 temperatio *CMT*: temperantia *K*

iucundius, facunda cultius, pugnantia densius, densata
glomerosius aut dixit aut, quod est liberum, cogitavit?
69 vellem, si rerum natura pateretur, Xenophon Attice, in
aevum nostrum venires, tu, qui ad Cyri virtutes
exsequendas votum potius quam historiam commodasti, 5
cum diceres non qualis esset sed qualis esse deberet. si
nunc in tempora ista procederes, in nostro Gratiano
cerneres quod in Cyro tuo non videras sed optabas.
70 atque ista omnia, quae punctis quibusdam acuminata
signavi, si facundia pro voluntate suppeteret, quamquam 10
non copiosus, exsequerer, ubertatem stilo rerum magnitudine suggerente. sed nec huius diei neque huius ista
materiae. qui dicturi estis laudes principis nostri, habetis
velut seminarium unde orationum vestrarum iugera
compleatis; ego ista perstrinxi atque, ut sciunt omnes, 15
possum videri familiaris notitiae secretus interpres
domestica istaec non tam praedicare quam prodere.
atque ut ista dixi de cognitis mihi atque intra aulam
familiaribus, possem et foris celebrata memorare, nisi
71 omnia omnes et separatim sibi quisque novisset. possem 20
pari brevitate dicere, ⟨qua⟩ superiora. emendatissimi viri
est pigenda non facere; at tu numquam paenitenda fecisti
et semper veniam paenitentibus obtulisti. pulchrum est
indulgere timentibus; sed tu perpetuae bonitatis edictis
occurristi omnibus, ne timerent. magnificum largiri 25
honores; tu honoratos et liberalitate ditasti. laudabile est
imperatorem faciles interpellantibus praebere aditus nec
de occupatione causari; tu confirmas adire cunctantes et
iam querimoniis explicatis, ne quid adhuc sileatur,
interrogas. 30

---

1 densius] distinctius *Green dub.*   2 glomerosius *KMT*pc: glo-
meratius *CT*ac   liberius *Acid.*   9 quae] quasi *Ug.*: quae
quasi *Toll.*   10 et *ante* quamquam *Acid.*   11 copiosus *CM*:
copiosius *KT*   17 istaec *CMT*: ista *K*   21 qua *add.*
Acid.   25 *post* magnificum *add.* est *Souchay*

XVI. Celebre fuit Titi Caesaris dictum, perdidisse se 72
diem quo nihil boni fecerat; sed celebre fuit quia
Vespasiani successor dixerat, cuius nimia parsimonia et
austeritas vix ferenda miram fecerat filii lenitatem. tu
5 Valentiniano genitus, cuius alta bonitas, praesens comitas,
temperata severitas fuit, parto et condito optimo rei-
publicae statu, intellegis posse te esse lenissimum sine
dispendio disciplinae. neque vero unum aliquod bonum
uno die praestas, sed indulgentias singulares per singula
10 horarum momenta multiplicas. vel illud unum cuiusmodi 73
est de condonatis residuis tributorum? quod tu quam
cumulata bonitate fecisti! quis umquam imperatorum hoc
provinciis suis aut uberiore indulgentia dedit aut certiore
securitate prospexit aut prudentia consultiore munivit?
15 fecerat et Traianus olim, sed partibus retentis non
habebat tantam oblectationem concessi debiti portio
quanta suberat amaritudo servati. et Antoninus indul-
serat, sed imperii non beneficii successor invidit, qui ex
documentis tabulisque [populi] condonata repetivit. tu
20 argumenta omnia flagitandi publicitus ardere iussisti.
videre in suis quaeque foris omnes civitates conflagratio- 74
nem salubris incendii. ardebant stirpes fraudium
veterum, ardebant seminaria futurarum. iam se cum
pulvere favilla miscuerat, iam nubibus fumus involverat,
25 et adhuc obnoxii in paginis concrematis ductus apicum et
sestertiorum notas cum vivaci recordatione cernebant,

---

2 nihil *CK*: nil *M*: n¹ *T*   5 Valentiniano *M*: valentiano
CKT   6 optimo *T*: optimae *C*: optime *KM*   9 singulares
KT: saeculares *CM*   10 cuiusmodi *CM*: cuius *T*: eiusmodi
K   12 imperatorum *CMT*: imperator *K*   19 populi *CKT*:
om. *M*: populo *Sch. dub., qui et* populi *interpolatum suspicatur*: populis
Mommsen: publicis *Markland*   23 seminaria *CKM*: semina *T*
futurarum *CMT*: futura *K*   24 *post* fumus *add.* se *Sch.*
26 cum vivaci recordatione *Green*: cum vivatia (vivacia *M*) de ratione
CKM: convivantia de ratione *T*: cum ingenti *vel* immani
trepidatione *Gron.*: alia alii

quod meminerant et tum legi posse metuentes. quid te,
imperator Auguste, indulgentius, quid potest esse consultius? quae bona praestas, efficis ne caduca sint; quae
75 mala adimis, prospicis ne possint esse recidiva. haec
provincialibus indulgentiae bona: quid illa nostro 5
ordini? quid illa militibus? Antoninorum [comitas] fuit
etiam in Germanicorum cohorte amicorum et legionibus
familiaris humanitas, sed ego nolo benevolentiam tuam
aliorum collatione praecellere; abundant in te ea bonitatis
et virtutis exempla quae sequi cupiat ventura posteritas et, 10
si rerum natura pateretur, ascribi sibi voluisset antiquitas.

XVII. Necesse est tamen aliquid comparari, ut possit
76 intellegi bona nostra quo praestent. aegrotantes amicos
Traianus visere solebat: hactenus in eo comitas praedicanda est. tu et visere solitus et mederi praebes ministros, 15
instruis cibos, fomenta dispensas, sumptum adicis medel-
larum, consolaris affectos, revalescentibus gratularis. in
77 quot vias de una eius humanitate progrederis! legionibus
universis, ut in communi Marte evenit, si quid adversi
acciderat, vidi te circumire tentoria, "satin salve?" 20
quaerere, tractare vulnera sauciorum et ut salutiferae
apponerentur medellae atque ut non cessaretur instare.
vidi quosdam fastidientes cibum te commendante sump-
sisse. audivi confirmantia ad salutem verba praefari,
occurrere desideriis singulorum; huius sarcinas mulis 25
aulicis vehere, his specialia iumenta praebere, illis
ministeria perditorum instaurare lixarum, aliorum
egestatem tolerare sumptu, horum nuditatem velare

---

1 et tum *Green*: lectum *codd.*   posse metuentes *Baehrens*: possem et
veteres (posse *C*, posse[n]t *T*) *codd.*: posse etiam verentes *Acid.*: posse
etiam tunc verentes *Toll.*: posse et tum verentes *Sch.*   4 recidiva
K: rediviva *CM*: recidua *T*   6 comitas *del. Green*: cognita *Peip.*
7 in *Green*: inde *codd.*: ante *Sch.*   cohorti *ed. Par. 1513*: in cohorte
Sch.   10 sequi *CT*: si quam *K*: si qua *M*   24 te *ante* verba
add. Sch.   praefari *KMT*: profari *C*   25 occurrere *CKT*: occur-
rente *M*: occurrere te *Sch.*

vestitu; omnia agere indefesse et benigne, pietate maxima,
ostentatione nulla, omnia praebere aegris, nihil expro-
brare sanatis. inde cunctis salute nostra carior factus 78
meruisti ut haberes amicos obnoxios promptos devotos
5 fideles, in aevum omne mansuros, quales caritas potius
quam fortuna conciliat.

XVIII. Concludam deinceps orationem meam, piis- 79
sime Auguste, sermonis magis fine quam gratiae. namque
illa perpetua est et spatio non transmeabili terminum
10 calcis ignorat. flexu tamen parvo, nec a te procul,
convertar ad deum. aeterne omnium genitor, ipse non 80
genite, opifex et causa mundi, principio antiquior, fine
diuturnior, qui templa tibi et aras penetrabilibus initi-
atorum mentibus condidisti, tu Gratiano humanarum
15 rerum domino eiusmodi semina nostri amoris inolesti,
ut nihil in digressu segnior factus meminisset relicti,
illustraret absentem, praesentibus anteferret, deinde quia
interesse primordiis dignitatis per locorum intervalla non
poterat, ad sollemnitatem condendi honoris occurreret,
20 beneficiis ne deesset officium. quae enim [memoriam] 81
umquam memoria transcursum tantae celeritatis vel in
audacibus Graecorum fabulis commenta est? Pegasus
volucer actus a Lycia non ultra Ciliciam permeavit; Cyllarus
atque Arion inter Argos Nemeamque senuerunt; ipsi
25 Castorum equi, quod longissimum iter est, non nisi
mutato vectore transcurrunt. tu, Gratiane, tot Romani 82
imperii limites, tot flumina et lacus, tot veterum intersaepta
regnorum ab usque Thracia per totum, quam longum est,
latus Illyrici, Venetiam Liguriamque et Galliam veterem,

---

11 aeterne *CK*: O Eterne *T*: terne *M*   13 penetrabilibus *CT*:
penetralibus *KM*: in penetralibus *Sch. dub.*   16 meminisset
et *T*   17 deinde *T*: dein *CKM*   21 umquam memoria
Sch.: memoriam umquam memoria *codd.*: maiorum umquam
memoria *Peip.*   25 iter est *C in ras.*, *T*pc: interest *KMT*ac
28 longum est latus *Scal.*: longus est locus *codd.*

insuperabilia Rhaetiae, Rheni †accolas†, Sequanorum
invia, porrecta Germaniae, celeriore transcursu quam est
properatio nostri sermonis evolvis, nulla requie otii, ne
somni quidem aut cibi munere liberali, ut Gallias tuas
inopinatus illustres, ut consulem tuum, quamvis desider- 5
atus, anticipes, ut illam ipsam quae auras praecedere solet
famam facias tardiorem. hoc senectuti meae, hoc honori a
83 te datum. supremus ille imperii et consiliorum tuorum
deus conscius et arbiter et auctor indulsit ut sellam
curulem, cuius sedem frequenter ornabis, ut praetextam 10
meam purpurae tuae luce fucatam, ut trabeam non magis
auro suo quam munere tuo splendidam, quae ab Illyrico
sermonis dignitas honestavit, apud Gallias illustriora
praestares, quaestorem ut tuum, praefectum ut tuo
praetorio, consulem tuum et, quod adhuc cunctis meis 15
nominibus anteponis, praeceptorem tuum, quem pia voce
declaraveras, iusta ratione praetuleras, liberali largitate
ditaveras, Augustae dignationis officiis consecrares.

XXII. FASTI

Ausonius Hesperio filio sal.

Consulari libro subiciendi quem ego ex cunctis consulibus
unum coegi Gregorio ex praef.

I

Ignota aeternae ne sint tibi tempora Romae,
    regibus et patrum ducta sub imperiis,
digessi fastos et nomina perpetis aevi,
    sparsa iacent Latiam si qua per historiam.

1 accolas *CKT*: acolis *M*: aquosa *Acid.*: inaccessa *Mertens*: acclivia *Sch.*
dub.: vadosa *Peip.*: alluvia *Brakman*: periculosa *Green dub.*
XXII *V* (*Z = CKMT*)   Conclusio Ausonius Esperio Filio Sal. *V*:
in libro quem de fastis composuerat ad gregorium explicit *C*: consulari
libri subiciendi (subicienda *K*) quem ego e cunctis consulibus unum
coegi gregorio ex praef. *KM*: om. *T*: ante 4 *transp. Peip.*
1 *VZ*   3 perpetis *CMT*: praepetis *VK*

sit tuus hic fructus, vigilatas accipe noctes;   5
obsequitur studio nostra lucerna tuo.
tu quoque venturos per longum consere Ianos,
ut mea congessit pagina praeteritos.
exemplum iam patris habes, ut protinus et te
aggreget Ausoniis purpura consulibus.   10

2. *Supputatio ab urbe condita in consulatum nostrum*

Annis undecies centum coniunge quaternos,
undenos unamque super trieterida necte:
haec erit aeternae series ab origine Romae.

3. *In fine eiusdem libri additi*

Hactenus ascripsi fastos. si fors volet, ultra
adiciam; si non, qui legis adicies.
scire cupis qui sim? titulum qui quartus ab imo est
quaere; leges nomen consulis Ausonii.

4. *De eodem*

Vrbis ab aeternae deductam rege Quirino
annorum seriem cum, Procule, accipies,
mille annos centumque et bis fluxisse novenos
consulis Ausonii nomen ad usque leges.
fors erit ut lustrum cum se cumulaverit istis   5
confectam Proculus signet Olympiadam.

8 congessit *Z*: digessit *V*   9 exemplum iam patris habes ut *V*:
exemplo confide meo sic *Z*   10 adgreget *V*: applicet *Z*

2 *V*   supputatio ab urbe condita in consulatum nostrum *V*
2 undenos *Reland*: undecies *V*: undenis *Dezeimeris*   unamque *Scal*.:
unumque *V*

3 *Z*   in fine eiusdem libri additi *CKM*: om. *T*

4 *Z*   de eodem *KM*: de eodem fastorum libro *C*: om. *T*
2 accipies *CKT*: accipias *M*   6 olympiadam *CM*: olympiadem
KT

XXIII. CAESARES

Ausonius Hesperio filio

Caesareos proceres, in quorum regna secundis
consulibus dudum Romana potentia cessit,
accipe bis senos. sua quemque monosticha signant,
quorum per plenam seriem Suetonius olim
nomina res gestas vitamque obitumque peregit.   5

De ordine imperatorum

Primus regalem patefecit Iulius aulam
Caesar et Augusto nomen transcripsit et arcem.
privignus post hunc regnat Nero Claudius, a quo
Caesar, cognomen caligae cui castra dederunt.   9
Claudius hinc potitur regno, post quem Nero saevus,
ultimus Aeneadum. post hunc tres, nec tribus annis:
Galba senex, frustra socio confisus inerti,
mollis Otho, infami per luxum degener aevo,
nec regno dignus nec morte Vitellius ut vir.
his decimus fatoque accitus Vespasianus   15
et Titus imperii felix brevitate. secutus
frater, quem calvum dixit sua Roma Neronem.

De aetate imperii eorum

Iulius, ut perhibent, divus trieteride regnat.
Augustus post lustra decem sex prorogat annos,
et ter septenis geminos Nero Claudius addit.   20
tertia finit hiems grassantis tempora Gai.
Claudius hebdomadam duplicem trahit et Nero dirus

XXIII *VEZM²BWU*χ (*Z = CKM¹T; M²* = *recensio prior in M*, χ = *consensus quattuor codicum Suetonii*); *habet E* 1–41, *Z* 1–41, 94–117, *M²* 1–121, χ 1–122, *ceteri omnia*   9 Caesar *VEZM²BWU*: Caius χ   17 frater *ECM¹TBW*χ: fratrem *VK*: erant *M²*: *U incertum*   21 grassantis *Green*: grassantia (crass- *ECTM²*, trans- *V*) *codd.*: transacti *Heins.*

tantundem, summae consul sed defuit unus.
Galba senex, Otho lascive et famose Vitelli,
tertia vos Latio regnantes nesciit aestas,   25

*   *   *   *   *

implet fatalem decadam sibi Vespasianus.
ter dominante Tito cingit nova laurea Ianum,
quindecies, saevis potitur dum frater habenis.

De obitu singulorum

Iulius interiit Caesar grassante senatu.   30
addidit Augustum divis matura senectus.
sera senex Capreis exul Nero fata peregit.
expetiit poenas de Caesare Chaerea mollis.
Claudius ambiguo conclusit fata veneno.
matricida Nero proprii vim pertulit ensis.   35
Galba senex periit saevo prostratus Othoni.
mox Otho, famosus clara sed morte potitus.
prodiga succedunt perimendi sceptra Vitelli.
laudatum imperium, mors lenis Vespasiano.
at Titus, orbis amor, rapitur florentibus annis.   40
sera gravem perimunt sed iusta piacula fratrem.

---

24 lascive et χ: lascive (lasciva *T*) *codd.*   25 nesciit *VCχ*: nesciet *EKM^{1}TBU^{ac}*: nesciat *M^{2}WU^{pc}* aestas *C^{pc}KTM^{2}Uχ*: aetas *VC^{ac}M^{1}BW^{ac}*?   26 *om. codd. praeter* χ, *in quibus* interitus dignos vita properante probrosa   28 *om. M^{2}BWU*: ostensus terris Titus est brevitate bienni *et* Heu Tite monstravit terris te vita biennis χ 29 dum *VEZM^{2}BWχ*: tum *U*   30 *om. M^{2}BWU*: exegit poenas de Caesare curia mollis χ, *cf.* 33   33 grassante *E*: crassante *VZ*   33 ter denis periit repetito vulnere Caius χ Caio *Markland*   35 proprii vim pertulit ensis (proprium *K*) *VEZM^{2}BWU*: proprio se perculit ense χ 36 othoni *EZ*: othone *VM^{2}BWUχ*   37 potitus *VEZ* (*post* secutus *E*): potitur *M^{2}BWUχ*   39 lenis *VTM^{2}BWUχ*: leni *ECKM^1*   40 orbis amor *VEM^{2}BWUχ*: a morte *Z*

Tetrasticha

Nunc et praedictos et regni sorte sequentes
    expediam, series quos tenet imperii.
incipiam ab Divo percurramque ordine cunctos,
    novi Romanae quos memor historiae.   45

Iulius Caesar

Imperium, binis fuerat sollemne quod olim
    consulibus, Caesar Iulius obtinuit.
sed breve ius regni, sola trieteride gestum:
    perculit armatae factio saeva togae.

Octavius Augustus

Vltor successorque dehinc Octavius, idem   50
    Caesar et Augusti nomine nobilior.
longaeva et numquam dubiis violata potestas
    in terris positum prodidit esse deum.

Tiberius Nero

Praenomen Tiberi nanctus Nero prima iuventae
    tempora laudato gessit in imperio.   55
frustra dehinc solo Caprearum clausus in antro
    quae prodit vitiis, credit operta locis.

Caesar Caligula

Post hunc castrensis caligae cognomine Caesar
    successit saevo saevior ingenio,
caedibus incestisque dehinc maculosus et omni   60
    crimine pollutum qui superavit avum.

51 at *Toll*.   augusti *VWU*: augustus $M^2B\chi$ 53 prodidit *Peip*.: credidit *codd*.: reddidit *L. Mueller*, re edidit *Brakman* 58 castrensi *Sch*.   Caius *L. Mueller*

Claudius

Claudius, irrisae privato in tempore vitae,
  in regno specimen prodidit ingenii.
libertina tamen nuptarum et crimina passus
  non faciendo nocens sed patiendo fuit.   65

Nero

Aeneadum generis qui sextus et ultimus heres,
  polluit et clausit Iulia sacra Nero.
nomina quot pietas, tot habet quoque crimina vitae.
  disce ex Tranquillo: sed meminisse piget.

Galba

Spe frustrate senex, privatus sceptra mereri   70
  visus es, imperio proditus inferior.
fama tibi melior iuveni: sed iustior ordo est
  complacuisse dehinc, displicuisse prius.

Otho

Aemula polluto gesturus sceptra Neroni
  obruitur celeri raptus Otho exitio.   75
fine tamen laudandus erit, qui morte decora
  hoc solum fecit nobile, quod periit.

Vitellius

Vita socors, mors foeda tibi, nec digne Vitelli
  qui fieres Caesar: sic sibi fata placent.
umbra tamen brevis imperii, quia praemia regni   80
  saepe indignus adit, non nisi dignus habet.

---

62 in *om. U*   63 ingenii *VWU*χ: imperii *B*: ingenti *M²*
64 et crimina passus *V*: certa potestas *W*: *om. M²BU*χ   69 sed *V*χ: et
M²BU: me *W*   70 spe *V*ᵖᶜ*W*: sepe *V*ᵃᶜ: spem *M²BU*χ   71 es
*M²BWU*χ: et *V*   76 erit] *om. B*: erat *Green dub.*   78 vita
socors *Reeve*: vitae sors *VB*: vita sors *M²WU*χ: vitae ut sors *Gron.*, vita
excors *Sch.*, vita ferox *vel* atrox *Peip.*   79 fieres Caesar *VWU*: fueris
Caesar *M²*χ: Caesar fueris *B*   81 adit *VW*: agit *B*: ait *M²U*χ

Vespasianus

Quaerendi attentus, moderato commodus usu,
    auget nec reprimit Vespasianus opes,
olim qui dubiam privato in tempore famam,
    rarum aliis, princeps transtulit in melius.   85

Titus

Felix imperio, felix brevitate regendi,
    expers civilis sanguinis, orbis amor,
unum dixisti moriens te crimen habere;
    sed nulli de te nos tibi credidimus.

Domitianus

Hactenus edideras dominos, gens Flavia, iustos;   90
    cur duo quae dederant tertius eripuit?
vix tanti est habuisse illos, quia dona bonorum
    sunt brevia, aeternum quae nocuere dolent.

Nerva

Proximus exstincto moderatur sceptra tyranno
    Nerva senex, princeps nomine, mente parens.   95
nulla viro suboles. imitatur adoptio prolem,
    qua legisse iuvat quem genuisse velit.

Traianus

Aggreditur regimen viridi Traianus in aevo,
    belli laude prior, cetera patris habens.
hic quoque prole carens sociat sibi sorte legendi   100
    quem fateare bonum, diffiteare parem.

82 commodus $VBWU$: cominus $M^2\chi$ 85 rarum $Gron.$: par
$codd.$ 89 non $Avant.$: nec $Mommsen$ 90 dominos VWU:
geminos $M^2B\chi$ $ante$ 94 Nerva $M^2B\chi$: Nerva tetrarcha VWU: De
Caesaribus post Tranquillum Nerva Z 94 moderatur $VZWU$:
moderatus $M^2B\chi$ 96 viro om. M^2 (viri $manus$ $altera$): sibi χ
97 qua . . . quem Sch.: quam . . . quam $codd$.: quem . . . quam $L. Mueller$, et
. . . quem $Kenney$ iuvat $VM^2BWU\chi$: iuvet Z 100 sorte $VZWU$:
parte $M^2B\chi$ 101 parem $VZM^{2pc}WU$: patrem $M^{2ac}B\chi$

Hadrianus

Aelius hinc subiit mediis praesignis in actis:
    principia et finem fama notat gravior.
orbus et hic, cui iunctus erit documenta daturus
    asciti quantum praemineant genitis.   105

Antoninus Pius

Antoninus abhinc regimen capit, ille vocatu
    consultisque Pius, nomen habens meriti.
filius huic fato nullus, sed lege suorum
    a patria sumpsit qui regeret patriam.

M. Antoninus

Post Marco tutela datur, qui scita Platonis   110
    flexit ad imperium, patre Pio melior.
successore suo moriens sed principe pravo,
    hoc solo patriae, quod genuit, nocuit.

Commodus

Commodus insequitur pugnis maculosus harenae,
    Thraecidico princeps bella movens gladio.   115
eliso tandem persolvit gutture poenas,
    criminibus fassus matris adulterium.

Helvius Pertinax

Helvi, iudicio et consulto lecte senatus,
    princeps decretis prodere, non studiis.
quod doluit male fida cohors, errore probato,   120
    curia quod castris cesserat imperio.

102 huic *vel* hunc *Heins.* mediis *VZWU*: medius $M^2B\chi$
104 cui iunctus erit *VM²BWU\chi*: sociansque virum *Z* daturus
VM²BWU\chi: daturum *Z* 105 asciti *VBWU\chi*: assumpti *CM¹T*:
adsiti *K*: idsciti *M²* 108 bonorum *vel* priorum *Heins.*
110 qui scita *VM²BWU\chi*: quaesita *Z* 111 flexit *VM²BWU\chi*:
serus *CM¹*: felix *KT* 116 persolvit *Green*: persolvens *codd.*
118 senatus *VBM²U\chi*: senati *W* 119 prodere *Green*: prodite
codd. 120 probatum *Sh.B.*

Didius Iulianus

Di bene, quod sceleris Didius non gaudet opimis
et cito peiuro praemia adempta seni.
tuque, Severe pater, titulum ne horresce novantis:
non rapit imperium vis tua, sed recipit.   125

Severus Pertinax

Impiger egelido movet arma Severus ab Histro,
ut parricidae regna adimat Didio.
Punica origo illi, sed qui virtute probaret
non obstare locum, cui valet ingenium.

Bassianus Antoninus sive Caracalla

Dissimilis virtute patri et multo magis illi   130
cuius adoptivo nomine te perhibes,
fratris morte nocens, punitus fine cruento,
irrisu populi tu, Caracalla, magis.

Opilius Macrinus

Principis hinc custos sumptum pro Caesare ferrum
vertit in auctorem caede Macrinus iners.   135
mox cum prole ruit. gravibus pulsare querellis
cesset perfidiam: quae patitur meruit.

Antoninus Heliogabalus

Tune etiam Augustae sedis penetralia foedas,
Antoninorum nomina falsa gerens?

＊   ＊   ＊   ＊   ＊

---

122 sceleris *BUχ*: celeris *W*: sceptris *V*: spoliis *Lugd*.   129 cui
Green: cum *codd*.   132 fratris *BWU*: fratri *V*   puniris
Reeve   133 tu *VBW*: tum *U*   magis] cluis *Green dub*.
134 hinc *Lugd*.: hic *codd*.

188

Roma

Prima urbes inter, divum domus, aurea Roma.

Constantinopolis et Carthago

Constantinopoli assurgit Carthago priori,
non toto cessura gradu, quia tertia dici
fastidit, non ausa locum sperare secundum,
qui fuit ante parum. vetus hanc opulentia praefert, 5
hanc fortuna recens: fuit haec, subit ista novisque
excellens meritis veterem praestringit honorem
et Constantino concedere cogit Elissam.
accusat Carthago deos iam plena pudoris
nunc quoque si cedat, Romam vix passa priorem. 10
componat vestros fortuna antiqua tumores:
ite pares tandem, memores quod numine divum
angustas mutastis opes et nomina, tu cum
Byzantina Lygos, tu Punica Byrsa fuisti.

Antiochia et Alexandria

Tertia Phoebeae lauri domus Antiochia,   15
vellet Alexandri si quarta colonia poni.
ambarum locus unus, et has furor ambitionis
in certamen agit vitiorum. turbida vulgo
utraque et amentis populi male sana tumultu:
haec Nilo munita quod est penitusque repostis   20
insinuata locis, fecunda et tuta superbit,
illa quod infidis opponitur aemula Persis.
et vos ite pares Macetumque attollite nomen.
magnus Alexander te condidit: illa Seleucum
nuncupat, ingenitum cuius fuit ancora signum,   25

XXIV *VPH*   3 quia *H*: qui *V*: que *P*   5 fuat *Barth.*   ante
parum *Green*: ambarum *codd.*   10 huic *Heins.*   14 ligos *V*:
licos *P*: lycos *H*   16 si *PH*: se *V*   25 ingenitum *PH*:
ingenuum *V*

qualis inusta solet, generis nota certa; per omnem
nam subolis seriem nativa cucurrit imago.

Treveri

Armipotens dudum celebrari Gallia gestit
Trevericaeque urbis solium, quae proxima Rheno
pacis ut in mediae gremio secura quiescit,   30
imperii vires quod alit, quod vestit et armat.
lata per extentum procurrunt moenia collem:
largus tranquillo praelabitur amne Mosella,
longinqua omnigenae vectans commercia terrae.

Mediolanum

Et Mediolani mira omnia: copia rerum,   35
innumerae cultaeque domus, facunda virorum
ingenia et mores laeti, tum duplice muro
amplificata loci species populique voluptas
circus et inclusi moles cuneata theatri;
templa Palatinaeque arces opulensque moneta   40
et regio Herculei celebris sub honore lavacri;
cunctaque marmoreis ornata peristyla signis
moeniaque in valli formam circumdata limbo.
omnia quae magnis operum velut aemula formis
excellunt nec iuncta premit vicinia Romae.   45

Capua

Nec Capuam pelago cultuque penuque potentem,
deliciis opibus famaque priore silebo,
fortuna variante vices, quae freta secundis
nescivit servare modum. nunc subdita Romae

---

26 certa *PH*: cera *V*   32 procurrunt *P*ᵖᶜ*H*: procurrit *VP*ᵃᶜ
34 *post* 46 *V*   omnigenae *V*: omnigenus *PH*   37 tum *V*, *H*ᵖᶜ *ut*
vid.: cum *PH*ᵃᶜ   41 *om. P*   lavacri *ed. Par. 1513*: labavacri *V*:
laveri *H*   46 largo *Heins.*, *alia alii*   49 nescivit *PH*:
nescit *V*

aemula, nunc fidei memor, ante infida, senatum   50
sperneret an coleret dubitans, sperare curules
Campanis ausa auspiciis unoque suorum
consule, ut imperium divisi attolleret orbis.
quin etiam rerum dominam Latiique parentem
appetiit bello, ducibus non freta togatis,   55
Hannibalis iurata armis, deceptaque in hostis
servitium demens specie transivit erili,
mox ut in occasum vitiis communibus acti
corruerent Poeni luxu, Campania fastu.
heu numquam stabilem sortita superbia sedem!   60
illa potens opibusque valens, Roma altera quondam,
comere quae paribus potuit fastigia conis,
octavum reiecta locum vix paene tuetur.

Aquileia

Non erat iste locus; merito tamen aucta recenti
nona inter claras, Aquileia, cieberis urbes,   65
Itala ad Illyricos obiecta colonia montes,
moenibus et portu celeberrima. sed magis illud
eminet, extremo quod te sub tempore legit,
solveret exacto cui sera piacula lustro
Maximus, armigeri quondam sub nomine lixa.   70
felix, quae tanti spectatrix laeta triumphi
punisti Ausonio Rutupinum Marte latronem.

Arelate

Pande, duplex Arelate, tuos blanda hospita portus,
Gallula Roma Arelas, quam Narbo Martius et quam
accolit Alpinis opulenta Vienna colonis,   75

50 ante *Heins.*: ant *V*: aut *PH*: anne *Vin.*   51 cuperet *Sh.B.*
dub.   dubitat *Baehrens*   59 conruerent *VH*: corruerunt *P*
fastu *Lips.*: festo *codd.*: fasto *V*^{mg}   66 Itala *V*: ista *PH*
69 sera *V*: iusta *PH*   lustro *V*: bello *PH*   70 lixa *Suse*: lixae
codd.   73 pande *V*: prode *PH*   Arelate . . . (74) Roma *om.*
PH   Arelas tutos *Heins.*

praecipitis Rhodani sic intercisa fluentis,
ut mediam facias navali ponte plateam,
per quem Romani commercia suscipis orbis
nec cohibes populosque alios et moenia ditas,
Gallia quis fruitur gremioque Aquitanica lato.   80

Hispalis

Clara mihi post has memorabere, nomen Hiberum,
Hispalis, aequoreus quam praeterlabitur amnis,
summittit cui tota suos Hispania fasces.
Corduba non, non arce potens tibi Tarraco certat
quaeque sinu pelagi iactat se Bracara dives.   85

Athenae

Nunc et terrigenis patribus memoremus Athenas,
Pallados et Consi quondam certaminis arcem,
paciferae primum cui contigit arbor olivae,
Attica facundae cuius mera gloria linguae,
unde per Ioniae populos et nomen Achaeum   90
†versa graia† manus centum se effudit in urbes.

Catina et Syracusae

Quis Catinam sileat, quis quadruplices Syracusas?
hanc ambustorum fratrum pietate celebrem,
illam complexam miracula fontis et amnis,
qua maris Ionii subter vada salsa meantes   95
consociant dulces placita sibi sede liquores,
incorruptarum miscentes oscula aquarum.

---

81 clara *Toll.*: cara *VH*: cura *P*   has *Ug.*: hos *codd.*   nomen *PH*:
numen *V*   hiberum *V*: hibernum (hyb- *H*) *PH*   82 Hispalis *V*:
Emerita *PH*   84 non non *H*: hinc non *V*: non *P*   87 arcem *VH*:
artem *P*   90 per *V*: par *PH*   91 versa graia *PH*: versa grana *V*:
sparsam Graia *Heins.*: Attica versa *Green dub.*   95 qua *PH*:
quam *V*

Tolosa

Non umquam altricem nostri reticebo Tolosam,
coctilibus muris quam circuit ambitus ingens
perque latus pulchro praelabitur amne Garunna,   100
innumeris cultam populis, confinia propter
ninguida Pyrenes et pinea Cebennarum,
inter Aquitanas gentes et nomen Hiberum.
quae modo quadruplices ex se cum effuderit urbes,
non ulla exhaustae sentit dispendia plebis,   105
quos genuit cunctos gremio complexa colonos.

Narbo

Nec tu, Martie Narbo, silebere, nomine cuius
fusa per immensum quondam provincia regnum
obtinuit multos dominandi iure colonos.
insinuant qua se Sequanis Allobroges oris   110
excluduntque Italos Alpina cacumina fines,
qua Pyrenaicis nivibus dirimuntur Hiberi,
qua rapitur praeceps Rhodanus genitore Lemanno
interiusque premunt Aquitanica rura Cebennae
usque in Tectosages, paganica nomina, Volcas,   115
totum Narbo fuit. tu Gallia prima togati
nominis attollis Latio proconsule fasces.
quis memoret portusque tuos montesque lacusque,
quis populos vario discrimine vestis et oris?
quodque tibi Pario quondam de marmore templum   120
tantae molis erat quantam non sperneret olim

99 quam *V*: quos *PH*   100 garunna *V*[pc]: garrunna *V*[ac]:
garinna *P*: garruna *H*   104 urbes *PH*: urbis *V*   105 non
ulla *V*: non nulla *PH*   107 nomine *PH*: numine *V*   110 qua
se Sequanis *Scal.*: que esse cavis *V*: qua sese cavis *PH*: que se graiis *ed.*
Ald. 1517: qua Sequanicis *Heins.*   115 Tectosages *Green*: Teuto-
sagos *codd.*: Tectosagos *Turnebus*   paganica *Toll.*: paganaque *V*:
panaque *PH*   Volcas *Turnebus*: belcas *V*: belgas *H*: belcos *P*
118 montesque *VP*: montisque *H*: fontesque *Heins.*   120 Pario *V*:
vario *PH*

Tarquinius Catulusque iterum postremus et ille
aurea qui statuit Capitoli culmina Caesar?
te maris Eoi merces et Hiberica ditant
aequora, te classes Libyci Siculique profundi: 125
et quicquid vario per flumina, per freta cursu
advehitur, toto tibi navigat orbe cataplus.

Burdigala

Impia iamdudum condemno silentia, quod te,
o patria, insignem Baccho fluviisque virisque,
moribus ingeniisque hominum procerumque senatu,   130
non inter primas memorem, quasi conscius urbis
exiguae immeritas dubitem contingere laudes.
non pudor hinc nobis. nec enim mihi barbara Rheni
ora nec arctoo domus est glacialis in Haemo:
Burdigala est natale solum, clementia caeli   135
mitis ubi et riguae larga indulgentia terrae,
ver longum brumaeque novo cum sole tepentes
aestifluique amnes, quorum iuga vitea subter
fervent aequoreos imitata fluenta meatus.
quadrua murorum species, sic turribus altis   140
ardua ut aerias intrent fastigia nubes.
distinctas interne vias mirere, domorum
dispositum et latas nomen servare plateas,
tum respondentes directa in compita portas
per mediumque urbis fontani fluminis alveum;   145
quem pater Oceanus refluo cum impleverit aestu,

---

122 Catulusque *Lugd.*: getulusque *codd.* (tu *sup. lin. V*)   123 capitoli *H*: capitolii *V*: capitolia *P*   131 urbis *P*: orbis *V*: urbes *H*
132 inmeritas *V*: munerico *P*: immerito *H*   132-4 dubitem . . .
arctoo *om. PH*   134 inhemo *V*: immo *P*: in imo *H*   135 ast
Heins.   137 brumeque novo *V*: brumaque brevis *PH*
137-8 cum sole . . . quorum *om. PH*   138 aestifluique *Vin.*:
estifluitque *V*   vitea *V*: frondea *PH*   142 *om. PH*   distinctas
Scal.: distincte *V*   interne *V*, in terna *Quicherat*   143 dispositum *V*: dispositu *PH*

allabi totum spectabis classibus aequor.
quid memorem Pario contectum marmore fontem
euripi fervere freto? quanta unda profundi!
quantus in amne tumor! quanto ruit agmine praeceps 150
marginis extenti bis sena per ostia cursus,
innumeros populi non umquam exhaustus ad usus!
hunc cuperes, rex Mede, tuis contingere castris,
flumina consumpto cum defecere meatu,
huius fontis aquas peregrinas ferre per urbes,   155
unum prae cunctis solitus potare Choaspen.
salve, fons ignote ortu, sacer alme perennis
vitree glauce profunde sonore illimis opace,
salve, urbis genius, medico potabilis haustu,
Divona Celtarum lingua, fons addite divis.   160
non Aponus potu, vitrea non luce Nemausus
purior, aequoreo non plenior amne Timavus.

hic labor extremus celebres collegerit urbes.
utque caput numeri Roma inclita, sic capite isto
Burdigala ancipiti confirmet vertice sedem.   165
haec patria est, patrias sed Roma supervenit omnes.
diligo Burdigalam, Romam colo. civis in hac sum,
consul in ambabus: cunae hic, ibi sella curulis.

148 contectum *V*: contectam *PH*   fontem *VP*: frontem *H*
149 unda *PH*: umbra *V*   150 *om. V*   151 cursus *PH*:
cursu *V*   154 quum *V*: quam *P*: quem *H*   156 prae cunctis
Heins.: per cuncta *V*: per cunctas *PH*   potare *Heins.*: portare
codd.   164 isto *V*: in isto *PH*   166 omnes *PH*:
omnis *V*   167 civis in hac sum *V*: civis in illa *PH*: consul in hac
sum *Graev.*   168 consul] civis *Graev.*

XXV. TECHNOPAEGNION

1. *Ausonius Pacato Proconsuli*

Scio mihi apud alios pro laboris modulo laudem non posse procedere. quam tamen si tu indulseris, ut ait Afranius in Thaide, 'maiorem laudem quam laborem invenero'. quae lecturus es monosyllaba sunt, quasi quaedam puncta
5 sermonum, in quibus nullus facundiae locus est, sensuum nulla conceptio, propositio, redditio, conclusio aliaque sophistica, quae in uno versu esse non possunt, sed cohaerent ita ut circuli catenarum separati. et simul ludicrum opusculum texui, ordiri maiuscula solitus: sed
10 'in tenui labor, at tenuis non gloria', si probantur. tu facies ut sint aliquid; nam sine te monosyllaba erunt vel si quid minus. in quibus ego, quod ad usum pertinet, lusi; quod ad molestiam, laboravi. libello Technopaegnii nomen dedi, ne aut ludum laboranti aut artem crederes defuisse
15 ludenti.

2

Misi ad te Technopaegnion, inertis otii mei inutile opusculum. versiculi sunt monosyllabis coepti et monosyllabis terminati. nec hic modo stetit scrupea difficultas, sed accessit ad miseriam concinnandi ut idem mono
5 syllabon quod esset finis extremi versus principium fieret insequentis. dic ergo 'o mora' et 'o poena'! rem vanam

xxv *VQODZ* (*Z = CKMT*). 2 *deest in V*; 2, 12–16 *in Q*; 1, 2, 4, 7–16 *in O*; 1, 2, 4, 14 *in D*; 1, 14 *in Z*
1 *VQ*   2 procedere *Q*: precedere *V*   3 Thaide *Scal.*: thaidem *VQ*   invenero *Scal.*, invenio *VQ*   8 cohaerent ita *V*: cohaerentia *Q*   separati *V*: si parvum *Q*   9 maiuscula *V*: munuscula *Q*   10 laborat tenuis non *Q*: labor ac non tenuis *V*
13 technopaignii *Lugd.*: techopegnii (tetho- *Q*) *VQ*
2 *Z*   Paulino suo *add. Ug.*, Ausonius Paulino suo *Lugd.*
4 concinnandi *Sch.*: concitandi *Z*: cogitandi *Avant.*, conectendi *Peip.*, concatenandi *Baehrens*

quippe curavi. exigua est, et fastiditur; inconexa, et
implicatur; cum sit aliquid, vel nihili deprehenditur.
laboravi tamen ut haberet aut historicon quippiam aut
dialecticon; nam poeticam vel sophisticam levitatem 10
necessitas observationis exclusit. ad summam non est
quod mireris, sed paucis litteris additis est cuius miser-
earis neque aemulari velis. et si huc quoque descenderis,
maiorem molestiam capias ingenii et facundiae detrimento quam oblectationem imitationis affectu. 15

3

Res hominum fragiles alit et regit et perimit   fors,
fors dubia aeternumque labans, quam blanda fovet spes,
spes nullo finita aevo, cui terminus est   mors,
mors avida, inferna mergit caligine quam   nox,
nox obitura vicem, remeaverit aurea cum   lux, 5
lux dono concessa deum, cui praevius est   Sol,
Sol, cui nec furto in Veneris latet armipotens   Mars,
Mars nullo de patre satus, quem Thraessa colit   gens,
gens infrena virum, quibus in scelus omne ruit   fas,
fas hominem mactare sacris: ferus iste loci   mos, 10
mos ferus audacis populi, quem nulla tenet   lex,
lex, naturali quam condidit imperio   ius,
ius genitum pietate hominum, ius certa dei   mens,
mens, quae caelesti sensu rigat emeritum   cor,
cor vegetum mundi instar habens, animae vigor ac   vis. 15
vis tamen hic nulla est, tantum iocus et nihili   res.

1 (inconexa) et *CKM*: est et *T*   2 vel nihili *Scal.*: nihili vel
CMT: nihili *K*   10 didacticon *Vin.*   13 at *Green dub.*

3 *VQODZ*   3 finita aevo *VQOD*: fine aevo $C^{ac}M$: sine fine aevo
$C^{pc}KT$ 4 inferna *VODCKM*: inferni *QT*   mergit caligine
quam *VQOD*: mergi ne qua *Z*   5 obitura vicem *VQO*: sortita
vices *DZ*   7 in *om. ed. Mil. 1490*   latet *VQOZ*: iacet *D*
9 infrena *VQCMT*: inferna *OK*: infesta *D*   13 quis
(certa) *Baehrens*   14 rigat *VQOZ*: irrigat *D*   15 ac *DZ*:
et *VQ*: *om. O*   16 tantum est (est *om. O*) *VQO*: verum *DZ*
iocus et *DZ*: iocosa *V*: iccora *Q*: iuco et *O*

4. Praefatio

Vt in vetere proverbio est, sequitur vara vibiam; similium
nugarum subtexo nequitiam. et hi versiculi monosyllabis
terminantur, exordio tamen libero, quamquam fine
legitimo. sed laboravi ut quantum fieri posset apud
5 aures indulgentissimas absurda concinerent, insulsa resiperent, hiulca congruerent, denique haberent et amara
dulcedinem et inepta venerem et aspera levitatem. quae
quidem omnia, quoniam insuavis materia devenustat,
lectio benigna conciliet. tu quoque mihi tua crede secur-
10 ior, quippe meliora, ut, quod per adagionem coepimus,
proverbio finiamus et 'mutuum muli scabant'.

5

Aemula dis, naturae imitatrix, omniparens   ars,
Pacato ut studeat ludus meus, esto operi   dux.
arta, inamoena licet nec congrua carminibus   lex,
iudice sub tanto fandi tamen accipiet   ius.
5 quippe et ridiculis data gloria, ni prohibet   fors.

6

Indicat in pueris septennia prima novus   dens,
pubentes annos robustior anticipat   vox.
invicta et ventis et solibus est hominum   frons.

4 *VQZ*   1 proverbio *VQ*: verbo *Z*   sequitur vara bibiam *V*:
vara bibiam sequitur *Q*: sequitur varai (narai *M*) ubi iam *Z*   2 hi
versiculi *QZ*: in versiculi[s] *V*   4 fieri posset *Green*: eius possent *VQ*:
posset videri *Z*   5–6 resiperent *VQ*: respirent (resipirent
C) *Z*   6 hiulca . . . haberent *om. VQ*   amara *VQM*: amaram
CKT   7 inepta *VQ*: inamenam *Z*   aspera *VQ*: asperam *Z*
levitatem *Z*: lenitatem *VQ*   10 ut *VQ*: sed ut *Z*   11 et
om. Z   scabant *Z*: scalpant *VQ*

5 *VQODZ*   2 studeat] niteat *Mommsen*   ludus *VQO*: labor
hic *DZ*   esto *VQZ*: est *OD*   3 arta *VDZ*: arte *QO*   4 fandi
DZ: fando *VQO*

6 *VQODZ*   3 invicta *VQOZ*: infecta *D*

edurum nervi cum viscere consociant   os.
palpitat irrequies vegetum teres acre calens   cor, 5
unde vigent sensus, dominatrix quos vegetat   mens,
atque in verba refert modulata lege loquax   os.
quam validum est, hominis quota portio, caeruleum   fel!
quam tenue et molem quantam fert corpoream   crus!
pondere sub quanto nostrum moderatur iter   pes! 10

7. *De inconexis*

Saepe in coniugiis fit noxia, si nimia est,   dos.
sexus uterque potens, sed praevalet imperio   mas.
qui recte faciet, non qui dominatur, erit   rex.
vexat amicitias et foedera dissociat   lis.
incipe: quicquid agas, pro toto est prima operis   pars. 5
insinuat caelo disque inserit emeritos   laus.
et disciplinis conferta est et vitiis   urbs.
urbibus in tutis munitior urbibus est   arx.
auro magnus honos, auri pretium tamen est   aes.
longa dies operosa viro, sed temperies   nox, 10
qua caret Aethiopum plaga, pervigil, irrequies   gens,
semper ubi aeterna vertigine clara manet   lux.

8. *De dis*

Sunt et caelicolum monosyllaba. prima deum   Fas,
quae Themis est Grais, post hanc Rhea, quae Latiis   Ops,
tum Iovis et Consi germanus, Tartareus   Dis,
et soror et coniunx fratris, regina deum,   Vis,

---

4 edurum *DZ*: et durum *VQO*   5 irrequies *VQOD*: et
requies *Z*   teres acre calens *VOZ*: teres ac recalens *D*: terrae sacre
calens *Q*   9 tenue et molem *VQODT*: tenuem et mollem *CKM*

7 *VQDZ*   1 coniugiis *VQ*: coniugibus *DZ*   dos *DZ*:
vox *VQ*   7 studiis *Green dub.*   8 *om. D*   arx *Z* (ars *M*):
rex *VQ*   11 vaga *Heins.*   12 alterna *Baehrens*   manet *VQ*:
nitet *DZ*

8 *VQDZ*   1 priva *Scal.*   2 hanc *VQZ*: hac *D*   3 tum *VQZ*:
tunc *D*   consi *D*^{ac}*Z* (tonsi *K*): consors *VQD*^{pc} 4 *om. Z*

5 et qui quadriiugo curru pater invehitur   Sol,
quique truces belli motus ciet armipotens   Mars,
quem numquam pietas, numquam bona sollicitat   Pax.
nec cultor nemorum reticebere, Maenalide   Pan,
nec genius domuum, Larunda progenitus   Lar,
10 fluminibusque Italis praepollens sulphureus   Nar.
quaeque piat divum peiuria, nocticolor   Styx.
velivolique maris constrator leuconotos   Libs,
et numquam in dubiis hominem bona destituens   Spes.

9. De cibis

Nec nostros reticebo cibos, quos priscus habet   mos,
irritamentum quibus additur aequoreum   sal.
communis pecorique olim cibus atque homini   glans,
ante equidem campis quam spicea suppeteret   frux.
5 mox ador atque adoris de polline pultificum   far,
instruxit mensas quo quondam Romulidum   plebs.
hinc cibus, hinc potus, cum dilueretur aqua   puls.
est inter fruges morsu piper aequiperans   git,
et Pelusiaco de semine plana, teres   lens,
10 et duplici defensa putamine quinquegenus   nux,
quodque cibo et potu placitum, labor acer apum,   mel.
naturae liquor iste novae, cui summa natat   faex.

10. De historiis

Solamen tibi, Phoebe, novum dedit Oebalius   flos.
flore alio reus est Narcissi morte sacer   fons.
caedis Adoneae mala gloria fulmineus   sus.

---

6 truces *DZ*: trucis *VQ*   7 bona *om. VQ*   9 genius
*V*ᵃᶜ*QD*: gentius *V*ᵖᶜ: genus hoc (*om.* hoc *K*) *Z*   10 Nar *VQZ*:
Nas *D*   11 piat *VQZ*: pias *D*   13 hominem *Toll.*: hominum
codd.

9 *VQDZ*   2 aequoreum *VQC*: aequoreus *DKMT*
3 pecorique *V* (co *sup. lin.*), *QD*: pecorisque *Z*   10 quinquegenus
DZ: quinquetenis *V ut vid.*: quinquegenis *Q*

10 *VQDZ*   2 est *DZ*: et *VQ*   morte *VQZ*: more *D*

peiurum Lapitham Iunonia ludificat	nubs.
ludit et Aeaciden Parnasia Delphicolae	sors. 5
Threicium Libycum freta Cimmeriumque secat	bos.
non sine Hamadryadis fato cadit arborea	trabs.
quo generata Venus, Saturnia desecuit	falx.
sicca inter rupes Scythicas stetit alitibus	crux,
unde Prometheo de corpore sanguineus	ros 10
aspergit cautes et dira aconita creat	cos.
Ibycus ut periit, index fuit altivolans	grus.
Aeacidae ad tumulum mactata est Andromachae	glos.
tertia opima dedit spoliatus Aremoricus	Lars.
carcere in Argivo Philopoemena lenta adiit	mors. 15
sera venenato potu abstulit Hannibalem	nex.
res Asiae quantas leto dedit immeritas	fraus!
ultrix flagravit de rupibus Euboicis	fax.

11. *De gentibus*

Stat Iovis ad cyathum, generat quem Dardanius	Tros.
praepetibus pinnis super aera vectus homo	Cres.
intulit incestam tibi vim, Philomela, ferus	Thrax.
barbarus est Lydus, pellax Geta, femineus	Phryx.
fallaces Ligures, nullo situs in pretio	Car. 5
vellera depectit nemoralia vestifluus	Ser.

5 eaciden (ae- *V*) *VQK*: eacidem *DCMT*   sors *VQZ*: mors *D*
6 threicium (thericium *V*) libicum freta cimeriumque secat vos (ros
Q) *VQ*: et furiata (furcata *K*, funata *M*) oestro tranat mare cymmerium
(cimmenum *M*) bos *DZ*   8 quo *DZ*: quod *VQ*   9 sicca *VQ*:
saeva *DCKM*: scaeva *K*   11 aconita (anc- *M*) *Z*: acotina *VQ*:
conita *D*   12 index *VQ*: vindex *DZ*   14 *post* 15 *VQ*,
om. Z   opima *D*: opicna *V*: pugna *Q*   17 *ante* 11. 7 *DZ* (*i.e.*
post 11. 6 *D*, *post* 11. 4 *Z*)   immeritas *VQCKT*: immerita *DM*

11 *VQDZ*   1 generat *DZ*: genera *VQ*   1–2 quem . . . aera
om. VQ   2 praepetibus *DCKT*: perpetibus *M*   aera *DCKM*:
aethera *T*   vectus *DZ*: victus *V*ac, victurus *V*pc*Q*
3 incestam *VQDCT*: infestam *D*, ingestam *KM*   4 lydus *V*ac*DZ*:
lydius *V*pc*Q*   pellax *VQ*, *sup. lin. D*: ferus *D*: servus *Z*:
bellax *Toll.*   5–6 *om. Z*   5 fallaces Ligures, nullo situs in
pretio car *VQ*: audaces licii, nullo tamen in pretio car *D*

nota in portentis Thebana tricorporibus   Sphinx,
nota Caledoniis nuribus, muliebre secus,   strix.

12. *De vere primo*

Annus ab exortu cum floriparum reserat   ver,
cuncta vigent, nemus omne viret, nitet auricomum   rus,
et passura umbras radicata exigitur   stirps.
non denso ad terram lapsu glomerata fluit   nix.
5 florum spirat odor, Libani ceu montis honor   tus.

13. *Per interrogationem et responsionem*

Quis subit in poenam capitali iudicio?   vas.
quod si lis fuerit nummaria, quis dabitur?   praes.
quis mirmilloni contenditur aequimanus?   Thraex.
inter virtutes quod nomen Mercurio?   fur.
5 turibula et paterae, quae tertia vasa deum?   lanx.
cincta mari quaenam tellus creat Hippocratem?   Co.
grex magis an regnum Minoida sollicitat?   grex.
quid praeter nubem Phaeacibus impositum?   mons.
dic, cessante cibo somno quis opimior est?   glis.
10 tergora dic clipeis accommoda quae faciat?   glus.
sponte ablativi casus, quis rectus erit?   spons.
quadrupes oscinibus quis iungitur auspiciis?   mus.
quid fluitat pelago quod non natat in fluvio?   pix.
bissenas partes quis continet aequipares?   as.
15 tertia defuerit si portio, quid reliquum?   bes.

7–8 *separavit* Green, *ut minus titulo De Gentibus congruentes*
8 caledoniis (-nus *Q*) nuribus *VQ*: et parvorum cunis *DZ*   secus
DMK: scelus *CT*: decus *VQ*: pecus *Floridus*

12 *VDZ*   1 floriparum *V*: flore parum *D*: floriferum *Z*
2 nitet *om. V*   3 passura *DZ*: fusura *V*, *D sup. lin.*   radicata *Green*:
radicatus *V*ac: radicitus *V*pc*DZ*   exeritur *Mommsen*   *post* 5 iam
pelago volitat mercator vestifluus *Ser DZ*

13 *VDZ*   1 poenam *DZ*: poena *V*   2 quod si *Green*: quid
si *V*: quid cum *DZ*   3 threx *D*: thrax *V*: thres *Z*   4 versutos
quod *Heins.*   7–15 *om. M*   10 glus *DCKT*: glux *V*   11 quis
DCKT: qui *V*   12 *om. Z*   auspiciis *V*: auspicii *D*   13 quid
VD: quis *Z*   15 bes *VCKT*: bis *D*

XXV. TECHNOPAEGNION

14. *De litteris monosyllabis Graecis ac Latinis*

Dux elementorum studiis viget in Latiis	A,
et suprema notis ascribitur Argolicis	Ω,
eta quod Aeolidum quodque ⟨εἶ⟩ valet, hoc Latiare	E.
praesto quod e Latium semper breve Dorica vox	E.
hoc tereti argutoque sono negat Attica gens:	O. 5
ὦ quod et οὖ Graecum compensat Romula vox	O.
littera sum iotae similis, vox plena iubens	I.
[Cecropiis ignota notis ferale sonans	F.]
Pythagorae bivium ramis pateo ambiguis	Y.
vocibus in Grais numquam ultima conspicior	M. 10
zeta iacens, si surgat, erit nota, quae legitur	N.
Maeandrum flexusque vagos imitata vocor	Ξ.
dividuum betae monosyllabon Italicum	B.
non formam at vocem deltae gero Romuleum	D.
hostilis quae forma iugi est, hanc efficiet	Π. 15
Ausonium si pe scribas, ero Cecropium	P,
et rho quod Graecum, mutabitur in Latium	P.
malus ut antemnam fert vertice, sic ego sum	T.
spiritus hic, flatu tenuissima vivificans,	H.
haec tribus in Latio tantum addita nominibus	K, 20
praevaluit post quam gammae vice functa prius	C,
atque alium pro se titulum replicata dedit	G.
ansis cincta duabus erit cum iota, leges	Φ.
in Latio numerus denarius Argolicum	X.
haec gruis effigies Palamedica porrigitur	V. 25

14 3 EI *add. Peip.*, E *Turnebus* Latiare *Pulm.*: latiar *V* 5 negat *Scal.*: egat *V* O *V*: οὖ *Scal.* 6 et *OY Scal.*: eoy *V* (y *sup. lin. ut vid.*), et O *Vin.* 8 *suspectum habet Green* ferale sonans *Sannaz.*: ferali resonans *V* F *Green*: V *V* 9 Pythagorae *Acc.*: pythagora *V* 12 vocor *Turnebus*: vagor *V* 13 betae *Acc.*: beate *V* monosyllabon *Lugd.*: monosillabo *V* 14 at *Pulm.*: aut *V* 17 Graecum *Pulm.*: greco *V* 20 addita *v*: addit *V* 22 alium...titulum *v*: alium... titulo *V*: aliam . . . titulo *Lipsius* G *Mertens*: C *V*: Q *Turnebus* 23 ansis *Pulm.*: ansi *V* Φ *Froehner*: Θ *codd.*: ⊁ *Peip.*, T *Schulze* 25 gruis *Acc.*: corucis *V*: crucis *Scal.* V *Green*: Φ *V*: ϝ *Weil*

coppa fui quondam Boeotia, nunc Latium   Q.
furca tricornigera specie, paene ultima sum Ψ.

15. Grammaticomastix

En logodaedalias; ride modo, qui nimium   trux
frivola condemnas; nequam quoque cum pretio est merx.
Ennius ut memorat, repleat te laetificum   gau;
livida mens hominum concretum felle coquat   pus.
5 dic quid significent Catalepta Maronis: in his   al
Celtarum posuit, sequitur non lucidius   tau,
et quod germano mixtum male letiferum   min.
imperium, litem, venerem, cur una notat   res?
estne peregrini vox nominis an Latii   sil?
10 lintribus in geminis constratus ponto sit an   pons?
Bucolico saepes dixit Maro, cur Cicero   saeps?
14 an Libyae ferale malum sit Romula vox   seps?
12 vox solita et cunctis notissima, si memores,   lac
cur condemnatur, ratio magis ut faciat   lact?
15 si bonus est insons, contrarius et reus est   sons?
dives opum cur nomen habet Iove de Stygio   dis?
unde Rudinus ait 'divum domus altisonum   cael'?

26 coppa *Mertens*: cappa *V*

15 *VDZ* (*Z = CKT*)   Grammaticomastix *VD* (-mastex *V*, -mestix
D), *om. Z*   1 en *Sch.*: e *V*: et *DZ*   logodaedalias ride *Green*: loco
(loca ᵖᶜ) daedalias ride *D*: logo a daedalia stride *V*: logo daedalia stride *C*:
logodae delia stᶦde *K*: loghodebalia stride *T*: logodaedalia strides *Toll.*
qui *VD*: quid *Z*   2 condemnas *DK*: condemnans *VCT*   nequam
quoque *VDCK ut vid.*: nequaquam *T*: nequam quia *Sch.*: nequam
quin *Blomgren*   est *om. T*   merx *DZ*: mens *V*: mers *Mertens*
3 *post* 19 *et aliter DZ*   repleat *Sch.*: replea *V ut vid.*: replet *Pulm.*
4 *om. Z*   coquat *Lugd.*: quoquat *V*: coquit *D*   5–6 dic . . . tau *V*:
scire velim catalepta (-lecta *D*) legens quid significet tau *DZ*
7–9 *ita ordinavit D*: 7 *post* 9 *V*: 8 *post* 9 (*om.* 7) *Z*   7 quod *D*:
quo *V*   8 tria *super* venerem *D*   una *DZ*: saepe *V*   notat *V*:
notet *DZ*   9 estne *V*: sitne *DZ*   an Latii *VD*: antu *C* (antitii *mg*):
amni *K*: anni *T*   10 an geminis constratis ponto fit *Heins.*
14 *post* 11 *Green*   seps *VDT*: ses *CK*   13 condemnatur *V*:
condemnetur *DCK*: condamnetur *T*   16 Iove *VD*: anne *C*: cuive
K: curve *T*

et cuius de more, quod astruit 'endo suam do'?
aut de fronde loquens, cur dicit 'populea fruns'?

16

Sed quo progredior? quae finis, quis modus et calx?
indulge, Pacate, bonus, doctus, facilis vir.
totum opus hoc sparsum, crinis velut Antiphilae; pax!

XXVI. LVDVS SEPTEM SAPIENTVM

Ausonius consul Drepanio proconsuli sal.

Ignoscenda istaec an cognoscenda rearis,
    attento, Drepani, perlege iudicio.
aequanimus fiam te iudice, sive legenda
    sive tegenda putes carmina quae dedimus.
nam primum est meruisse tuum, Pacate, favorem; 5
    proxima defensi cura pudoris erit.
possum ego censuram lectoris ferre severi
    et possum modica laude placere mihi.
novit equus plausae sonitum cervicis amare,
    novit et intrepidus verbera lenta pati. 10
Maeonio qualem cultum quaesivit Homero
    censor Aristarchus normaque Zenodoti!
pone obelos igitur, primorum stigmata vatum:
    palmas non culpas esse putabo meas,
et correcta magis quam condemnata vocabo, 15
    apponet docti quae mihi lima viri.

---

18 astruit *DZ*: addidit *V*   19 dicit *V*, dicat *DZ*   fruns *DCK*:
frons *V*: frus *T*   *post* 19 et quod non numquam (umquam *K*)
praesumit laetificum gau *DZ*
16 *VDZ*   1 progredior *DZ*: praegredior *V*   2 pacate *V*:
pauline *DZ*   3 velut Antiphilae *VZ*: um ut chtiphile *D*   pax *DZ*:
quid *V*
   xxvi *VPH*   13 primorum *V*: puriorum *PH*   stigmata vatum
Ug.: stemma vocabo *V*: stemmata vatum *PH*   13–15 vatum . . .
condemnata *om. V*

interea arbitrii subiturus pondera tanti
optabo ut placeam; si minus, ut lateam.

Prologus

Septem sapientes, nomen quibus istud dedit
superior aetas nec secuta sustulit,   20
hodie in orchestram palliati prodeunt.
quid erubescis tu, togate Romule,
scaenam quod introibunt tam clari viri?
nobis pudendum hoc, non et Atticis quoque,
quibus theatrum curiae praebet vicem.   25
nostris negotis sua loca sortito data:
campus comitiis, ut conscriptis curia,
forum atque rostra separat ius civium.
una est Athenis atque in omni Graecia
ad consulendum publici sedes loci,   30
quam in urbe nostra sero luxus condidit.
aedilis olim scaenam tabulatam dabat
subito excitatam nulla mole saxea.
Murena sic et Gallius: nota eloquor.
postquam potentes nec verentes sumptuum   35
nomen perenne crediderunt, si semel
constructa moles saxeo fundamine
in omne tempus conderet ludis locum,
cuneata crevit haec theatri immanitas.
Pompeius hanc et Balbus et Caesar dedit   40
Octavianus, concertantes sumptibus.
sed quid ego istaec? non hac ⟨de⟩ causa huc prodii,
ut expedirem quis theatra, quis forum,
quis condidisset privas partes moenium,

21 hodie *Pith.*: hodieque *VPH*   orchestram *Lugd.*: orcistram *V*:
hortis tam *PH*   23 introibunt *PH*: introirunt *V*   26 negotis
H: negotiis (-ciis *P*) *VP*   27 at *Kenney*   28 separat ius *Scal.*:
separatis *codd.*   30 sedes *H in ras.?*: sedis *VP*   34 eloquor *Green*:
eloquar *codd.*   37 moles *H*: molis *VP*   42 ego quid *Scal.*   de
add. Mertens   44 privas $V^{ac}H$: primas $V^{pc}P$

sed ut verendos disque laudatos viros   45
praegrederer aperirẹmque quid vellent sibi.
pronuntiare suạs sọlent sentẹntiạs,
quas quisque iam prudentium anteverterit.
scitis profecto quae sint: sed si memoria
rebus vetustis claudit, veniet ludius   50
edissertator harum quas teneo minus.

Ludius

Delphis Solonem scripse fama est Atticum
Γνῶθι σεαυτόν, quod est Latinum 'nosce te.'
multi hoc Laconis esse Chilonis putant.

Spartane Chilon, sit tuum necne ambigunt,   55
quod †introfertur†: Ὄρα τέλος μακροῦ βίου,
finem intueri longae vitae quo iubes.
multi hoc Solonem dixe Croeso existimant.
et Pittacum dixisse fama est Lesbium
Γίγνωσκε καιρόν. tempus ut noris iubet,   60
sed καιρὸς iste tempestivum tempus est.
Bias Prieneus dixit οἱ πλεῖστοι κακοί,
quod est Latinum 'plures hominum sunt mali.'
sed imperitos scite quos dixit malos.

46 aperiremque *Peip*.: agere *codd*.: aegre *Scal*., et peragerem *Baehrens*,
ac peragerem *Brakman*   48 quas quisque iam prudentium *Peip*.:
quas si quisquam prudentum *V*: quas quisquam prudentum *PH*: quas
quisque   providentium   *Avant*.,   quas   sibi   iam   quisque
prudentum *Baehrens*, quas si prudentum quispiam *Leo*   50 clau-
dit] cludit *codd*.: ludit *Baehrens*   ludius *PH*: ludus *V*   51 edissertator *Ug*., et dissertator *V*: edessertator *P*: edessertator *H*: edisserator
Avant.   52 scripse *H*: scribsisse *V*: scribis et *P*   atticum *PH*:
anticum *V*   53 est Latinum *Green*; Latinum est *codd*.
54 laconis *H*^{pc}: lacones *VH*^{ac}: lacon *P*   56 in ore fertur *Sch. dub*.:
iuxta *vel* itidem fertur *Peip*., ita profertur *Pichon*, metro fertur *Brakman*   57 quo iubes *PH*: qui iubes *V*   58 dixe *PH*:
dixisse *V*   60 γίγνωσκε καιρόν *Scal*.: gisnosce ceron *V*: gignoscere
ceron *P*: γνωθει καιρον *H*   61 iste *PH*: is *V*   62 Prieneus
Avant.: prienius *V*: prineus *P*: prienaeus *H*   64 scite *Green*: scito
codd.

Μελέτη τὸ πᾶν est Periandri Corinthii,   65
esse meditationem totum qui putat.
Ἄριστον μέτρον esse dixit Lindius
Cleobulus, hoc est 'optimus cunctis modus.'
Thales ⟨et⟩ ἐγγύα· πάρα δ' ἄτα protulit,
spondere qui nos, noxa quia praesto est, vetat.   70
hoc nos monere faeneratis non placet.
dixi; recedam. legifer venit Solon.

Solon

De more Graeco prodeo in scaenam Solon,
septem sapientum fama cui palmam dedit.
sed fama non est iudicii severitas: 75
neque me esse primum ⟨nec⟩ vero imum existimo,
aequalitas quod ordinem nescit pati.
recte olim ineptum Delphicus iussit deus
quaerentem, quisnam primus sapientum foret,
ut in orbe tereti nomina septem incideret,   80
ne primus esset ne vel imus quispiam.
eorum e medio prodeo gyro Solon,
ut quod dixisse Croeso regi existimor,
id omnis hominum secta sibi dictum putet.

65 est Periandri *Sch.*: periandri est *codd.*: Periandri hoc est *Mertens*:
Periandri id est *Peip.*   66 esse meditationem *Vin.*: meditationem
esse *codd.*: meditationis esse *Heins.*: meditationi inesse *Sch.*, meditationem posse *Peip.*: meditationem is esse *Mertens*   67 dixit *Scal.*:
dicit *codd.*   Lindius *Ug.*: Lidius *VH*pc: lycdius *PH*ac   68 Cleobulus *Ug.*: cleoboilus *VH*: cleoboilus *P*   69 et *add. Green*,
sed *Peip.*   70 praesto est *PH*: presest *V*   72 dixi recedam
Scal.: dixere quidam *codd.*   76 nec vero imum *Sch.*: verum unum
codd.: vestrum aut imum *Scal.*: horum nec imum *Toll.*: nec vel imum
Hartel: verum horum unum *Mommsen*: verum unum ex his
(autumo) *Baehrens*: (enim esse primum me) verum unum *Peip.*: (esse
primum) verum me unum *Brakman*   78 iussit *Scal.*: ait *codd.*:
suasit *Heins.*: monuit *Leo*   80 nomina septem incideret *Green*:
nominum (nomium *PH*) sertum incideret *codd.*: nomina eorum incideret
Scal.: nominum seriem daret *Heins.*, nomina serta incideret *Sch.*
84 id omnis *V*: ad omnes *P*: id omnes *H*

Graece coactum ὅρα τέλος μακροῦ βίου,   85
quod longius fit, si Latine edisseras.
spectare vitae iubeo cunctos terminum;
proinde miseros aut beatos dicier,
eventa quod sunt semper ancipiti statu.
id adeo sic est. si queam, paucis loquar.   90
rex, an tyrannus, Lydiae Croesus fuit,
sibi beatus, dives insanum in modum,
lateribus aureis templa qui divis dabat.
is me evocavit. venio dicto oboediens,
meliore ut uti rege possint Lydii.   95
rogat beatum prodam, si quem noverim.
Tellena dico, civem non ignobilem:
pro patria pugnans iste vitam abiecerat.
despexit, alium quaerit. inveni Aglaum:
fines is agelli proprii numquam excesserat.   100
at ille ridens, 'quo dein me ponis loco,
beatus orbe toto qui solus vocor?'
spectandum dico terminum vitae prius,
tum iudicandum, si manet felicitas.
dictum moleste Croesus †accepit. ego†   105
relinquo regem. bellum ille in Persas parat.
profectus, victus, vinctus, regi deditus.
†at ille captans funeris instar sui,†

85 coactum *Scal.*: coactum est *codd.*   86 edisseras *H*: dixeras *V*:
disseras *P*: dixeris *Vin.*   88 dicere *Scal.*   89 eventa *PH*:
evita *V*   ancipiti in statu *Heins.*   92 sibi beatus *Sh.B.*: his in
beatus *V*: is beatus *PH*: his in beatis *Scal.*: visu beatus *Leo*: nimis
beatus *Badian*   94 venio *Avant.*: veni *codd.*   97 tellena
*PH*ᵃᶜ: tellona *H*ᵖᶜ: tellana *V*: Tellumne *La V. de Mirmont dub.*
98 abiecerat *Graev.*: obiecerat *codd.*   100 is *post* fines *add. Green,*
post proprii *Peip.*, qui *post* fines *Scal.*   101 at *VP*: ait *H*   dein
Scal.: deinde *codd.*   105 accepit ego *VH*ᵖᶜ: accepi ego *PH*ᵃᶜ:
accepit tum ego *Lugd.*: accipit exeo *Scal.*: accepit at ego *Vin.*: accipit
ast (*vel* tum) ego *Green dub.*: fert. mittit foras *Holford-Strevens*
107 *ante et post* 108 *lac. Vin.*   108 at ille captans funeris instar
sui *V*: at ille captus ipse funeris instar sui *PH* (ipse *om. H*): *huius loci*
vexatoris et vexatissimi paene tot remedia quot lectores

* * * * *

qua flamma totum se per ambitum dabat
volvens in altum fumidos aestu globos.   110
ac paene sero Croesus ingenti sono,
'o vere vates', inquit, 'o Solon, Solon!'
clamore magno ter Solonem nuncupat.
qua voce Cyrus motus exstingui iubet
gyrum per omnem et destrui ardentem pyram.   115
et commodum profusus imber nubibus
repressit ignem. Croesus ad regem ilico
†per ministrorum† ducitur lectam manum.
interrogatus quem Solonem diceret
et quam ciendi causam haberet nominis,   120
seriem per omnem cuncta regi edisserit.
miseratur ille vimque fortunae videns
laudat Solonem, Croesum ⟨inde⟩ in amicis habet
vinctumque pedicis aureis secum iubet
reliquum quod esset vitae totum degere.   125
ergo duorum regum testimonio
laudatus et probatus ambobus fui.
quodque uni dictum est, quisque sibi dictum putet.
ego iam peregi, qua de causa huc prodii.
venit ecce Chilon. vos valete et plaudite.   130

Chilon

Lumbi sedendo, oculi spectando dolent,
manendo Solonem, quoad sese recipiat.

109 qua *V*: qui *PH*: quin *Scal.*   se per *PH*: semper *V*   111 ac
H: hac *V*: at *P*   115 propere *Heins.*   118 *hic quoque abundant
remedia dubia, velut* praeter ministrum *vel* per stipatorum *Green*
119 interrogatus *H*: interroga *V*: interrogatur *P*   120 ciendi *V*:
sciendi *PH*   121 cuncta *P*: cunctam *VH*   122 miseratur *VP*:
miseratus *H*   123 inde *add. Peip., et Pulm.,* hinc *Heins.,* iam
Sch.   126 ergo *Heins.*: ego *codd.*   128 dictum quod uni est
Heins.   131 spectando *VPH*: exspectando *codd. Plaut. Men.
882*   132 quoad sese *VP^{pc}H*: quoad ad sese *P^{ac}*: quoad is sese
Heins.: quoad ad se se *Peip.*

hui pauca quam diu locuntur Attici!
unam trecentis versibus sententiam
tandem peregit meque respectans abit.   135
Spartanus ego sum Chilon, qui nunc prodeo.
brevitate nota, qua Lacones utimur,
commendo nostrum γνῶθι σεαυτόν—nosce te—
quod in columna iam tenetur Delphica.
labor molestus iste fructi est optimi,   140
quid ferre possis quidve non dinoscere,
noctu diuque quae geras, quae gesseris,
ad usque puncti tenuis instar quaerere.
officia cuncta, pudor, honor, constantia
in hoc et illa spreta nobis gloria.   145
dixi. valete memores. plausum non moror.

Cleobulus

Cleobulus ego sum, parvae civis insulae,
magnae sed auctor qua cluo sententiae,
ἄριστον μέτρον quem dixisse existimant.
interpretare tu, qui orchestrae proximus   150
gradibus propinquis in quattuordecim sedes:
ἄριστον μέτρον an sit optimus modus
dic. annuisti; gratiam habeo. persequar
per ordinem. iam dixit ex isto loco
Afer poeta vester 'ut ne quid nimis'   155
et noster quidam μηδὲν ἄγαν. huc pertinet
uterque sensus, Italus seu Dorius.
fandi tacendi somni vigiliae est modus,
beneficiorum gratiarum iniuriae

---

133 hui *H*: huic *V*: hiis *P*   pauca quam diu *Sh.B.*: quam pauca diu
codd.: quam pauca quam diu *Avant.*: quam pauca di *Peip.*
135 abit *Scal.*: abiit *codd.*   137 utimur *J. C. Scaliger*: usi sunt
codd.   140 ast *Heins.*   148 qua cluo *ed. Par. 1513*: quam
elevo *V*: quam cluo *H*: quam duo *P*: qui cluo *Heins.*   155 Afer *H*:
affer *V*ᵃᶜ*P*: affert *V*ᵖᶜ   156 noster *VH*: vester *P*   158 vigiliae
est *Toll.*: vicinus *codd.*: vigiliae is *Heins.*: vigilii is *Peip.*

studii laborum: vita in omni quicquid est,   160
istum requirit optimae pausae modum.
dixi, recedam; sit modus. venit Thales.

Thales

Milesius Thales sum, aquam qui principem
rebus creandis dixi, ut vates Pindarus.

*   *   *   *   *

dedere piscatores extractum mari.   165
namque hi iubente Delio me legerant,
quod ille munus hoc sapienti miserat.
ego recusans non recepi et reddidi
ferendum ad alios quos priores crederem.
dein per omnes septem sapientes viros   170
missum ac remissum rursus ad me deferunt.
ego receptum consecravi Apollini.
nam si sapientem deligi Phoebus iubet,
non hominem quemquam, sed deum credi decet.
is igitur ego sum. causa sed in scaenam fuit   175
mihi prodeundi quae duobus ante me,
assertor ut sententiae fierem meae.
ea displicebit, non tamen prudentibus,
quos docuit usus et peritos reddidit.
⟨en⟩ ἐγγύα· πάρα δ' ἄτα Graece dicimus;   180
Latinum est 'sponde; noxa ⟨sed⟩ praesto tibi.'
per mille possem currere exempla ut probem
praedes vadesque paenitudinis reos,
sed nolo nominatim quemquam dicere.

---

162 Bias *Sch. dub.*   163–88 *ante* 147–62 *Toll. dub.*   163 Thales
sum *ed. Par. 1513*: sum Thales *codd.*   164 vates *PH*: vatis *V   post*
164 *lac. Scal.*   171 deferunt *PH*: referunt *V*   173–4 deligi
. . . hominem *om. V*   deligi *Toll.*: diligit *P*: diligi *H*   176 duobus]
tribus quoque *Sch. dub.*: doctoribus *Peip. dub.*   180 en *add. Sch.*:
nos *add. Scal.*   Graece *Peip.*: ecce *codd.*   181 noxa set praesto
tibi *Peip.*: noxa praesto tibi est *codd.*: noxia est praesto tibi *Scal.*

sibi quisque vestrum dicat et secum putet,   185
spondere quantis damno fuerit et malo.
gratum hoc officium maneat, ambobus tamen.
pars plaudite ergo, pars offensi explodite.

Bias

Bias Prieneus ⟨sum⟩; dixi οἱ πλεῖστοι κακοί:
Latine dictum suspicor 'plures mali.'   190
dixisse nollem: veritas odium parit.
malos sed imperitos dixi et barbaros,
qui ius ⟨et⟩ aequum ⟨et⟩ sacros mores neglegunt.
nam populus iste, quo theatrum cingitur,
totus bonorum est. hostium tellus habet,   195
dixisse quos me creditis, plures malos.
sed nemo quisquam tam malus iudex fuat
quin iam bonorum partibus se copulet.
sive ille vere bonus est seu dici studet,
iam fugit illud nomen invisum mali.   200
abeo. valete et plaudite, plures boni.

Pittacus

Mitylena ⟨ego⟩ ortus Pittacus sum Lesbius,
γίγνωσκε καιρὸν qui docui sententiam.
sed iste καιρός, tempus ut noris, monet
et esse καιρὸν tempestivum quod vocant.   205
Romana sic est vox, 'venite in tempore.'

---

185 vestrum *P*: verum *VH*   187 ratum *Heins.*   maneat *Avant.*:
manet *codd.*   a nobis *vel* iam nobis *Heins.*   189 (*et in titulo*)
prieneus *V*ac: perieneus *V*pc: prineus *P*: prienaeus *H*   sum *add. Scal.*:
quod *Peip.*: qui *Sch. dub.*   191–2 nollem . . . malos *om. V*
193 et . . . et *add. Avant.*   196 creditis *VH*: credite *P*   197 fuat
H: fiat *V*: fuerat *P*: cluat *Heins.*   198 quin iam bonorum *Heins.*:
qui non amborum *codd.*: qui non bonorum *Avant.*   200 illud *Toll.*:
illum *codd.*   201 plures *H*: pluris *VP*   202 ego *add. Mer-*
tens., en *Heins.*   203 γίγνωσκε καιρόν *Ug.*, dinosce caeron *V*:
ginosce caeron *P*: γνωθει καιρον *H*   204 sed iste καιρός] sententia
ista *Green dub.*   205 et] scite *Heins.*   206 sic] sic et *Peip.*:
similis *Baehrens*   venite *Toll.*: venit *V*: veni *PH*: venito *Heins.*

vester quoque ille comicus Terentius
rerum omnium esse primum tempus autumat,
ad Antiphilam quom venerat servus Dromo
nullo impeditam, temporis servans vicem.   210
reputate cuncti, quotiens offensam incidat
spectata cui non fuerit opportunitas.
tempus me abire, molestus ne sim: plaudite.

Periander

Ephyra creatus huc Periander prodeo,
μελέτη τὸ πᾶν qui dixi et dictum ⟨iam⟩ probo,   215
meditationem esse omne quod recte geras.
is quippe solus rei gerendae est efficax,
meditatur omne qui prius negotium.
adversa rerum vel secunda praedicat
meditanda cunctis comicus Terentius.   220
aedes locare, bellum gerere aut ponere,
magnas modicasque res, etiam parvas quoque
agere volentem semper meditari decet.
nam segniores omnes in coeptis novis,
meditatio si rei gerendae defuit.   225
nil est quod ampliorem curam postulet
quam cogitare quid gerendum sit dehinc.
incogitantes fors, non consilium, regit.
meditamini ut vestram rem curetis probe;   230
sed ego me †ad patres† iam recipio. plaudite.   229

207 ille *Lugd.*: ^sic *V*: om. *PH*: quippe *Baehrens*: iste *Peip.*: itidem *Sch.*:
Afer *Brakman*   209 quom *Sebis.*: quo *codd.*: cum *Green dub.*
211 reputate *Ug.*: reputati *VH*: reputative *P*   213 me abire] monet
Peip.   molestus ne sim *Sch.*: ne sim (si *V*) molestus *codd.*: nisi molestum
est *Baehrens*   214 huc Periander *Avant.*: periander huc *codd.*
215 iam *post* dictum *add. Peip.*: *post* et *add.* qui *Vin.*, hoc *Sch.*, re *Brakman*   216 meditationem id esse *Avant.*: meditationis esse *Heins.*,
meditationi inesse *Sch.*   omne *Friedrich*: totum *codd.*: om. *Acc.*   recte
om. Ug.   221 aedes locare *Heins.*: locare sedes *codd.*   226 nil *V*:
nihil *PH*   227 dehinc] rei *Heins.*   230 *ante* 229 *Green*   meditamini *VH*: meditari *P*: meditati *ed. Par. 1511*: meditaminique *Heins.*:
meditando *Peip.*   ut] et *Peip.*   vestram *del. Heins.*   probe *Green*:
publicam (plub- *V*) *codd.*   229 me ad patres *V*: me ad partes *PH*: me
ad plures *Leo*: meditatum *Green dub.*

1. *Ausonius Hesperio s.d.*

Qualis Picenae populator turdus olivae
  clunes opimat cereas,
vel qui lucentes rapuit de vitibus uvas
  pendetque nexus retibus,
quae vespertinis fluitant nebulosa sub horis   5
  vel mane tenta roscido,
tales hibernis ad te de saepibus, ipsos
  capi volentes, misimus
bis denos; tot enim crepero sub lucis eoae
  praeceps volatus intulit.   10
tum, quas vicinae suggessit praeda lacunae,
  anates maritas iunximus,
remipedes, lato populantes caerula rostro,
  et crure rubras punico,
iricolor vario pinxit quas pluma colore,   15
  collum columbis aemulas.
defrudata meae non sunt haec fercula mensae;
  vescente te fruimur magis.
          vale bene, ut valeam.

2. *Ausonius Paulo*

Tandem eluctati retinacula blanda morarum
  Burdigalae molles liquimus illecebras,
Santonicamque urbem vicino accessimus agro;
  quod tibi si gratum est, optime Paule, proba.
cornipedes rapiant imposta petorrita mulae,   5
  vel cisio triiugi, si placet, insilias,

XXVII *In VPH* 1–3, 12–13, 14–16, 21, 22, 24, *in Z* 2, 4–11, 13, 17–20
1 *V*   12 marinas *Heins.*   15 pluma *Canter*: puma *V*:
pinna *Baehrens*   17 defraudata *Scal.*: debrudata *V*
2 *VZ (Z = CKMT)*

vel celerem mannum vel ruptum terga veredum
conscendas, propere dummodo iam venias,
instantis revocant quia nos sollemnia paschae
libera nec nobis est mora desidiae.   10
perfer in excursu vel teriuga milia epodon
vel falsas lites, quas schola vestra serit.
nobiscum invenies multas, quia liquimus istic
nugarum veteres cum sale reliquias.

3. *Ausonius Paulo*

Ostrea nobilium cenis sumptuque nepotum
cognita diversoque maris defensa profundo
aut refugis nudata vadis aut scrupea subter
antra et muriceis scopulorum mersa lacunis,
quae viridis muscus, quae decolor alga recondit,   5
quae testis concreta suis ceu saxa cohaerent,
quae mutata loco, pingui mox consita limo,
nutrit secretus conclusae uliginis umor,
enumerare iubes, vetus o mihi Paule sodalis,
assuefacte meis ioculari carmine nugis.   10
aggrediar, quamvis curam non ista senilem
sollicitent frugique viro dignanda putentur.
nam mihi non Saliare epulum, non cena dapalis,
qualem Penelopae nebulonum mensa procorum
Alcinoique habuit nitidae cutis uncta iuventus.   15
enumerabo tamen famam testesque secutus
pro studiis hominum semper diversa probantum.
sed mihi prae cunctis ditissima, quae Medulorum

---

13 invenies *Z*: invenias *V*   nullas *Avant*.   14 nugarum
veteres cum sale relliquias *V*: vale valere si voles me vel vola *Z*
    3 *V*   2 diversoque *Pulm*.: diversaque *V*   deprensa
Heins.   5 decolor *Dousa*: ^(de)decor *V*   7 consita *Scal*.:
consta *V*   9 mi *Green dub*.   13 Saliare *Lugd*.: soliare *V*
cena dapalis *Lugd*.: rura dapilis *V*   18 set] sunt *Peip. dub*.
ditissima *V*: mitissima *Gron*., dulcissima *Sch*.: lectissima *Peip*.

educat oceanus, quae Burdigalensia nomen
usque ad Caesareas tulit admiratio mensas,   20
non laudata minus nostri quam gloria vini.
haec inter cunctas palmam meruere priorem,
omnibus ex longo cedentibus; ista et opimi
visceris et nivei dulcique tenerrima suco
miscent aequoreum tenui sale tincta saporem.   25
proxima sint quamvis, sunt longe proxima multo
ex intervallo, quae Massiliensia, portum
quae Narbo ad Veneris nutrit, cultuque carentia
Hellespontiaci quae protegit aequor Abydi,
vel quae Baianis pendent fluitantia palis,   30
Santonico quae tecta salo, quae nota †Genonis†,
aut Eborae mixtus pelago quae protegit amnis
ut multo iaceant algarum obducta recessu;
aspera quae testis sed dulcia, carnis opimae.
sunt et Aremorici qui laudent ostrea ponti,   35
et quae Pictonici legit accola litoris, et quae
mira Caledonius nonnumquam detegit aestus.
accedunt quae fama recens Byzantia subter
litora et insanae generata Propontidis acta
Promoti celebrata ducis de nomine laudat.   40
    haec tibi non vates, non historicus neque toto
orbe vagus coviva loquor, sed tradita multis,
ut solitum quotiens dextrae invitatio mensae
sollicitat lenem comi sermone Lyaeum.
haec non per vulgum mihi cognita perque popinas 45

---

19 educat *Lugd.*: edocat *V*   22 cunctos *Mommsen*
26 quamvis *Heins.*: quae vis *V*   sunt *Mehler*: set *V*   27 quae *V*:
sunt *Kenney*   portum *Vin.*: portu *V*   28 cultuve *Kenney*   carentis
Vin.   29 proserit *Mehler*   30 pilis *Scal.*   31 Genonis
V: Salonis *Sch.*: Gelonis *Mertens*: Gelanis *La V. de Mirmont*: Limoni *vel*
Morinis *Green dub.*   32 quae *Lugd.*: que qua *V*   34 sed
Heins.: et *V*   carnis opimae *Vin.*: farris opimae *V*: farris opimi *Peip.*,
σαρκὸς opimae *Sh.B.*   37 mersa *Heins.*   Caledoniis *Peip.*
39 et insanae *Heins.*: insana et *V*: et insana *Lugd.*, in insana *Peip. dub.*

aut parasitorum collegia Plautinorum,
sed festos quia saepe dies partim ipse meorum
excolui inque vicem conviva vocatus adivi,
natalis si forte fuit sollemnis amico
coniugioque dapes aut sacra repotia patrum,   50
audivi meminique bonos laudare frequentes.

4. *Invitatio ad Paulum*

Si qua fides falsis umquam est adhibenda poetis
    nec πλάσμα semper allinunt,
Paule, Camenarum celeberrime Castaliarum
    alumne quondam, nunc pater,
aut avus, aut proavis antiquior, ut fuit olim   5
    Tartesiorum regulus;
intemerata tibi maneant promissa memento.
    Phoebus iubet verum loqui;
etsi Pierias patitur lirare sorores,
    numquam ipse torquet αὔλακα.   10
te quoque ne pigeat consponsi foederis; et iam
    citus veni remo aut rota,
aequoris undosi qua multiplicata recursu
    Garunna pontum provocat,
aut iteratarum qua glarea trita viarum   15
    fert militarem ad Blaviam.
nos etenim primis sanctum post pascha diebus
    avemus agrum visere.
nam populi coetus et compita sordida rixis
    fastidientes cernimus   20

---

46 collegia *Pulm.*: collecta *V*   47 ipse meorum *Lugd.*: ipsa
memorum   *V*   50 coniugioque   *V*: coniugiove   *Sebis.*:
coniugiique *Green dub.*   repotia *Lugd.*: reportia *V*   51 bonos
Gron.: bono *V*

4 *Z* (= *CKMT*)   2 πλάσμα *Green*: plasma *codd.*   5 proavis
Avant.: proavus *codd.*   10 αὔλακα *ed. Lugd. 1548*: aulaca *C*: aulica
KMT   14 Carunna *CM*: Carrunna *K*: Garumna *T*   19 tur-
bida *Heins.*

angustas fervere vias et congrege volgo
   nomen plateas perdere.
turbida congestis rcfcritur vocibus echo:
   'tene!', 'feri!', 'duc!', 'da!', 'cave!'.
sus lutulenta fugit, rabidus canis impete saevo   25
   et impares plaustro boves.
nec prodest penetrale domus et operta subire;
   per tecta clamores meant.
haec et quae possunt placidos offendere mores
   cogunt relinqui moenia,   30
dulcia secreti repetantur ut otia ruris,
   nugis amoena seriis,
tempora disponas ubi tu tua iusque tuum sit
   ut nil agas vel quod voles.
ad quae si properas, tota cum merce tuarum   35
   veni Camenarum citus.
dactylicos, elegos, choriambum carmen, epodos,
   socci et cothurni musicam
carpentis impone tuis; nam tota supellex
   vatum piorum chartea est.   40
nobiscum invenies κατ᾽ ἐναντία, si libet uti
   non Poena, sed Graeca fide.

5. *Rescriptum Paulo*

(a)

Versus meos utili et conscio sibi pudore celatos carmine
tuo et sermone praemissis dum putas elici, repressisti;
nam qui ipse facundus et musicus editionis alienae
prolectat audaciam, consilio quo suadet exterret. tegat
oportet auditor doctrinam suam, qui volet ad dicendum 5

---

28 per saepta *Acc.*   32 amica et *Heins.*, amica ac *Sch.*
41 κατ᾽ ἐναντία *Peip.*: katenantia (cat- *M*, chath- *K*) *codd.*
42 poena (-ma *M*) *KMT*: penna *C*: προῖκα *Weil*
  5 *Z* (= *CKMT*)
  (*a*) 3 editionis *Gron.*: editioni (edict- *KM*) *codd.*

sollicitare trepidantem, nec emerita adversum tirunculos
arma concutiat veterana calliditas. sensit hoc Venus de
pulchritudinis palma diu ambiguo ampliata iudicio.
pudenter enim ut apud patrem velata certaverat nec
10 deterrebat aemulas ornatus aequalis; at postquam in
pastoris examen deducta est lis dearum, qualis emerserat
mari aut cum Marte convenerat, et consternavit arbitrum
et contendentium certamen oppressit. ergo nisi Delirus
tuus in re tenui non tenuiter laboratus opuscula mea, quae
15 promi studueras, retardasset, iam dudum ego ut palmes
audacior in hibernas adhuc auras improbum germen
egissem, periculum iudicii gravis inconsulta festinatione
subiturus. denique †pisonem†, quem tollenonem existimo proprie a philologis appellatum, adhibere, ut iube-
20 bas, recenti versuum tuorum lectione non ausus, ea quae
tibi iam cursim fuerant recitata transmisi. etenim hoc
poposcisti atque id ego malui, tu ut tua culpa ad
eundem lapidem bis offenderes, ego autem, quaecumque
fortuna esset, semel erubescerem. vide, mi Paule, quam
25 ineptum lacessieris in verbis rudem, in eloquendo hiul-
cum, a propositis discrepantem, in versibus concinnatio-
nis expertem, in cavillando nec natura venustum nec arte
conditum, diluti salis, fellis ignavi, nec de mimo planipe-
dem nec de comoediis histrionem. ac nisi haec a nobis
30 missa ipse lecturus esses, etiam de pronuntiatione rideres.
nunc commodiore fato sunt, quod licet apud nos genuina
apud te erunt adoptiva.

12 mari *C*: marti *KMT*   18 pisonem *CKM*: pissonem *T*: dis-
sonum *ed. pr.*: bisonum *Hartel*: pilum Graecum *Green dub.*
tollenonem *Peip.*: tolle nomen *CM*: tollono inde *K*: tolleno in *T*
19 adhibere *Peip.*: adcrevi *codd.*: ad te mittere *Gron.*, addere *Sch.*,
adhibui *Pastorino*, adicere *Green dub.*   19–20 iubebas *CT*: iubeas
KM   20 recentia *Canal*   24 *post* erubescerem XVII. 3 (*de
Bissula*) *codd.*   29 comoediis *KMT*: comoedis *C*

(b)

vinum cum biiugo parabo plaustro,
primo tempore Santonos vehendum,
ovum tu quoque passeris marini,
quod nunc promus ait procul relictum
in fundo patriae Bigerritanae . . .   5

6. ΑΥΣΟΝΙΟΣ ΠΑΥΛΩΙ

Ἑλλαδικῆς μέτοχον μούσης Latiaeque Camenae
Ἄξιον Αὐσόνιος sermone alludo bilingui.
Musae, quid facimus? τί κεναῖσιν ἐπ᾽ ἐλπίσιν αὔτως
ludimus ἀφραδίῃσιν ἐν ἤματι γηράσκοντες;
Σantonικοῖς κάμποισιν, ὅπη κρύος ἄξενόν ἐστιν,   5
erramus gelidoτρομεροὶ καὶ frigdopoetae,
Πιερίδων teneroπλοκάμων θεράποντες inertes.
πάντα δ᾽ ἔχει παγετός τε pedum καὶ κρουσμὸς ὀδόντων,
θαλπωρὴ quia nulla φοκοῦ χιονώδεϊ χώρῃ,
et duplicant frigus ψυχρὰ carmina μητιόωντες.   10
ἀρχόμενος δ᾽ ἄρα μηνὶ νέῳ Ιανοῦ τε calένδαις
primitias Παύλῳ nostrae πέμψωμεν ἀοιδῆς.
Μνημοσύνης κρηδεμνοκόμου πολυcantica τέκνα,
ennea verbosae pinnoστέφανοί τε puellae,
ἔλθατέ μοι πολύrisae ἐπὶ σκουρώδεα μολπήν,   15
frontibus ὑμετέραις πτέρινον praeferte triumphum;

(b) 1 vinum *CMT*: num *K*[ac]: unum *K*[pc]: virum *Peip.*   parabo
plaustro *Ug.*: plaustro parabo *codd.*   3 tum *Heins.*   coque
Scal.   5 Bigerritanae *Scal.*: begeritanae *codd.*
6 *Z* (= *CKM*)   5 ὅπη *Toll.*: ὅποι *codd.*: ὅπου *Sch.*   ἄξενον *Peip.*:
ἀξυαν *Z*: ἄσπετον *Scal.*, ὀξὺ (πάρεστιν) *Wilam.*   6 frigdopoetae *C*:
frigidopoetae *KM*: φρικτοροetae *Kenney*   7 teneroπλοκαμων *CM*:
τενεκοπλοκαμων *K*   8 κρουσμος *K*: κροισμος *CM*: κρυμος *Scal.*,
βρυγμός *Wilam.*   9 φοκοῦ *Peip.*: φοκιν *codd.*   11 calενδες
CK: calendes *M*   12 παυλω *CK*: paulo *M*   πέμψωμεν ἀοιδῆς
Sch.: πεμψωμεολοιδες (-λες *M*) *codd.*: πεμψώμεθ᾽ ἀοιδῆς *Wilam.*
14 ennea *KM*: aenea *C*   pinnoστέφανοι *Wilam.*: ρìννοστεφανοι
codd.   15 ἔλθατε *Wilam.*: ἐνθα τε *C*: ἐλρα τε *K*: ελεατε *M*: ἔνθ᾽ ἄγε
Scal.   σκουρώδεα *Peip.*: κουρωδεα *C*: σκουρρολελα *K*: σκοιρρωδεα *M*:
scurrώδεα *Wilam.*

ὑμᾶς γὰρ καλέω σαλσοστιχονυγοποιητής:
Παύλῳ ἐφαρμόσσαιτε μεμιγμενοβάρβαρον ᾠδήν.
οὐ γάρ μοι θέμις ἐστὶν in hac regione μένοντι
Ἄξιον ab nostris ἐπιδευέα εἶναι καμήναις: 20
κεῖνος ἐμοὶ πάντων μέτοχος, qui seria nostra,
qui ioca παντοδαπῇ novit tractare παλαίστρῃ.

καὶ νῦν sepositus μοναχῷ ἐνὶ rure Κρεβέννου
ἀσταφύλῳ ἐνὶ χώρῳ habet θυμαλγέα λέσχην
οὔτε φίλοις ἑτάροις nec mensae accommodus ulli,   25
otia θελξινόοις aeger συμμέμφεται Μούσαις.

iam satis, ο φίλε Παῦλε, πόνου ἀπεπειρήθημεν
ἔν τε foro causais τε καί ingrataisi καθέδραις,
ῥητορικοῖς λούδοισι, καὶ ἔπλετο οὐδὲν ὄνειαρ.

ἀλλ᾽ ἤδη κεῖνος μὲν ἅπας iuvenalios ἱδρώς   30
ἐκκέχυται μελέων, τρομερὴ δὲ πάρεστι senectus
καὶ minus in sumptum δαπάνας levis arca ministrat.

οὐ γὰρ ἔχει ἀπάλαμνος ἀνὴρ κουαιστωδέα lucron
κλεινικὸς οὔτε γέρων χρύσεον κερδίζεται μισθόν.

aequanimus quod si fueris ετ πάντα μελῴδειν   35
malueris, λήθη πόνου ἔσσεται ἠδὲ πενείης.

κεῖνο δὲ παγκάλλιστον, ut omnibus undique musis

17 ὑμᾶς γὰρ Sch.: ὑματαρ Z   καλεω C: καμεω KM   salsostichonu-
goποιητής Wilam.: σαισοστιχονυσοποιητης C: -νυσοποντις K: -νυεοτιστης
M: καινὸς Διονυσοποιητής Sch.: σκαιὸς Διονυσοποιητής Peip.
18 ἐφαρμόσσαιτε Sch.: ἐφαρμοσσατε (-οσατε C, -οσιατε K) codd.
μεμιγμενοβάρβαρον Peip.: μεμιγμενοβαρον codd.   19 μενοντι CK:
menonti M   20 εἶναι Wilam.: εινε CK: ενε M: esse Scal.,
εἶνε Green dub.   26 aeger C: δεcερ K: λετερ M   συμμέμφεται
Wilam.: συμμεμφεο C: συμμεμφεοτ KM: συνέμεν φάτο Scal., συμμέμφετο
Sch.   28 ingrataisi καθέδραις Scal.: ingrata es ικαθηραις C: i. es
καθημραιο K: i. es ικαεηλψαις M   30-45 om. K   30 ἱδρώς Toll.:
δρος C: iaros M   31 δὲ πάρεστι Wilam.: λεπαρecti CM
32 δαπάνας ed. Par. 1511: δαπας CM   33 οὐ γὰρ Pulm.: ουταρ
CM   κουαιστωδέα lucron Sch.: κουαιστωδειελλucroμ C: κοιλιστωδεα
λουσρονμον M   34 χρύσεον κερδίζεται μισθόν Wilam.: αρυσονκερααζε-
τενοιμ C: -μοιν M: ἄρ᾽ ἴσον κεραϊζόμενος νοῦν Sch., χρυσέην ἐργάζετ᾽
ἀμοιβήν Peip., χρυσοῦ κερδίζεται montes Heraeus

σὺν φίλῳ aequaevoque τεῶν συνοπάονι μοισῶν
θυμοῦ ἀκηχεμένου solacia blanda requiras.
hic erit et fructus Δημήτερος ἀγλαοκάρπου,   40
ἔνθα σύες θαλεροὶ, πολυχανδέα pocula ἔνθα,
κιρνᾶν εἴ κε θέλοις νέκταρ οὐίνοιο βόνοιο.
ambo igitur nostrae παραθέλξομεν otia vitae,

    dum res et aetas et sororum
    νήματα πορφύρεα πλέκηται.   45

7. ΑΥΣΟΝΙΟΣ ΠΑΥΛΩΙ

Ῥωμαίων ὕπατος ἀρεταλόγῳ ἠδὲ ποιητῇ
Αὐσόνιος Παύλῳ· σπεῦδε φίλους ἰδέειν.

8. Ad amicum

Aequoream liqui te propter, amice, Garunnam,
    te propter campos incolo Santonicos.
congressus igitur nostros pete; si tibi cura,
    quae mihi, conspectu iam potiere meo.
sed tantum appropera quantum pote corpore et aevo;
    ut salvum videam, sat cito te video.   6
si post infaustas vigor integratus habenas
    et rediit membris iam sua mobilitas,
si riguam laetis recolis Pipleida Musis,
    iam vates et non flagrifer Αὐτομέδων,   10
pelle soporiferi senium nubemque veterni
    atque alacri mediam carpe vigore viam.

---

38 σὺν φίλῳ aequaevoque *Wilam.*: συν φιαλῃδε quaevoque *C*: συν
φιαυαεqνενοque *M*: σὺν φιάλῃ vinoque *Sch.*, σὺν φιάλῃ
οἴνῳque *Peip.*   43 παραθέλξομεν *Sch.*: παραθελαξομεν *CM*
45 πορφύρεα *Scal.*: πορφυρεω *C*: πορφυρωη *M*   πλέκηται *Vin.*: μιταεκετατ
C: ιταεκετατ *M*: πλέκονται *Scal.*   πορφυρέων δέκηται *vel* πορφύρε᾽ ἐνδέκη-
ται *Heraeus*
7 *Z* (= *CM*)   1 ἀρεταλογῳ ἠδε *C*: ἀρεταλογα ηαε *M*
8 *Z* (= *CKMT*)   9 Pipleida *ed. pr.*: pipeleida *CMT*: pipeltida
K   10 Αὐτομέδων *CKM, om. T*: Automedon *Vin.*

sed cisium aut pigrum cautus conscende veredum;
non tibi sit raedae, non amor acris equi.
cantheris moneo male nota petorrita vites   15
nec celeres mulas ipse Metiscus agas.
sic tibi sint Musae faciles, meditatio prompta
et memor, et liquidi mel fluat eloquii;
sic, qui venalis tam longa aetate Crebennus
non habet emptorem, sit tibi pro pretio.   20
attamen ut citius venias leviusque vehare,
historiam mimos carmina linque domi.
grande onus in Musis; tot saecula condita chartis,
quae sua vix tolerant tempora, nostra gravant.
nobiscum invenies ἐπέων πολυμορφέα πληθύν,   25
γραμματικῶν τε πλοκὰς καὶ λογοδαιδαλίην,
δάκτυλον ἡρώων καὶ ἀοιδοπόλων χορίαμβον,
σὺν Θαλίης κώμῳ σύρματα Τερψιχόρης,
Σωταδικόν τε κίναιδον, ἰωνικὸν ἀμφοτέρωθεν,
ῥυθμῶν Πινδαρικῶν ἔννομον εὐεπίην.   30
εἰλιπόδην σκάζοντα, καὶ οὐ σκάζοντα τρίμετρον,
ὀκτὼ Θουκυδίδου, ἐννέα Ἡροδότου.
ῥητορικῶν θάημα, σοφῶν ἐρικυδέα φῦλα
πάντα μάλ᾽ ὅσσ᾽ ἐθέλεις, καὶ πλέον, εἴ κε θέλοις.
hoc tibi de nostris ἀσπαστικὸν offero libris.   35
vale; valere si voles me, iam veni.

15 cantheris *Gron.*: eutheri *C*: cutheri *K*: enteri *M*: cantheri *T*
16 ne *Peip.*   17 faciles *C*: facilis *KMT*   19 qui *Avant.*:
quam *CKT*: quem *M*   25–35 *om. T*, 26–35 *om. K*
27 ἡρώων *CM*: ἡρῶον *Vin.*   ἀοιδοπόλων *Salmasius*: λοιδοποδω *C*: λοπολω
M: ἀοιδοπόλον *Vin.*   32 Θουκυδίδου . . . Ἡροδότου *ed. pr.*: ηροδου . . .
τοικυδιδου *CM*   ῥητορικῶν *Scal.*: ῥητορικον *CM*   34 ἐθέλεις *ed. pr.*:
ἐθελοις *C*: ἐθλοις *M*   πλέον εἴκε θέλοις *ed. pr.*: πασων ηκε θελεις *C*: παεον
ηκε θελειε *M*   35 ἀσπαστικόν *ed. Par. 1513*: ἀπαστικον *CM*

9. *Ausonius Probo praefecto praetorio*

(*a*)

Oblata per antiquarios mora scio promissi mei gratiam
exspectatione consumptam, Probe, vir optime; in secundis tamen habeo non fefellisse. apologos Titiani et
Nepotis chronica quasi alios apologos (nam et ipsa instar
sunt fabularum) ad nobilitatem tuam misi, gaudens atque 5
etiam glorians fore aliquid quod ad institutionem tuorum
sedulitatis meae studio conferatur. libello tamen apolo-
gorum antetuli paucos epodos, studio in te observantiae
meae impudentissimo, paucos quidem, ut ego loquax
iudico; verum tu, cum legeris, etiam nimium multos 10
putabis. adiuro benevolentiam tuam, verecundiae meae
testem, eos mihi subita persuasione fluxisse. nam quis hos
diu cogitaret? quod sane ipsi per se probabunt. fors fuat
ut, si mihi vita suppetet, aliquid rerum tuarum quamvis
incultus expoliam; quod tu etsi lectum non probes, 15
scriptum boni consulas, cumque ego imitatus sim vesa-
niam Choerili, tu ignoscas magnanimitate Alexandri. hi
igitur, ut Plautus ait, interim erunt antelogium fabularum, garruli et deceptores, qui compositi ad honorifi-
centiae obsequium ad aurium convicium concurrerunt. 20
vale ac me dilige.

(*b*)

Perge, o libelle, Sirmium,
et dic ero meo ac tuo
ave atque salve plurimum.
quis iste sit nobis erus,

9 *Z* (= *CKMT*)

(*a*) 2 consumptam *C*: consumpta *KMT*   9 impudentissimo
Sch.: impudentissimos *codd*.   12 persuasione] profusione
Mondin   16 consulas *Toll*., consules *codd*.   18 igitur ut
Plautus ait interim *KT*: igitur interim ut Plautus ait *CM*   antelogium
Muretus: antilogium *codd*.   21 ac *CKM*: et *T*

nescis, libelle? an cum scias   5
libenter audis quod iuvat?
possem absolute dicere,
sed dulcius circumloquar
diuque fando perfruar.
hunc dico qui lingua potens   10
minorem Atridam praeterit
orando pauca et musica,
qui grandines Vlixei
et mel fluentem Nestora
concinnat ore Tullii;   15
qui solus exceptis tribus
eris erorum primus est
praetorioque maximus.
dico hunc senati praesulem,
praefectum eundem et consulem;   20
nam consul aeternum cluet
collega Augusti consulis,
columen curulis Romulae
primum in secundis fascibus;
nam primus e cunctis erit   25
consul, secundus principi.
generi hic superstes aureo
satorque prolis aureae
convincit Ascraeum senem,
non esse saeclum ferreum;   30
qui vincit aevi iniuriam
stirpis novator Amniae
paribusque comit infulis

(b) 14 et mel fluentem *Peip*.: melle fluente KT^{ac}: melli fluentem et T^{pc}: et mellifluentem *CM*: mel et fluentem *vel* melle affluentem *Heins*. 15 concinnat ore *Avant*.: concinnatorem *codd*. 24 secundis *Vin*.: secundi *M*: seđi *T*: sede *CK* (secundi C^{mg}) 30 esse saeclum T^{pc}: essedum $CKMT^{ac}$ 32 Amniae *Sch*.: ammiae *CMT*: annue *K ut vid*.: Anniae *Avant*.

Aniciorum stemmata.
Probum loquor; scis optime,   35
quem nemo fando dixerit
qui non prius laudaverit.
   perge, o libelle, et utere
   felicitate intermina.

quin et require, si sinet   40
tenore fari obnoxio:
'age vera proles Romuli,
effare causam nominis.

utrumne mores hoc tui
nomen dedere, an nomen hoc   45
secuta morum regula?

an ille venturi sciens
mundi supremus arbiter,
qualem creavit moribus
iussit vocari nomine?'   50
nomen datum praeconiis
vitaeque testimonio.

libelle felix, quem sinu
vir tantus evolvet suo
nec occupari tempora   55
grato queretur otio;

quem melleae vocis modis
leni aut susurro impertiet;
cui nigellae luminum
vacare dignabunt corae;   60
quem mente et aure consciis,
quibusdam omissis, perleget.

   perge, o libelle, et utere   64
   felicitate intermina.   65

34 Aniciorum *Scal.*: annitiorum *codd.*   57 melleae *Peip.*: mille (ille *KT*) *codd.*, mille cum *Avant.*, mille tum *Sch.*   59 cui *CKMT*[pc], cuique *T*[ac]   nigellae *Peip.*: vigiles *codd.*   63 *post* 65 *transp. Green*

quaecumque fortuna est tibi,   63
dic me valere et vivere,   66
dic vivere ex voto pio,
sanctis precantem vocibus,
ut, quem curulis proxima
collegio nati dedit,   70
hunc rursus Augustus prior
suis perennet fascibus.
subnecte et illud leniter:
'apologos en misit tibi
ab usque Rheni limite   75
Ausonius, nomen Italum,
praeceptor Augusti tui,
Aesopiam trimetriam,
quam vertit exili stilo
pedestre concinnans opus   80
fandi Titianus artifex,
ut hic avi ac patris decus
mixto resurgens sanguine
Probianoque atque Anicio,
ut quondam in Albae moenibus   85
supremus Aenea satus
Silvios Iulis miscuit;
sic iste, qui natus tui,
flos flosculorum Romuli,
nutricis inter lemmata   90
lallique somniferos modos
suescat peritis fabulis
simul et iocari et discere.'

---

69 curulis *C*: curuli (curr- *K*) *KMT* 77 tui *CT*^pc: sui *KMT*^ac
80 pedestre *Avant.*: pede *codd.* 82 hinc *Mommsen* 84 Probianoque atque *Vin.*: Probiano atque *codd.*: Probiano itemque *Peip.* 87 Iulis *Scal.*: Iulius *codd.*: Iuliis *Avant.* 88 tui *KT*: tuus *CM*: tibi *Toll.* 92 peritis *CKMT*: peritus *codd. alii pauci* 93 discere *KMT*: ludere *C*

⟨his⟩ adde votum, quod pio
concepimus rei deo: 95
'ut genitor Augustus dedit
collegio nati Probum,
sic Gratianus hunc novum
stirpi futurae copulet.'
rata sunt futura, quae loquor;   100
sic meritaque et fatum iubent.
sed iam ut loquatur Iulius
fandi modum invita accipe,
volucripes dimetria,
aveque dicto dic vale.   105

10. *Ad Vrsulum grammaticum Trevirorum, cuius strenas*
kalendis Ianuariis ab imperatore non datas reddi fecit

Primus iucundi fuit hic tibi fructus honoris,
    Augustae faustum munus habere manus;
proximus ex longo gradus est quaestoris amici
    curam pro strenis excubuisse tuis.
ergo interceptos, regale nomisma, Philippos   5
    accipe tot numero quot duo Geryones;
quot terni biiuges demptoque triente Camenae,
    quotque super terram sidera zodiaci;
quot commissa viris Romana Albanaque fata
    quotque doces horis quotque domi resides;   10
ostia quot pro parte aperit stridentia circus,
    excepto medium quod patet ad stadium;
quot pedibus gradiuntur apes et versus Homeri
    quotque horis pelagus profluit aut refluit;
protulit in scaenam quot dramata fabellarum,   15

---

94 his *add. Peip.*   101 meritaque et fatum *Sch.*: merita et fatum
codd.: merita sic fatum *Avant.*: merita factorum *Peip.*
10 *Z* (= *CKMT*)   1 fuit *Avant.*: foret *codd.*

Arcadiae medio qui iacet in gremio,
vel quot iuncturas geometrica forma favorum
    conserit extremis omnibus et mediis;
qui telios primus numerus solusque probatur,
    qui par atque impar partibus aequiperat;   20
bis ternos et ter binos qui conserit unus;
    qui solus totidem congeminatus habet
quot faciunt iuncti subterque supraque locati,
    qui numerant Hyadas Pleiadasque simul.

*   *   *   *   *   25

Vrsule, collega nobilis Harmonio,
Harmonio, quem Claranus, quem Scaurus et Asper,
    quem sibi conferret Varro priorque Crates,
quique sacri lacerum collegit corpus Homeri,
    quique notas spuriis versibus apposuit;   30
Cecropiae commune decus Latiaeque Camenae,
    solus qui Chium miscet et Ammineum.

11. *Ausonius Tetradio*

O qui venustos uberi facundia
    sales opimas, Tetradi,
cavesque ne sit tristis et dulci carens
    amara concinnatio,
qui felle carmen atque melle temperans   5
    torpere Musas non sinis
pariterque fucas quaeque gustu ignava sunt
    et quae sapore tristia,
rudes Camenas qui Suessae praevenis
    aevoque cedis, non stilo,   10

---

18 et *CKM*: aut *T*   19 qui *Sch*.: quot *codd*.   20 qui *Green*:
quot *KMT*: quod *C*   atque *CKT*, aut *M*   23 subterque *CKM*:
subter *T*   27 Claranus *Avant*.: daranus (dra- *K*) *codd*.
28 Crates *Ug*.: grates *codd*.

11 *Z* (= *CKMT*)   1 vetustos *L. Mueller*   3 ne sit *C*: nescit
KMT

cur me propinquum Santonorum moenibus
    declinas, ut Lucas boves
olim resumpto praeferoces proelio
    fugit iuventus Romula?
non ⟨ut⟩ tigris te, non leonis impetu,   15
    amore sed caro expeto.
videre alumni gestio vultus mei
    et indole optata frui.
invitus olim devoravi absentiae
    necessitatem pristinae,   20
quondam docendi munere astrictum gravi
    Iculisma cum te absconderet,
et invidebam devio ac solo loco
    opus Camenarum tegi.
at nunc, frequentes atque claros nec procul   25
    cum floreas inter viros
tibique nostras ventus auras deferat
    auresque sermo verberet,
cur me supino pectoris fastu tumens
    spernis poetam consulem,   30
tuique amantem teque mirantem ac tua
    desiderantem carmina
oblitus alto neglegis fastidio,
    plectendus exemplo tuo
ni stabilis aevo pectoris nostri fides   35
    quamquam recusantes amet?
vale. valere si voles me, pervola
    cum scrinio et musis tuis.

---

15 ut tigris *ed. pr.*: tigris *codd.*: tigridis *Valent. Bibl. Univ. 834, Vat. Barber. Lat. 150*   21 astrictum *Scal.*: adstrictu *MT*: adstrictus *CK*   22 Iculisma cum *Scal.*: iculis nacum *CT*: eculisna cum (tum *K*) *KM*   23 et] sed *vel* nec *Kenney*   25 nunc *Avant.*: non *codd.*   37–8 me pervola cum scrinto (scrineo *C*) *CM*: ad me pervola (par- *K*) cum rescripto (scripto *K*) *K*, (re- *in ras.?*) *T*

12. *Ausonius Symmacho*

Modo intellego quam mellea res sit oratio, quam delenifica et quam suada facundia. persuasisti mihi quod epistulae meae apud Capuam tibi redditae concinnatio inhumana non esset, sed hoc non diutius quam dum
5 epistulam tuam legi, quae me blanditiis inhiantem tuis velut suco nectaris delibuta perducit. ubi vero chartulam pono et me ipsum interrogo, tum apsinthium meum resipit et circumlita melle tuo pocula deprehendo. si vero, id quod saepe facio, ad epistulam tuam redii,
10 rursus illicior; et rursum ille suavissimus, ille floridus tui sermonis afflatus deposita lectione vanescit et testimonii pondus prohibet inesse dulcedini. hoc me velut aerius bratteae fucus aut picta nebula non longius quam dum videtur oblectat, chamaeleontis bestiolae vice, quae de
15 subiectis sumit colorem. aliud sentio ex epistula tua, aliud ex conscientia mea. et tu me audes facundissimorum hominum laude dignari? tu, inquam, mihi ista, qui te ultra emendationem omnium protulisti? aut quisquam ita nitet ut comparatus tibi non sordeat? quis ita ad Aesopi
20 venustatem, quis sophisticas Isocratis conclusiones, quis ita ad enthymemata Demosthenis aut opulentiam Tullianam aut proprietatem nostri Maronis accedat? quis ita affectet singula ut tu imples omnia? quid enim aliud es quam ex omni bonarum artium ingenio collecta perfectio?
25 haec, domine mi fili Symmache, non vereor ne in te blandius dicta videantur esse quam verius. et expertus es fidem meam mentis atque dictorum, dum in comitatu

---

12 *VPH et codd. Symm.* (σ = fere omnes, ρ = *florilegia omnia vel maior pars,* π = *Vat. Pal. Lat. 1576*)   2 *et om.* ρ   4 inhumana *PH*σ: humana *V*   6 ubi *VPH*: tibi σ   vero *H*σ: enim *V*: non *P*   10 illicior et rursum *VPH*: illicio retrorsum σ   floridissimus *Scal.*   18 omnium *PH*σ: hominum *V*   aut quisquam σ (an quisquam ρ): quisquamne *V*: ut quisquam *PH*: haut quisquam *Schott*   19 ad *om. VPH*π   20 quis (sophisticas) *VPH*π: quis ad ρ   21 ita *om. VPH*   27 dum *VPH*π: cum ρ

degimus ambo aevo dispari, ubi tu veteris militiae praemia tiro meruisti, ego tirocinium iam veteranus exercui. in
comitatu tibi verus fui, nedum me peregre existimes 30
composita fabulari; in comitatu, inquam, qui frontes
hominum aperit, mentes tegit, me tibi et parentem et
amicum et, si quid utroque carius est, cariorem fuisse
sensisti.

sed abeamus ab his, ne istaec commemoratio ad illam 35
Sosiae formidinem videatur accedere. illud, quod paene
praeterii, qua affectatione addidisti, ut ad te didascalicum
aliquod opusculum aut sermonem protrepticum mit-
terem? ego te docebo, docendus adhuc si essem id aetatis
ut discerem? aut ego te vegetum atque alacrem commo- 40
nebo? eadem opera et Musas hortabor ut canant, et maria
ut effluant et auras ut vigeant et ignes ut caleant admonebo
et, si quid invitis quoque nobis natura fit, superfluus
instigator agitabo. sat est unius erroris, quod aliquid
meorum me paenitente vulgatum est, quod bona fortuna 45
in manus amicorum incidit. nam si contra id evenisset,
nec tu mihi persuaderes placere me posse.

haec ad litteras tuas responsa sint. cetera quae noscere
aves compendi faciam; sic quoque iam longa est epistula.
Iulianum tamen familiarem domus vestrae, si quid de 50
nobis percontandum arbitraris, allego: simul admoneo, ut,
cum causam adventus eius agnoveris, iuves studium quod
ex parte fovisti. vale.

13. *Ausonius Theoni*

Ausonius, cuius ferulam nunc sceptra verentur,
paganum Medulis iubeo salvere Theonem.

---

30 peregre *PHσ*: peregrem *V*   32 me tibi σ: ibi me *VPH*
41–2 maria ut effluant *VPH*: mare ut effluat σ   43 fit *VPH*: sit σ
44 sat *VPH*: satis σ   46 id *om.* σ   48 noscere *PHσ*: nos *V*
49 aves *Vin.*: habes *codd.*
13 *VZ* (*Z* = *CKLT*)   2 medulis *V*: e medulis *Z*

quid geris extremis positus telluris in oris,
cultor harenarum vates, cui litus arandum
Oceani finem iuxta solemque cadentem,   5
vilis harundineis cohibet quem pergula tectis
et tingit piceo lacrimosa colonica fumo?
quid rerum Musaeque gerunt et cantor Apollo—
Musae non Helicone satae nec fonte caballi,
sed quae facundo de pectore Clementini   10
inspirant vacuos aliena mente poetas,
iure quidem: nam quis malit sua carmina dici,
qui te securo possit proscindere risu?
haec quoque ne nostrum possint urgere pudorem,
tu recita, et vere poterunt tua dicta videri.   15
    quam tamen exerces Medulorum in litore vitam?
mercatusne agitas, leviore nomismate captans
insanis quod mox pretiis gravis auctio vendat?
albentis sevi globulos et pinguia cerae
pondera Naryciamque picem scissamque papyrum   20
fumantesque olidum, paganica lumina, taedas?
    an maiora gerens tota regione vagantes
persequeris fures, qui te postrema timentes
in partem praedamque vocent? tu mitis et osor
sanguinis humani condonas crimina nummis   25
erroremque vocas pretiumque imponis abactis
bubus et in partem scelerum de iudice transis?
    an cum fratre vagos dumeta per avia cervos
circumdas maculis et multa indagine pinnae?
aut spumantis apri cursum clamoribus urges   30
subsidisque ferum? moneo tamen usque recuses
stringere fulmineo venabula comminus hosti.
exemplum de fratre time, qui veste reducta

10 fecundo *Avant.*   17 leviore numismate *Z*: lebiora
nomismata *V*   18 auctio *Z*: actio *V*   19 albentis *Z*:
albentes *V*   25 crimina *V*: praemia *Z*   27 bubus *VKL*:
bobus *CT*   29 maculis *Z*: oculis *V*   multae *Kenney*
31 ferum *Green*: fero (Ferro *K*) *codd.*   33 veste reducta *Z*: vester
eiuncta *V*: veste recincta *Heins.*

ostentat foedas prope turpia membra lacunas
perfossasque nates vicino podice nudat;   35
inde ostentator volitat, mirentur ut ipsum
Gedippa Vrsinusque suus prolesque Iovini
Taurinusque ipsum priscis heroibus aequans,
qualis in Olenio victor Calydonius apro
aut Cromyoneo pubes fuit Attica monstro.   40
sed tu parce feris venatibus et fuge nota
crimina silvarum, ne sis Cinyreia proles
accedasque iterum Veneri plorandus Adonis.
sic certe crinem flavus niveusque lacertos
caesariem rutilam per candida colla refundis;   45
pectore sic tenero, plana sic iunceus alvo,
per teretes feminum gyros surasque nitentes
descendis, talos a vertice pulcher ad imos;
qualis floricoma quondam populator in Aetna
virgineas inter choreas Deoida raptam   50
sustulit emersus Stygiis fornacibus Orcus.
    an, quia venatus ob tanta pericula vitas,
piscandi traheris studio? nam tota supellex
Dumnotoni tales solita est ostendere gazas,
nodosas vestes animantum Nerinorum   55
et iacula et fundas et nomina vilica lini
colaque et insutos terrenis vermibus hamos.
his opibus confise tumes? domus omnis abundat
litoreis dives spoliis. referuntur ab unda
corroco, letalis trygon mollesque platessae,   60
urentes thynni et male tecti spina ligatri
nec duraturi post bina trihoria corvi.

38 illum *Green dub.*   40 Cromyoneo *Peip.*: Erymantheo
VZ   44 niveusque *C in ras.?*, *L*: niveosque *VKT*   46 iunceus alvo *CK*: iunceris alvo *LT*: iunctus ^in alvo *V*   49 Aetna *T*:
ethna *VCL* (h *sup. lin. V*): henna *K*   54 Dumnotoni *Jullian*:
Dumnitoni *V*: Dumnotoni *Z*   56 nemina *Housman*   vilica
lini *V*: bellicani *Z*: vilica lina *Peip.*   57 colaque *VK*: collaque *CLT*
60 letalis *V*: letalisque *Z*   61 ligatri *CT*: ligari *V*: ligatris *K*: ligati *L*

an te carminibus iuvat incestare canoras
Mnemosynes natas, aut tres aut octo sorores?
et quoniam huc ventum, si vis agnoscere quid sit   65
inter doctrinam deridendasque Camenas,
accipe congestas, mysteria frivola, nugas,
quas tamen explicitis nequeas deprendere chartis,
scillite decies nisi cor purgeris aceto
Anticyramque bibas, Samii Lucumonis acumen.   70

    aut adsit interpres tuus,
    aenigmatum qui cognitor
    fuit meorum, cum tibi
    Cadmi nigellas filias,
    Melonis albam paginam   75
    notasque furvae sepiae
    Cnidiosque nodos prodidit.
    nunc adsit et certe, modo
    praesul creatus litteris,
    enucleabit protinus   80
    quod militantes scribimus.

    notos fingo tibi poeta versus,
    quos scis hendecasyllabos vocari,
    sed nescis modulis tribus moveri.
    istos composuit Phalaecus olim,   85
    qui penthemimeren habent priorem
    et post semipedem duos iambos.
    sunt quos hexametri creant revulsi,
    ut penthemimeres prior locetur,
    tum quod bucolice tome relinquit.   90
    sunt et quos generat puella Sappho;

64 tres *V*: tris *Z*   68 deprendere *Z*: dependere *V*   69 *om. Z*
scillite *Scal.*: scillito *V*   nisi *Sch.*: si *V*: ni *Baehrens*   cor purgeris
Scal.: corpus geris *V*   70 anticiramque bibas *Z*: anticipesque
vivum *V*^{ac}: anticipesque (-etque *in mg.*) tuum *V*^{pc} *ut vid.*: anticyramve
bibas *Baehrens*: anticyraeve bibas *Peip.*   80 protinus *V*:
promptius *Z*   87 *om. Z*   *post* semipedem *add.* et *Green dub.*
90 quod *Z*: quo *V*

quos primus regit hippius secundus,
ut claudat choriambon antibacchus.
sed iam non poteris, Theon, doceri,
nec fas est mihi regio magistro   95
plebeiam numeros docere pulpam.
verum protinus ede quod requiro;
nil quaero nisi quod labris tenetur
et quod non opicae tegunt papyri.
quas si solveris, o poeta, nugas,   100
totam trado tibi simul Vacunam
nec iam post metues ubique dictum:
'hic est ille Theon, poeta falsus,
bonorum mala carminum Laverna.'

14. *Ausonius Theoni*

(*a*)

Exspectaveram ut rescriberes ad ea quae dudum iocu-
lariter luseram de cessatione tua valde impia et mea
efflagitatione; cuius rei munus reciprocum quoniam in me
colendo fastidisti, inventa inter tineas epistula vetere,
quam de ostreis et musculis affectata obscuritate condi- 5
deram, quae adulescens temere fuderam iam senior
retractavi. sed in eundem modum instaurata est satirica
et ridicula concinnatio, saltem ut nunc respondeas novissimae cantilenae, qui illam noviciam silentio condemnasti.

(*b*)

Ostrea Baianis certantia, quae Medulorum
dulcibus in stagnis reflui maris aestus opimat,
accepi, dilecte Theon, numerabile munus.

---

94 poteris Theon *Toll.*: poteris te o *V*: potes ostolo (estolo *K*) *Z*
98 labris *Dezeimeris*: libris *codd.*   101 totam . . . vacunam (-unnam
CK) *Z*: tortam et agnam *V*   104 laverna *Z*: taberna *V*
14 *V*
(*a*) 8–9 novissimae *Sebis.*: notissimae *V*

verum quot fuerint subiecta monosticha signant.
quot ter luctatus cum pollice computat index;   5
Geryones quot erant, decies si multiplicentur;
ter quot erant Phrygii numerata decennia belli;
quotve dies solidi mensis tenet ignicomus sol,
cornibus a primis quot habet vaga Cynthia noctes;
singula percurrit Titan quot signa diebus,   10
quotque annis sublimis agit sua saecula Phaenon;
quot numero annorum Vestalis virgo ministrat,
Dardaniusque nepos regno quot protulit annos;
Priamidae quot erant, si bis deni retrahantur,
bisque viros numeres, qui fata Amphrysia servant; 15
quot genuit fetus Albana sub ilicibus sus,
et quot sunt asses ubi nonaginta trientes,
vel quot habet iunctos Vasatica raeda caballos.

quod si figuras fabulis adumbratas
numerumque doctis involutum ambagibus   20
ignorat alto mens obesa viscere,
numerare saltem more vulgi ut noveris,
in se retortas explicabo summulas.

ter denas puto quinquiesve senas,
vel bis quinque, dehinc decem decemque,   25
vel senas quater et bis adde ternas,
septenis quater adde ⟨et⟩ unam et unam,
aut ter quattuor adde bis novenis;   29
duc binas decies semelque denas,   28
octonas quater, hinc duae recedant,   30

(b) 4 (et usque ad 16) quot *Lugd.*: quod *V*   6 erunt *Green dub.*
8 quotve dies solidi *Green*: aut ter ut eolidi *V*: aut iter ut solidi *Heins.*
11 Phaenon *Scal.*: faeton *V*   13 regnum . . . annis *Green dub.*
14, 15 bis *Lugd.*: vis *V*   *post* 14 *lac. Sch.*   18 quot *Lugd.*: quod *V*
21 albo *Heins.*   24 quinquiesve *Toll.*: quinquiesque *V*
27 adde et *Peip.*: adde *V*: addito *Heins.*: adde iam *Sch.*   unam . . .
unam *Toll.*: unum . . . unum *V*   29 *ante* 28 *transp. Sch.*   binas
Lugd.: vina *V*   30 octonas *Toll.*: octonis *V*

binas terdecies, semel quaternas;
et sex adde novem vel octo septem,
aut septem geminis bis octo iunge,
aut—ne sim tibi pluribus molestus—
triginta numero fuere cunctae.   35

iunctus limicolis musculus ostreis
primo composuit fercula prandio,
gratus deliciis nobilium cibus
et sumptu modicus pauperibus focis.
non hic navifrago quaeritur aequore,   40
ut crescat pretium grande periculis;
sed primore vado post refugum mare
algoso legitur litore concolor.
nam testae duplicis conditur in specu,
quae ferventis aquae fota vaporibus   45
carnem lacteoli visceris indicat.
    sed damnosa nimis panditur area.
fac campum replices, Musa, papyrium,
nec iam fissipedis per calami vias
grassetur Cnidiae sulcus harundinis,   50
pingens aridulae subdita paginae
Cadmi filiolis atricoloribus;
aut cunctis pariter versibus oblinat
furvam lacticolor sphongia sepiam.
parcamus vitio Dumnotonae domus,   55
ne sit charta mihi carior ostreis.

32 adde *Lugd.*: ate *V*   33 bis *Lugd.*: vis *V*   45 quae *Lugd.*:
qui *V*   48 replices *Goropius*: replice *V*   50 Cnidiae *Green*: Gni-
diae *V*   54 furvam *Vin.*: fulvam *V*   55 Dumnotonae *Green*:
Dumnotoni *Jullian*: dumnotinae *V*

15. *Ausonius Theoni*

Ausonius 'salve' caro mihi dico Theoni,
　　versibus expediens quod volo quodque queror.
tertia fissipedes renovavit Luna iuvencas,
　　ut fugitas nostram, dulcis amice, domum.
nonaginta dies sine te, carissime, traxi;　　　　　　　5
　　huc adde aestivos: hoc mihi paene duplum est.
vis novies denos dicam deciesque novenos
　　isse dies? anni portio quarta abiit.
sexaginta horas super et duo milia centum
　　te sine consumpsi, quo sine et hora gravis.　　　10
milia bis nongenta iubet dimensio legum
　　annumerata reos per tot obire dies:
iam potui Romam pedes ire pedesque reverti
　　ex quo te dirimunt milia pauca mihi.
scirpea Dumnotoni tanti est habitatio vati?　　　　15
　　Pauliacos tanti non mihi villa foret.
an quia per tabulam dicto pangente notatam
　　debita summa mihi est, ne repetamus, abes?
bis septem rutilos, regale nomisma, Philippos,
　　ne tanti fuerint, perdere malo, Theon,　　　　20
implicitum quam te nostris interne medullis
　　defore tam longi temporis in spatio.
ergo aut praedictos iam nunc rescribe Darios
　　et redime, ut mora sit libera desidiae,
aut alios a me totidem dabo, dummodo cari　　　　25
　　conspicer ora viri, pauperis usque licet.

15 *V*　　　2 expediens *Heins.*: experiens *V*　　　quodque *Kenney*:
quodve *codd.*　　　　　　7 vis *Vin.*: bis *V*　　　deciesve *Kenney*
10 una *Reeve*　　　11 nongenta *Pith.*: nonaginta *V*　　　dimensio *Sch.*:
demensio *V*　　　15 Dumnotoni *Jullian*: Domnotoni *Scal.*:
domnotonis *V*　　　17 tabulam dicto pangente notatam *Peip.*: tabula
medica pugna notatam *V*: tabulam digito pugnante notatam *Toll.*: tabulam digito pangente notatam *Sch.*: tabulam qua medica pugna notata est
La V. de Mirmont　　　20 ne *Pith.*: nec *V*　　　23 Darios *Pith.*:
tarios *V*　　　25 alios *Pith.*: abos *V*

puppe citus propera sinuosaque lintea veli
   pande; Medullini te feret aura noti
expositum subter paradas lectoque iacentem,
   corporis ut tanti non moveatur onus.   30
unus Dumnotoni te litore perferet aestus
   Condatem ad portum, si modo deproperes,
inque vicem veli, quotiens tua flamina cessant,
   remipedem iubeas protinus ire ratem.
invenies praesto subiuncta petorrita mulis;   35
   villa Lucani- mox potieris -aco.
rescisso disces componere nomine versum;
   Lucili vatis sic imitator eris.

16. *Ausonius consul vatem resaluto Theonem*

Aurea mala, Theon, sed plumbea carmina mittis;
   unius massae quis putet has species?
unum nomen utrisque, sed est discrimen utrisque:
   poma ut mala voces, carmina vero mala.

vale, beatus nomen a divis Theon,   5
   metoche sed ista saepe currentem indicat.

17. *Ausonius Pontio Paulino*

Condiderat iam solis equos Tartesia Calpe
stridebatque freto Titanius ignis Hibero;
iam succedentes quatiebat luna iuvencas,
vinceret ut tenebras radiis velut aemula fratris;
iam volucres hominumque genus superabile curis   5

---

33 veli *Heins.*: venti *V*   tibi *Sch.*   37 disces *Heins.*:
disce *V*   38 Lucili *Toll.*: Lucilii *V*
  16 *V*   3 utrisque[1] *Vin.*: utriusque *V*   utrisque[2] *Heins.*:
utrique *V in ras.*   5 beatis *Scal.*   6 metoche *Vin.*:
metodus *V*: μετοχή *Auratus*   currentem *Pulm.*: currente *V*
  17 *Z* (= *CKMT*)   1 Tartesia *Vin.*: tartasia (cart- *T*) *codd.*
equos *om. T*   2 Titanius ignis *Hilberg*: Titan insignis *codd.*: Titan
inclinis *Heins.*: Titan iam segnis *Peip.*

mulcebant placidi tranquilla oblivia somni;
transierant idus, medius suprema December
tempora venturo properabat iungere Iano,
et nonas decimas ab se nox longa kalendas
10   iugiter acciri celebranda ad festa iubebat.

nescis, puto, quid velim tot versibus dicere. medius fidius
neque ipse bene intellego; tamen suspicor. iam prima nox
erat ante diem nonum decimum kal. Ian. cum redditae
sunt mihi litterae tuae oppido quam litteratae. his longe
15   iucundissimum poema subdideras, quod de tribus Suetonii libris, quos ille de regibus dedit, in epitomen coegisti
tanta elegantia, solus ut mihi videare assecutus, quod
contra rerum naturam est, brevitas ut obscura non esset.
in his versibus ego ista collegi:

20   Europamque Asiamque, duo vel maxima terrae
membra, quibus Libyam dubie Sallustius addit
Europae adiunctam, possit cum tertia dici,
regnatas multis, quos fama oblitterat et quos
barbara Romanae non tradunt nomina linguae . . .

25   Illibanum Numidamque Avelim Parthumque Vononem
et Caranum, Pellaea dedit qui nomina regum,
quique magos docuit mysteria vana Nechepsos,
et qui regnavit sine nomine mox Sesoostris.

haec tu quam perite et concinne, quam modulate et
30   dulciter, ita iuxta naturam Romanorum accentuum enun-
tiasti ut tamen veris et primigeniis vocibus sua fastigia
non perirent! iam quid de eloquentia dicam? liquido
adiurare possum nullum tibi ad poeticam facundiam

---

10 iubebat *CKM*: vocabant *T*   12 ipse *CKM*: ego *T*
15 quo, *omisso* 16 in *Reifferscheid*   16 de *T*: *om. CKM*   19 collegi *T*: cognovi *CKM*   22 possit *CKM*: posset *T*   27 Nechepsos
Sch.: nechepsi *codd.*   28 mox Sesoostris *CM*: mox Sesostris *K*:
moxque Sesostris *T*   31 primigeniis *ed. Par. 1513*: primigenis
codd.

Romanae iuventutis aequari. certe ita mihi videris. si erro,
pater sum, fer me et noli exigere iudicium obstante 35
pietate. verum ego cum pie diligam, sincere ac severe
iudico. affice me, oro, tali munere frequenter, quo et
oblector et honoror.

   accessit tibi ad artem poeticam mellea adulatio. quid
enim aliud agunt   40

      audax Icario qui fecit nomina ponto
      et qui Chalcidicas moderate enavit ad arces,

nisi ut tu vegetam et sublimem alacritatem tuam
temeritatem voces, me vero, et consultum et quem filius
debeat imitari, salutari prudentia praeditum dicas? quod 45
equidem contra est. nam tu summa sic appetis ut non
decidas; senectus mea satis habet si consistat.

   haec ad te breviter et ilico vesperis illius secuto mane
dictavi. ita enim tabellarius tuus ut epistulam referret
instabat. nam si mihi otium fuerit oblectabile negotium 50
erit ad te prolixius delirare, te ut eliciam, mihi ut
satisfaciam. vale.

18

   Paulino Ausonius: metrum sic suasit ut esses
      tu prior et nomen praegrederere meum;
   quamquam et fastorum titulo prior et tua Romae
      praecessit nostrum sella curulis ebur,
   et, quae iam dudum tibi palma poetica pollet,   5
      lemnisco ornata est, quo mea palma caret.
   longaevae tantum superamus honore senectae.
      quid refert? cornix non ideo ante cycnum,
   nec quia mille annos vivit Gangeticus ales
      vincit centum oculos, regie pavo, tuos.   10

   34 videris *K*: videri *CMT*   36 ac *CM*: et *KT*   42 arces
Acc.: arcthos (-tos *T*) *codd.*   48 haec *KMT*: hoc *C*   secuto
suspectum habet Green
   18 *Z* (= *CKLT*)   10 pavo *CKL*: pave *T*

cedimus ingenio, quantum praecedimus aevo;
assurgit Musae nostra Camena tuae.
vive, vale et totidem venturos congere Ianos
quot tuus aut noster conseruere patres.

19. *Ausonius Paulino*

(*a*)

Quanto me affecit beneficio non delata equidem, sed
suscepta querimonia mea, Pauline fili! veritus displicuisse
oleum quod miseras, munus iterasti; addito etiam
Barcinonensis muriae condimento cumulatius praestitisti.
5 scis autem me id nomen muriae, quod in usu vulgi est, nec
solere nec posse dicere, cum scientissimi veterum et
Graeca vocabula fastidientes Latinum in gari appellatione
non habeant. sed ego, quocumque nomine liquor iste
sociorum vocatur,

10   iam patinas implebo meas, ut parcior ille
      maiorum mensis apalaria sucus inundet.

quid autem tam amabile tamque hospitale quam quod tu,
ut me participes, delicias tuas in ipsa primitiarum novitate
defrudas? o melle dulcior, o Gratiarum venustate
15 festivior, o ab omnibus patrio stringende complexu! sed
hoc atque alia huiusmodi documenta liberalis animi
aliquis fortasse et aliquando, quamvis rarus; illud de
epistularum tuarum eruditione, de poematis iucunditate,
de inventione et concinnatione, iuro omnia nulli umquam

13 consere *Avant.*
19 *Z (= CKMT)*

(*a*) 1 delata equidem *Sch.*: delata quidem *C*: delate quidem *KM*:
delate *T*   2 querimonia mea *CM*: mea querimonia *KT*
7 in gari *CM* (*C in ras.?*): ignari *KT*   10 partior *C ut vid., K*:
pacior *M*: pertior *T*   11 apalaria *CM*: appallaria *K*: appalaria *T*:
applaria *Scal.*   12 quid *ed. Par. 1511*: quod *codd.*   hospitale
CKM: hospitabile *T*   13 ut *om. MT*   16 hoc *KMT*: hec *C*
17 aliquis . . . rarius *Lugd.*: alicui . . . rarius *Toll.*   *post* fortasse *add.*
imitabitur *Sch.*: asseret *Brakman*: edet *Kurfess*

imitabile futurum, etsi fateatur imitandum. de quo opus- 20
culo, ut iubes, faciam: exquisitim universa limabo et
quamvis per te manus summa contigerit, caelum super-
fluae expolitionis adhibebo, magis ut tibi paream quam ut
perfectis aliquid adiciam. interea tamen, ne sine corollario
poetico tabellarius tuus rediret, paucis iambicis praelu- 25
dendum putavi, dum illud quod a me heroico metro
desideras incohatur. isti tamen—ita te et Hesperium
salvos habeam, quod spatio lucubratiunculae unius
effusi (quamquam hoc ipsi de se probabunt)—tamen
nihil diligentiae ulterioris habuerunt. vale. 30

(*b*)

Iambe, Parthis et Cydonum spiculis,
iambe, pinnis alitum velocior,
Padi ruentis impetu torrentior,
magna sonorae grandinis vi densior,
flammis corusci fulgoris vibratior, 5
iam nunc per auras Persei talaribus
petasoque ditis Arcados vectus vola.
si vera fama est Hippocrenes, quam pedis
pulsu citatam cornipes fudit fremens,
tu, fonte in ipso procreatus Pegasi, 10
primus novorum metra iunxisti pedum
sociisque Musis concinentibus novem
caedem in draconis concitasti Delium.
fer hanc salutem praepes et volucripes
Paulini ad usque moenia, Ebromagum loquor, 15

21 exquisitim *T*: exquisitum *K*: exquisitius *CM*   28 quod
spacio *C*: quod spacium *K*: quo spatio *M*

(*b*) 1 Cidonum *Avant.*: sinodum *codd.*   4 magna *C*: magnum
KMT   5 fulgoris *CM*: fulminis (flu- *K*) *KT*   7 vectus *CT*:
vetus *M*: velotius *K*   8 Hippocrenes *Williams*: Hyppocrene
codd.   12 sociisque *Green*: hic quod *C*: hicque *KT*: hic *M*: illicque
Scal.: idemque *Baehrens*: iisque *Hartel*: sanctisque *Peip.*: ibique
Mondin   15 Hebromagum *Scal.*: ebromanum *C*: hebromagnum
(ebro- *K*, mag^m *T*) *KMT*

et protinus, iam si resumptis viribus
alacri refecti corporis motu viget,
salvere iussum mox reposce mutuum.
nihil moreris iamque dum loquor redi,
imitatus illum stirpis auctorem tuae,   20
triplici furentem qui Chimaeram incendio
supervolavit tutus igne proximo.
dic ‹te› valere', dic, 'salvere te iubet
amicus et vicinus et fautor tuus,
honoris auctor, altor ingenii tui.'   25
dic et 'magister', dic 'parens', dic omnia
blanda atque sancta caritatis nomina,
'ave'que dicto, dic 'vale' et actutum redi.
quod si rogabit, quid super scriptis novis
maturus aevi nec rudis diiudicem,   30
nescire dices, sed paratum iam fore
heroicorum versuum plenum essedum.
cui subiugabo de molarum ambagibus,
qui machinali saxa volvunt pondere,
tripedes caballos terga ruptos verbere,   35
his ut vehantur tres sodales nuntii.
fors et rogabit, quos sodales dixeris
simul venire: dic 'trinodem dactylum
vidi paratum crucianti cantherio;
spondeus illi lentipes ibat comes,   40
paribus moratur qui locis cursum meum,
mihique similis, semper adversus tamen,
nec par nec impar, qui trochaeus dicitur.'
haec fare cursim nec moratus pervola,
aliquid reportans interim munusculi   45
de largitate musici promptarii.

22 tutus *ed. pr.*: totus *codd*.   23 te *ante* valere *add. Sch*.: multum
ante iubet *Leo*, valere *in* celere *mutato*   28 et actutum] actutum et
L. Mueller: actutum *Sch. dub*.

20. *Ausonius Paulino*

(*a*)

Multas et frequentes mihi gratiae tuae causas et occasio
subinde nata concinnat et naturae tuae facilitas benigna
conciliat, Pauline fili. nam quia nihil poscente me abnuis,
magis acuis procaciam quam retundis, ut nunc quoque in
causa Philonis procuratoris quondam mei experiere, qui   5
apud Ebromagum conditis mercibus quas per agros
diversos coemit, concesso ab hominibus tuis usus hospitio, immature periclitatur expelli. quod nisi indulseris
rogante me, ut et mora habitandi ad commodum suum
utatur et nauso aliave qua navi usque ad oppidum praebita   10
frugis aliquantum nostrae devehi possit, Lucaniacus ut
inopia liberetur mature, tota illa familia hominis litterati
non ad Tullii frumentariam sed ad Curculionem Plauti
pertinebit. hoc quo facilius impetrarem aut quo maiorem
verereris molestiam si negares, concinnatam iambis   15
signatamque ad te epistulam misi, ne subornatum diceres
tabellarium si ad te sine signi fide veniret. signavi autem
non, ut Plautus ait, 'per ceram et lignum litterasque
interpretes', sed per poeticum characterem, ut magis
notam inustam quam signum impressum iudicares.   20

(*b*)

Philon, meis qui vilicatus praediis,
    ut ipse vult, ἐπίτροπος
(nam gloriosum Graeculus nomen putat
    quod sermo fucat Dorius),

---

20 *Z* (= *CKMT*)

(*a*) 2 concinnat et *Avant*.: coincinnate (-ante *K*) *CMT*   11 devehi
CKM: advehi *T*   13 curculionem *Vat. Lat. 3152, alii*: culionem
CKMT   15 verereris *C*: vereris *KT*: verreris *M*   iambis *C*:
iambi *KMT*   18 lignum (lig^m *KT*) *codd.*: linum *codd. Plaut. Pseud.*
42   19–20 ut magis notam inustam quam *Mommsen*: magis nota
minus tamquam *codd.*: magis notam inustam quam *Peip.*

suis querellis asserit nostras preces,   5
   quas ipse lentus prosequor.

videbis ipsum, qualis astet comminus,
   imago fortunae suae,

canus comosus hispidus trux atribux,
   Terentianus Phormio,   10

horrens capillis ut marinus asperis
   echinus aut versus mei.

hic saepe falsus messibus vegrandibus,
   nomen perosus vilici,

semente sera sive multum praecoquá,   15
   et siderali inscitia

caelum lacessens seque culpae subtrahens
   reos peregit caelites.

non cultor instans, non arator gnaruris,
   promusque quam condus magis,   20

terram infidelem nec feracem criminans
   negotiari maluit;

mercatur ⟨in⟩ quoquo foro venalium,
   mutator ad Graecam fidem,

sapiensque supra Graeciae septem viros   25
   octavus accessit σοφός.

et nunc paravit triticum casco sale
   novusque pollet ἔμπορος.

adit inquilinos rura vicos oppida
   soli et sali commercio;   30

acatis phaselis lintribus stlattis †rate†
   Tarnim et Garunnam permeat

(*b*) 9 atribux *Z*: acribux *Peip.*   13–18 *fortasse sic transponendi*:
13, 16, 15, 18, 17, 14   23 mercatur in quoquo foro venalium *Vin.*:
mercatur quo foro (ferro *M*) venalium *CKM*: mercaturque foro
venalium *T*: mercaturit quoquo f. v. *J. C. Scaliger*: mercator quolibet
f. v. *Peip.*: mercator et quae sunt f. v. *Leo*   24 mutator *Toll.*:
mutatur *codd.*: mutatus *Sch.*   26 σοφός *Green*: sophos *codd.*
28 ἔμπορος *Green*: emporus *codd.*   31 ratibus *Green dub.*: scaphis
anon.   32 garunnam *CT*: garumnam *KM*

ac lucra damnis, damna mutans fraudibus
   se ditat et me pauperat.
is nunc ad usque vectus Ebromagum tuam   35
   sedem locavit mercibus,
ut inde nauso devehat ⟨cibaria⟩
   nostros in usus, ut refert.
hunc ergo paucis ne graveris hospitem

      *   *   *   *   *   40

adiutus ut mox navis auxilio tuae
   ad usque portus oppidi
iam iam Perusina, iam Saguntina fame
   Lucaniacum liberet.
hoc si impetratum munus abs te accepero,   45
   prior colere quam Ceres;
Triptolemon olim, sive Epimenidem vocant
   aut viliconem Buzygen,
tuo locabo postferendos numini:
   nam munus hoc fiet tuum.   50

21. *Ad Paulinum*

Quarta tibi haec notos detexit epistula questus,
Pauline, et blando residem sermone lacessit;
officium sed nulla pium mihi pagina reddit,
fausta salutigeris ascribens orsa libellis.
unde istam meruit non felix charta repulsam,   5
spernit tam longo cessatio quam tua fastu?
hostis ab hoste tamen per barbara verba salutem

post 36 *lac. Sch., post* 36 *et post* 37 *Scal.*   37 cibaria *add. Peip.,* -ur
triticum *Sch. dub.*   41 adactus *Peip.*: advectus *Baehrens*: adlatus
Sch.   43 Perusina iam *Baehrens*: peresam iam *CK*: pares samiam
M: peresaniam *T*: Perusina et *Avant.*   47 sive Epimenidem *Schott*:
sive meden (medem *T*) quem *codd.*   48 viliconem *Green*: Tullianum
codd.: viliconum *Peip.*   Buzygen *Avant.*: buzirem *T*: buzizen *CM*:
burirem *K*   49 numini *Baehrens*: nomini *codd.*

21 *VNPSA*   4 ascribens *VP*: rescribens *S*: et scribens
NA   6 cessatio quam tua *VNPS*: tua quam cessatio *A*

accipit et 'salve' mediis intervenit armis.
respondent et saxa homini, et percussus ab antris
sermo redit, redit et nemorum vocalis imago.   10
litorei clamant scopuli, dant murmura rivi,
Hyblaeis apibus saepes depasta susurrat.
est et harundineis modulatio musica ripis
cumque suis loquitur tremulum coma pinea ventis,
incubuit foliis quotiens levis eurus acutis.   15
nil mutum natura dedit. non aeris ales   17
quadrupedesve silent, habet et sua sibila serpens   18
et pecus aequoreum tenui vice vocis anhelat.   19
Dindyma Gargarico respondent cantica luco;   16
cymbala dant flictu sonitum, dant pulpita saltu   20
icta pedum, tentis reboant cava tympana tergis;
Isiacos agitant Mareotica sistra tumultus;
nec Dodonaei cessat tinnitus aeni,
in numerum quotiens radiis ferientibus ictae
respondent dociles moderato verbere pelves.   25
tu, velut Oebaliis habites taciturnus Amyclis
aut tua Sigalion Aegyptius oscula signet,
obnixum, Pauline, taces. agnosco pudorem,
quod vitium fovet ipsa suum cessatio iugis,
dumque pudet tacuisse diu, placet officiorum   30
non servare vices, et amant longa otia culpam.
   quis prohibet 'salve' atque 'vale' brevitate parata
scribere felicesque notas mandare libellis?
non ego longinquos ut texat pagina versus
postulo multiplicique oneret sermone tabellas.   35

9 et *om. SA*   12 Hyblaeis apibus saepes depasta susurrat *VP*:
somniferumque canit saepes depasta susurrum *NSA*   14 cumque
suis loquitur tremulum coma *VP*: atque arguta suis loquitur coma
NSA   16 *post* 19 *transp. Green*   Dindyma Gargarico *VP*:
Dindymaque ideo (-quae *S*, ido *A*) *NSA*   22 isiacos *VP*:
isiacosque (isac- *S*) *NSA*   25 moderato *NPSA*: modulato
V   31 culpae *Brandes*   33 felicesque *VNP*: felicisque
SA   35 oneres *Scal.*

una fuit tantum, qua respondere Lacones,
littera, et irato regi placuere negantes.
est etenim comis brevitas. sic fama renatum
Pythagoram docuisse refert: cum multa loquaces
ambiguis sererent verbis, contra omnia solum   40
'est' respondebat vel 'non'. o certa loquendi
regula! nam brevius nihil est et plenius istis,
quae firmata probant aut infirmata relidunt.
nemo silens placuit, multi brevitate loquendi.
      verum ego quo stulte dudum spatiosa locutus   45
provehor? ut diversa sibi vicinaque culpa est!
multa loquens et cuncta silens non ambo placemus;
nec possum reticere, iugum quod libera numquam
fert pietas nec amat blandis postponere verum.
vertisti, Pauline, tuos, dulcissime, mores: 50
Vasconei saltus et ninguida Pyrenaei
hospitia et nostri facit hoc oblivio caeli.
imprecer ex merito quid non tibi, Hiberia tellus?
te populent Poeni, te perfidus Hannibal urat,
te belli sedem repetat Sertorius exul.   55
ergo meum patriaeque decus columenque senati
Birbilis aut haerens scopulis Calagurris habebit
aut quae deiectis iuga per scruposa ruinis
arida torrentem Sicorim despectat Ilerda?
hic trabeam, Pauline, tuam Latiamque curulem   60
constituis patriosque istic sepelibis honores?
quis tamen iste tibi tam longa silentia suasit?
impius ut nullos hic vocem vertat in usus;
gaudia non illum vegetent, non dulcia vatum
carmina, non blandae modulatio flexa querellae;   65
non fera, non illum pecudes, non mulceat ales,

49 postponere VP: deponere NA: disponere S^pc: quod ponere S^ac   51 vasconei saltus N: vasconis hoc saltus VSA: vascones hoc saltus P   56 senati NPA: senatus VS   62 iste VPNA: ista S

non quae pastorum nemoralibus abdita lucis
solatur nostras echo resecuta loquellas;
tristis, egens, deserta colat tacitusque pererret
Alpini convexa iugi, ceu dicitur olim   70
mentis inops coetus hominum et vestigia vitans
avia perlustrasse vagus loca Bellerophontes.
haec precor, hanc vocem, Boeotia numina, Musae,
accipite et Latiis vatem revocate Camenis.

22. *Ad Paulinum*

Proxima quae nostrae fuerat querimonia chartae
credideram quod te, Pauline, inflectere posset
eliceretque tuam blanda obiurgatio vocem.
sed tu, iuratis velut alta silentia sacris
devotus teneas, perstas in lege tacendi.   5
non licet? anne pudet, si quis tibi iure paterno
vivat amicus adhuc, maneasque obnoxius heres?
ignavos agitet talis timor; at tibi nullus
sit metus et morem missae acceptaeque salutis
audacter retine. vel si tibi proditor instat   10
aut quaesitoris gravior censura timetur,
occurre ingenio, quo saepe occulta teguntur.
Threicii quondam quam saeva licentia regis
fecerat elinguem, per licia texta querellas
edidit et tacitis mandavit crimina telis.   15
et pudibunda suos malo commisit amores
virgo nec erubuit tacituro conscia pomo.
depressis scrobibus vitium regale minister

---

68 nostras echo (etho *P*) rescuta loquelas *VP*: nostras et ore (nostra
setore *A*) secuta loquelas *SA*: tacitas defixo in pectore curas *N*
69 colat *VPSA*: colas *N*   70 alpini convexa iugi *NSA*: alpinis
conexa (conn- *P*) iugis *VP*   73 numina *VN*: nomina *PSA*
    22 *VNPHSA*   3 tuam . . . vocem *VPH*: tuas . . . musas
NSA   7 heres *VNPH*: aeris *S*: eris *A*   8 at *N*: ac *VPHSA*
17 tacituro *VNH*[pc]*S*: tacitura *PH*[ac]: taciturno *A*

credidit idque diu texit fidissima tellus;
inspirata dehinc vento cantavit harundo.   20
lacte incide notas: arescens charta tenebit
semper inaspicuas, prodentur scripta favillis.
vel Lacedaemoniam scytalen imitare, libelli
segmina Pergamei tereti circumdata ligno
perpetuo inscribens versu, qui deinde solutus   25
non respondentes sparso dabit ordine formas
donec consimilis ligni replicetur in orbem.
innumeras possum celandi ostendere formas
et clandestinas veterum reserare loquellas,
si prodi, Pauline, times nostraeque vereris   30
crimen amicitiae. Tanaquil tua nesciat istud;
tu contemne alios nec dedignare parentem
affari verbis. ego sum tuus altor et ille
praeceptor primus, primus largitor honorum,
primus in Aonidum qui te collegia duxi.   35

23. *Ad Paulinum*

Discutimus, Pauline, iugum, quod certa fovebat
temperies, leve quod positu et tolerabile iunctis
tractabat paribus concordia mitis habenis,
quod per tam longam seriem redeuntibus annis
fabula non umquam, numquam querimonia movit,   5
discutimus, sed tu tantum reus; ast ego semper
contenta cervice feram. consorte laborum

19 idque *VNPH*: atque *SA*   22 inaspicuas *NSA*: inaspicuis
(-ausp- *PH*) *VPH*   favillis *VPH*: favilli *N*: favillas *SA*
25 deinde solutus *VP*: deinde solutis *N*: dein solutus *H*: dum resolutus
SA   33 altor *VSA*: auctor *NPH*   34 primus primus *NSA*:
primus veterum *V*: primus *P*: primusque tibi *H*
    23 (*VPH*) *NSA* (*om.* 1–22 *N*)   *lectiones codicum VPH quae ad Ep.*
24 potius spectant uncis includuntur
    1 certa *SA* (nota *VPH*)   2 positu *S*: possit *A*: positum *VPH*
et *om. A*   tolerabile *SA* (venerabile *VPH*)   iunctis *VP*: cunctis *H*:
vinctis *SA*   4 redeuntibus *SA* (volventibus *VPH*)   5 *aliter*
VPH   6 *aliter VPH* (= 24. 19–20)

destituor, nec tam promptum gestata duobus
deficiente alio solum perferre iugalem;
non animus viresque labant, sed iniqua ferendo   10
condicio est oneri, cum munus utrumque relicto
ingruit acceduntque alienae pondera librae.
sic pars aegra hominis trahit ad contagia sanum
corpus et exigui quamvis discrimine membri
tota per innumeros artus compago vacillat.   15
obruar usque tamen, veteris ne desit amici
me durante fides memorique ut fixa sub aevo
restituant profugum solacia cassa sodalem.
impie, Pirithoo disiungere Thesea posses
Euryalumque suo socium secernere Niso;   20
te suadente fugam Pylades liquisset Oresten
nec custodisset Siculus vadimonia Damon.
agnoscisne tuam, Ponti dulcissime, culpam?
nam mihi certa fides nec commutabilis umquam
Paulini illius veteris reverentia durat   25
quaeque meoque tuoque fuit concordia patri;
si tendi facilis cuiquam fuit arcus Vlixi
aut praeter dominum vibrabilis ornus Achilli,
nos quoque tam longo mens altera foedere solvet.

    sed cur tam maesto sero tristia carmina versu   30
et non in meliora animus se vota propinquat?
sit procul iste metus: certa est fiducia nobis,
si genitor natusque dei pia verba volentum
accipiat, nostro reddi te posse precatu,
ne sparsam raptamque domum lacerataque centum 35
per dominos veteris Paulini regna fleamus

    8 iam *Heins.*   gestata *V*: gesta *PH*: testata *SA*   9 aliter *VPH*
(= 24. 23)   11 cum munus *A*: communis *S*: cum pondus
VPH   16–22 *nihil tale VPH*   19 posses *Graev.*: possis *SA*
21 fugax *Green dub.*   23–42 *om. SA*   23 agnoscisne *VN*:
agnoscesne *PH*   27 Vlixi *NPH*: Vlixei *V*   29 mens altera *N*:
Rhamnusia (-am *P*) *VPH*   31 animus *VN*: animos *PH*
33 volentum *VPH*: voventum *N*

teque vagum toto, quam longa Hispania, tractu
immemorem veterum peregrinis fidere amicis.
accurre, o nostrum decus, o mea maxima cura,
votis ominibusque bonis precibusque vocatus;   40
appropera, dum tu iuvenis, dum nostra senectus
servat inexhaustum tibi gratificata vigorem.
en erit ut nostras hic nuntius excitet aures?
'ecce tuus Paulinus adest! iam ninguida linquit
oppida Hiberorum, Tarbellica iam tenet arva;   45
Ebromagi iam tecta subit, iam praedia fratris
vicina ingreditur, iam labitur amne secundo,
iamque in conspectu est, iam prora obvertitur amni
ingressusque sui celebrata per ostia portus
praevertit cunctos ut te amplectatur amicos,   50
et sua praeteriens iam iam tua limina pulsat!'
credimus, an qui amant ipsi sibi somnia fingunt?

24. *Alia ad eundem*

Discutimus, Pauline, iugum, quod nota fovebat
temperies, leve quod positu et venerabile iunctis
tractabat paribus concordia mitis habenis,
quod per tam longam seriem volventibus annis
nulla querella loco pepulit, non ira nec error,   5
nec quae compositis malesuade credula causis
concinnat veri similes suspicio culpas;
tam placidum, tam mite iugum, quod utrique parentes
ad senium nostri traxere ab origine vitae

43–52 *om.* H   43 *aliter* VNP (= 24. 115)   aures S: auras A
50 *aliter* VNP (= 24. 122)
24 VPH N (*om.* 1–94 N) (SA)   *lectiones codicum SA quae ad Ep.*
23 *potius spectant uncis includuntur*   1 nota VPH (certa SA)
2 positu S: possit A: positum VPH   et *om.* A   venerabile VPH
(tolerabile SA)   iunctis VP: cunctis H: vinctis SA   4 volventibus VPH (redeuntibus SA)   5 *aliter* SA   6–18 *nihil tale*
SA   6 compositis PH: compositus V   7 similes *Heins.*:
similis VPH   8 placidum *Avant.*: placitum VH: placite P
utrique *Graev.*: uterque VPH   9 nostri VP: nostrum H

impositumque piis heredibus usque manere   10
optarunt dum longa dies dissolveret aevum.
et mansit, dum laeta fides nec cura laborat
officii servare vices, sed sponte feruntur
incustoditum sibi continuantia cursum.
hoc tam mite iugum docili cervice subirent   15
Martis equi stabuloque feri Diomedis abacti
et qui mutatis ignoti Solis habenis
fulmineum Phaethonta Pado mersere iugales.
discutitur, Pauline, tamen, nec culpa duorum
ista, sed unius tantum tua; namque ego semper   20
contenta cervice feram. consorte laborum
destituor, nec tam promptum gestata duobus
unum deficiente pari perferre sodalem;
non animus viresque labant, sed iniqua ferendo
condicio est oneri, cum munus utrumque relicto   25
ingruit acceduntque alienae pondera librae.
sic pars aegra hominis trahit ad contagia sanum
corpus et exigui quamvis discrimine membri
tota per innumeros artus compago vacillat.
quantum oblectamen populi, quae vota bonorum   30
sperato fraudata bono! gratantia cuncti
verba loquebantur, iam nomina nostra parabant
inserere antiquis aevi melioris amicis.
cedebat Pylades, Phrygii quoque gloria Nisi
iam minor et promissa obiens vadimonia Damon.   35
nos documenta magis felicia, qualia magnus
Scipio longaevique dedit sapientia Laeli;
nos studiis animisque isdem miracula cunctis,
hoc maiora, pares fuimus quod dispare in aevo.

---

13 officiis *Sh.B.*   17 ignoti *PH*: ignotis *V*   19–20 *aliter*
SA (= 23. 6–7)   22 iam *Heins.*   gestata *V*: gesta *PH*: testata
SA   23 *aliter SA* (= 23. 9)   25 cum munus *A*: communis *S*:
cum pondus *VPH*   30–114 *nihil tale SA*   39 maiora *PH*:
maiore *V*

ocius illa iugi fatalis solvere lora   40
Pellaeum potuisse ducem reor, abdita opertis
principiis et utroque caput celantia nodo.
grande aliquod verbum nimirum diximus, ut se
inferret nimiis vindex Rhamnusia votis:
Arsacidae ut quondam regis non laeta triumphis   45
grandia verba premens ultrix dea Medica belli
sistere Cecropidum in terris monumenta paranti
obstitit et Graio iam iam figenda tropaeo
ultro etiam victis Nemesis stetit Attica Persis.
quae tibi Romulidas proceres vexare libido est?   50
in Medos Arabasque tuos per nubila et atrum
perge chaos: Romana procul tibi nomina sunto.
illic quaere alios oppugnatura sodales,
livor ubi iste tuus ferrugineumque venenum
opportuna tuis inimicat pectora fucis;   55
Paulinum Ausoniumque, viros quos sacra Quirini
purpura et auratus trabeae velavit amictus,
non decet insidiis peregrinae cedere divae.
    quid queror Eoique insector crimina monstri?
occidui me ripa Tagi, me Punica laedit   60
Barcino, me bimaris iuga ninguida Pyrenaei

    *   *   *   *   *

moenibus et patrio forsan quoque vestis et oris

    *   *   *   *   *

quemque suo longe dirimat provincia tractu
trans montes solemque alium, trans flumina et urbes
et quod terrarum caelique extenditur inter   65
Emeritensis Anae lataeque fluenta Garunnae.
quod si intervalli spatium tolerabile limes

---

43 diximus v: duximus VPH   46 dea medica V: dementica
PH   47 paranti v: parenti VH: parent P   61 Barcino V:
Barcilo PH   lac. ante et post 62 Sch.   63 quaeque Toll.: cumque
Heins.   suo longe Toll.: suae longo VPH   66 garunne
(-une P) PH: tarunne V

poneret exiguus, quamvis longa omnia credant
qui simul esse volunt, faceret tamen ipsa propinquos
cura locos, mediis iungens distantia verbis: 70
Santonus ut sibi Burdigalam, mox iungit Aginnum
illa sibi et populos Aquitanica rura colentes,
utque duplex Arelas Alpinae tecta Viennae
Narbonemque pari spatio sibi conserit et mox
quinquiplicem socias tibi, Martie Narbo, Tolosam.   75
hoc mihi si spatium vicinis moenibus esset,
tunc ego te ut nostris aptum complecterer ulnis
afflaretque tuas aures nostrae aura loquellae.
nunc tibi trans Alpes et marmoream Pyrenen
Caesarea est Augusta domus, Tyrrhenica propter   80
Tarraco et ostrifero superaddita Barcino ponto:
me iuga Burdigalae, trino me flumina coetu
secernunt turbis popularibus otiaque inter
vitiferi exercent colles laetumque colonis
uber agri, tum prata virentia, tum nemus umbris   85
mobilibus celebrique frequens ecclesia vico,
totque mea in Novaro sibi proxima praedia pago,
dispositis totum vicibus variata per annum,
egelidae ut tepeant hiemes rabidosque per aestus
aspirent tenues frigus subtile Aquilones.   90
te sine sed nullus grata vice provenit annus:
ver pluvium sine flore fugit, Canis aestifer ardet,
nulla autumnales variat Pomona sapores
effusaque hiemem contristat Aquarius unda.
agnoscisne tuam, Ponti dulcissime, culpam?   95
nam mihi certa fides nec commutabilis umquam

---

70 cura *PH*: cara *V*   locos *ed. Lugd. 1548*: locis *V*: locus *PH*
77 aptum *PH*: actum *V*: artum *Oudendorp*: tamquam (ut *del.*) *Green dub.*
80 Caesarea est Augusta domus *Peip.*: Caesareae Augustae domus *VPH*:
Caesareae Augustae domus est *Vin.*   82 me iuga *VPH*: teriuga
Vin.   86 celebrique *V*: celerique *PH*   88 dispositis *ed. Lugd.
1548*: dispositi *VPH*   89 egelidae *H*: agelitae *V*: et gelide *P*
95 agnoscisne *VN*: agnoscesne *PH*

Paulini illius veteris reverentia durat
quaeque meoque tuoque fuit concordia patri;
si tendi facilis cuiquam fuit arcus Vlixi
aut praeter dominum vibrabilis ornus Achilli,   100
nos quoque tam longo Rhamnusia foedere solvet.
    sed cur tam maesto sero tristia carmina versu
et non in meliora animus se vota propinquat?
sit procul iste metus: certa est fiducia nobis,
si genitor natusque dei pia verba volentum   105
accipiat, nostro reddi te posse precatu,
ne sparsam raptamque domum lacerataque centum
per dominos veteris Paulini regna fleamus
teque vagum toto, quam longa Hispania, tractu
immemorem veterum peregrinis fidere amicis.   110
accurre, o nostrum decus, o mea maxima cura,
votis ominibusque bonis precibusque vocatus;
appropera, dum tu iuvenis, dum nostra senectus
servat inexhaustum tibi gratificata vigorem.
ecquando iste meas impellet nuntius aures?   115
'ecce tuus Paulinus adest! iam ninguida linquit
oppida Hiberorum, Tarbellica iam tenet arva;
Ebromagi iam tecta subit, iam praedia fratris
vicina ingreditur, iam labitur amne secundo,
iamque in conspectu est, iam prora obvertitur amni   120
ingressusque sui celebrata per ostia portus
totum occursantis populi praevertitur agmen,
et sua praeteriens iam iam tua limina pulsat!'
credimus, an qui amant ipsi sibi somnia fingunt?

99 Vlixi *NPH*: Vlixei *V*   101 Rhamnusia (-am *P*) *VPH*:
mens altera *N*   103 animus *VN*: animos *PH*   105 volentum
VPH: voventum *N*   115–24 *om. H*   115 *aliter SA* (= 23.
43)   ecquando *Avant.*: et quando *VNP*   impellet *VP*: implevit *N*:
implebit *Brandes*   122 *aliter SA* (= 23. 50)

APPENDIX

I. FRAGMENTA DVBIA

(De dubiis nominibus, GL v. 579. 3, 582. 27, 589. 6
= *CCSL* 133A. 776. 310–11, 785. 456–7, 803. 687–8)

1 redite rursum flumina
   redite sursum *Peip.*: reditura *Glorie dub.*

2 †investigatum ferri dolus lepori†
   investigatum ferre dolo leporem *Peip.*: investigato ferre dolos lepori
   Haupt

3 quae tantae tenuere morae rumore sub omni?
   quae . . . morae *del. Glorie*   suborto *Peip. dub.*

II. ORATIO CONSVLIS AVSONII
VERSIBVS RHOPALICIS

Spes	deus	aeternae	stationis	conciliator,	
si	castis	precibus	veniales	invigilamus,	
his,	pater,	oratis	placabilis	astipulare.	
da,	Christe,	specimen	cognoscere	irreprehensum.	
rex	bone,	cultorum	famulantum	vivificator,	5
cum	patre	maiestas	altissima	ingenerato,	
da	trinum	columen	paraclito	consociante,	
ut	longum	celebris	devotio	continuetur.	
ad	temet	properant	vigilatum	convenienter.	
nox	lucem	revehet	funalibus	anteferendam,	10
nox	lumen	pariens	credentibus	indubitatum,	
nox	flammis	operum	meditatrix	sidereorum.	
tu	mensis	dirimis	ieiunia	religiosa,	
tu	bona	promittens	surgentia	concelebraris;	
da,	rector,	modicos	effarier	omnipotentem.	15
fons	tuus	emundat	recreatu	iustificatos,	

V   4 cognoscier   *Heins.*   9 convenientes   *Lugd.*
12 mediatrix *Brandes*

dans	mentem	oblitam	positorum	flagitiorum,
dans	agnos	niveos	splendescere	purificatos,
ut	nova	Iordanis	ablutio	sanctificavit,
20 cum	sua	dignati	tingentia	promeruerunt.
lux	verbo	inducta	peccantibus	auxiliatrix
et	Christus	regimen	elementis	irrequietis
fert	undam	medici	baptismatis	intemeratam,
ut	noxam	auferret	mortalibus	extenuatam.
25 crux	poenae	extremum	properata	immaculato,
ut	vitam	amissam	renovaret	mortificatus.
quis	digne	domino	praeconia	continuabit,
tot	rerum	titulis	obnoxius	immodicarum?
an	terra	humano	locupletat	commemoratu,
30 quem	vocum	resonant	modulatus	angelicarum?
dans	aulam	Stephano	pretiosam	dilapidato,
dans	claves	superas	cathedrali	incohatori,
quin	Paulum	infestum	copularis	agglomeratu.
fit	doctor	populi	lapidantum	constimulator,
35 ut	latro	confessor	paradisum	participavit.
sic,	credo,	adnectens	durissima	clarificandis
nos	seros	famulos	accrescere	perpetieris
sub	tali	edoctos	antistite	religionis.
da	sensum	solida	stabilitum	credulitate,
40 fac	iungar	numero	redivivo	glorificatus,
ad	caelum	invitans	consortia	terrigenarum,
spes	deus,	aeternae	stationis	conciliator.

19–20 *post* 21 *Peip*.   20 sacra *Villani dub.*   dignati *Sch.*: digna-
tum *V*   21 inducto *Heins.*   23 intemeratam *Heins.*:
intemerati *V*   25 properatast *Heins.*   26 mortificatis
Brandes   27 *post* 28 *Peip.*   domino *Heins*: domine *V*   praeconia *Scal.*: praeconio *V*   29 commemoratu *Lugd.*: commemorari
V   30 resonant *Scal.*: resonat *V*   31 pretiosam *Sch.*:
pretiose *V*   32 cathedralis *Sch.*   33 copulasti *Peip.*: copula-
bas *Sch. dub.*: copulatis *Brandes*   36 spurcissima *Heins.*: dirissima
Peip.

III. DE ROSIS NASCENTIBVS

For this poem (part of the *Appendix Vergiliana*) the following manuscripts have been used besides J and Y:

Γ   Sankt Gallen, Stiftsbibliothek 397
Δ   Melk, Stiftsbibliothek, cim. 2

λ   *Iuvenalis ludi libellus*
    Θ   Trier, Stadtbibliothek 1086/2180
    Λ   Biblioteca Apostolica Vaticana, Vaticanus Latinus 3252
    Ξ   Paris, Bibliothèque Nationale de France, latin 8093
    Π   Paris, Bibliothèque Nationale de France, latin 7927
    Σ   Paris, Bibliothèque Nationale de France, latin 8069

ς   one or more of the later manuscripts

> Ver erat et blando mordentia frigora sensu
>   spirabat croceo mane revecta dies.
> strictior eoos praecesserat aura iugales
>   aestiferum suadens anticipare diem.
> errabam riguis per quadrua compita in hortis   5
>   maturo cupiens me vegetare die.
> vidi concretas per gramina flexa pruinas
>   pendere aut holerum stare cacuminibus,
> caulibus et patulis teretes colludere guttas
>
>   *   *   *   *   *   10
>
> vidi Paestano gaudere rosaria cultu
>   exoriente novo roscida lucifero.
> rara pruinosis canebat gemma frutectis
>   ad primi radios interitura die.
> ambigeres raperetne rosis Aurora ruborem   15
>   an daret et flores tingeret orta dies.
> ros unus, color unus et unum mane duorum;
>   sideris et floris nam domina una Venus.
> forsan et unus odor; sed celsior ille per auras
>   difflatur, spirat proximus ille magis.   20

1 frigora *Γς*: frigore *JΔYλ*   5 hortis *ΓΘ*: hertis *JΠΣ*: herbis *YΔΛΞ*
20 difflatur spirat *ΓJ*: diffle spirat *Δλ*: D *Y*: diffluit expirat *Toll.*

263

communis Paphie dea sideris et dea floris
praecipit unius muricis esse habitum.
momentum intererat, quo se nascentia florum
germina comparibus dividerent spatiis.
haec viret angusto foliorum tecta galero,   25
hanc tenui folio purpura rubra notat.
haec aperit primi fastigia celsa obelisci
mucronem absolvens purpurei capitis.
vertice collectos illa exsinuabat amictus,
iam meditans foliis se numerare suis.   30
nec mora, ridentis calathi patefecit honorem
prodens inclusi semina densa croci.
haec modo, quae toto rutilaverat igne comarum
pallida collapsis deseritur foliis.
mirabar celerem fugitiva aetate rapinam   35
et dum nascuntur consenuisse rosas.
ecce et defluxit rutili coma punica floris
dum loquor, et tellus tecta rubore micat.
tot species tantosque ortus variosque novatus
una dies aperit, conficit ipsa dies.   40
conquerimur, Natura, brevis quod gratia florum;
ostentata oculis ilico dona rapis.
quam longa una dies, aetas tam longa rosarum;
quas pubescentes iuncta senecta premit.
quam modo nascentem rutilus conspexit Eous,   45
hanc rediens sero vespere vidit anum.
sed bene, quod paucis licet interitura diebus
succedens aevum prorogat ipsa suum.
collige, virgo, rosas, dum flos novus et nova pubes,
et memor esto aevum sic properare tuum.   50

26 hanc tenui *ΓJ*: hactenus in *Δλ*: haec tenus in *Y*: hanc tenus et *Θϛ*
folio *ΓYΔλ*: filio *J*: filo *ed. opusculorum Verg. Colon. 1499*   41 florum
Γϛ: talis *Θϛ*: *om. JYΔλ*   44 quas pubescentes *ΓYΔΛΞΠΣ*: cum
pubescenti *Θϛ*: *om. J*   premit *Γϛ*: brevis *YΔλ*: *om. J*

IV. PERIOCHAE HOMERI ILIADOS ET ODYSSIAE

A. PERIOCHA ILIADOS

Si Homerum scriptorem Troici belli eatenus qua Iliadem suam incipit quaque finit percenseamus, orsum ab iracundia Achillis ad sepulturam Hectoris quattuor et viginti libros contexuisse monstrabimus. haec enim species apparet summam cutem primi operis intuenti. verum hoc scripturae ipsius tempus Troiano 5 bello non totum, sed paene ultimum fuit. nam si ratio putanda est oppugnationis decennis, nonus fere annus, idemque prope finem sui, ea negotia continebit quae ab iniuria Agamemnonis ac Briseidis usurpatione usque ad funus Hectoris digna memoratu ⟨erant: non⟩ erit illa temporum series, quae ab eiusdem belli 10 causis atque origine pertinet ad urbis excidium. atque ex eo eveniet ut ignaris iudicandi et poeticae oeconomiae expertibus multa nobilia ab exordio belli usque ad Achillis iurgium omissa videantur, nec minus multa ab Hectoris funere ad usque deletum Ilium. quorum quidem maxima exspectatio erat propter tam 15 longi certaminis consummationem. sed ut divinum poetam nihil quod illustre fuerit omisisse appareat atque omnia quae finiri oportuit contigisse, breviter et in epitomae speciem belli Troici causam origines apparatusque quaeque annis superioribus acciderunt retexuimus. horum omnium prima origo est Paridis 20 iudicium inter deas, deinde classis contextio, qua idem Paris in Europam navigavit, tum raptio Helenae, quae opinione veterum bipertita est, quod plerique Helenam iuxta Homericum plasma ad Troiam deportatam fuisse existimaverunt, nonnulli autem opinati sunt, cum Alexander cursu deerrasset delatusque ad 25 Aegyptum fuisset, cognita hospitalis foederis iniuria, per Aegyptium regem, servantissimum iusti virum, Helenam cum iis, quae una cum eadem fuerant abrepta, Paridi sublatam expugnato demum Ilio Menelao restitutam.

praef. 4 enim *H*: eius *P Ug.*   5 tempus *Ug.*: temporis *PH*   10 erant non *add. Mommsen*: non *Gron.*: sunt non *Peip.*   19 origines *Peip.*: originis *PH Ug.*   quaeque *H*, quae *P Ug.*   20 retexuimus *Ug.* reteximus *PH*   26 per *add. Avant.*   28 abrepta Paridi *Lugd.*: arreptaque paridique *PH Ug.*: arrepta Paridi *Acc.*   sublatam *H*: sublata *P Ug.*

I

Μῆνιν ἄειδε θεὰ Πηληιάδεω Ἀχιλῆος
οὐλομένην, ἣ μυρί' Ἀχαιοῖς ἄλγε' ἔθηκεν.
Iram, diva, refer nati Peleos Achillei
pestiferam, quae mille dedit discrimina Achivis.

5 Chryses Apollinis sacerdos ob redimendam filiam cum Agamemnoni supplicasset, contumeliose repulsus deum precatur
ultorem. insecuta subinde gravi pestilentia cum Graecorum
exercitus interiret, cogitur ab Achille concilium et ab eodem
invitus Calchas morbi causam compellitur indicare. qua cognita
10 Agamemnon concitatur in Achillem. qui percitus iracundia
etiam caedem regis audebat, nisi eum in ultimum furorem
progredi Minerva vetuisset. a quo Briseis concubina in locum
Chryseidis, quae patri reddebatur, abducta est, inde Thetis
mater ad caelum lacrimas et contumeliam filii miserata proficis-
15 citur. quae fiducia defensi quondam cum Aegeone Iovis ultum
ire affectat iniuriam obtestaturque summum deorum, ut Troianos in rebus bellicis superiores esse patiatur. quibus Iuno
compertis iracunde adversum coniugem commovetur. sed glis-
cens iurgium per deridiculum ministrante Vulcano simul consilii
20 specie intercedente lenitur.

2

Ἄλλοι μέν ῥα θεοί τε καὶ ἀνέρες ἱπποκορυσταὶ
εὗδον παννύχιοι, Δία δ' οὐκ ἔχε νήδυμος ὕπνος.
Caelestes hominumque genus superabile curis
tranquilla obscuri carpebant munera somni;
5 at non pervigilem nox irrequieta Tonantem
leniit immodicos volventem corde paratus,
caedibus ut Graium laesum ulciscatur Achillem.

Iuppiter Agamemnonem somnio monet proelii faciendi tempus
adesse, ne cunctetur dimicare. tum ille in concilium proceribus
10 advocatis mandatum Iovis et speciem nocturnae quietis explanat. mox in contione multitudine congregata pertemptat militum

II. **1** 8 cogitur ab Achille *H*: cogitur achille *P*: cogit Achilles
Ug.   13 patri *om. P*   16 affectat *H*: affectanti *P Ug.*: affectans
Acc. cod.

voluntatem utque deposito bello ad sua quique redeant cohortatur. iamque omnibus navigationem adornantibus foeda discessio
ab Vlixe cohibetur. a quo etiam Thersites deformis et loquax et
in bonorum contumelias verborum licentia promptus, cum 15
acerba obiurgatione pulsatur. ipse Minervae monitu cunctos a
profectione deterret. sumpto deinde cibo armatur exercitus.
neque setius a Troianis instructa acies Iride ita monente
producitur. sequitur enumeratio copiarum viritim, ut per cata-
logi seriem milites naves duces patriae retexantur.   20

3

Αὐτὰρ ἐπεὶ κόσμηθεν ἅμ' ἡγεμόνεσσιν ἕκαστοι.
Argivos sua quemque acies in bella sequuntur,
dispositi in turmas equitum cuneosque pedestres.
turbida clangentes confundunt agmina Troes.

Instructum proelio exercitum, priusquam feriret acies, Priamus 5
spectat e muris et monstratu Helenae de viris insignibus
edocetur. dehinc Menelaus ad singulare certamen ab Alexandro
provocatur, qui frustra Agamemnone dehortante congreditur,
facta inter utrosque populos sponsione et foedere per sacra
firmato sub ea condicione, ut victorem Helena cum dote sequer- 10
etur. sed superatus Paris regressusque ad urbem iurgio uxoris
excipitur. ab Agamemnone foederis pacta repetuntur.

4

Οἳ δὲ θεοὶ πὰρ Ζηνὶ καθήμενοι ἠγορόωντο.
Iuppiter interea cum dis genitalibus una
concilium cogit superum de rebus Achivis.

Iovi placet delere Troiam, ad quod pertinacia Iunonis urgetur.
cumque id fieri Minerva properaret, discidium foederis commi- 5
niscitur et Pandarum sagittandi peritum astu suadentis aggreditur, ut clam vulnerato Menelao belli causa crudescat. quo facto a
Graecis proelium instauratur congressisque exercitibus mutua
clade decernitur.

2 12 quique *H Ug.*: quisque *P*
3 5 feriret *PH Ug.*: ferirent *Sch.*: fureret *Hartel*: ferveret *Peip.*:
conferrent *vel* consererent *vel* coirent *Green dub.*

5

Ἔνθ' αὖ Τυδείδῃ Διομήδεϊ Παλλὰς Ἀθήνη.
Hic et Tydidem monitum Tritonia Pallas
audaci virtute replet. vomit aurea flammas
cassis et undantem clipeus diffulgurat ignem;
5 ipse autumnali clarum micat aemulus astro.

Diomedes auxilio Minervae strenue proeliatur. Venus quoque
filio subvenire conata vulnere affecta digreditur. Mars etiam fit
saucius exceditque bello. sequitur Tlepolemi Sarpedonisque
congressio, et Tlepolemus Herculis filius certamine victus
10 occiditur.

6

Τρώων δ' οἰώθη καὶ Ἀχαιῶν φύλοπις αἰνή.
Solae decertant acies sine numine divum;
cessante auxilio sua cuique exorsa laborem
fortunamque ferunt proprii discrimine fati.

5 Troianis fortuna inclinatiore pugnantibus vates Helenus suadet
ut Minerva placetur. igitur Hecuba ab Hectore monita ut
peplum in arcem inferat peragit vota cum matribus. Alexander
obiurgatus a fratre pergit in proelium. Glaucus Lycius Aetolus-
que Diomedes congressi ut dimicarent, cum iam certamen
10 oreretur, paterna inter se hospitia recordati facta armorum
permutatione discedunt.

7

Ὣς εἰπὼν πυλέων ἐξέσσυτο φαίδιμος Ἕκτωρ.
Haec ubi dicta dedit, portis sese extulit Hector.

Minervae Apollinisque consensu fortissimus Graecorum ab
Hectore provocatur. novem ducibus ad dimicandum paratis
5 pugnaturum deligi placet sortis eventu. ab Aiace Telamonio
proelium singulare conseritur, in quo Hector lapide ictus in
suorum se recipit multitudinem. perseverante certamine cadu-

5 2 tydidem (titidem *P*) monitum *PH Ug.*: Tydidis mentem *Wake-*
field   4 diffulgurat *Wakefield*: defulgurat *PH Ug.*
6 5 suadet *om. P*   11 *post* discedunt *lac. Sch.*

ceator Idaeus intervenit. tum invicem missis muneribus pugna
sedatur. Hector Aiacem gladio, Aiax Hectorem balteo mune-
ratur. intercessu noctis exercitus quique in sua discedunt. die 10
altero interfectorum humatio procuratur. Graecorum etiam
navalia fossa ac vallo circumdata muniuntur.

8

Ἠὼς μὲν κροκόπεπλος ἐκίδνατο πᾶσαν ἐπ' αἶαν.
Aurora in croceis fulgebat lutea bigis.

Facto deorum concilio Iuppiter pro potestate pronuntiat, sua ut
quisque exercitus sorte decernat, nullus deorum odio in alteros
vel favore procedat. in Idam montem ipse digressus unde 5
Graecos immisso terrore conterritos . . . turpi fuga ad munimenta compulsi fossa et aggeribus sese tuentur. Iunonem ac
Minervam Graecis auxiliari volentes monitis Iovis Iris exterret
diremptoque ob noctem certamine victores Troiani in ipso
proelii loco excubias obsidionis instituunt multisque ignibus 10
factis per totam noctem de belli ratione consultant.

9

Ὣς οἱ μὲν Τρῶες φυλακὰς ἔχον, αὐτὰρ Ἀχαιούς
Interea vigilum excubiis cohibentur Achivi.

Graecis et praeterita dimicatione perculsis et instante conterritis
proceres ab Agamemnone convocantur. quibus rex fugae
consilia et apparatum ordinandae per noctem navigationis 5
indicit, Diomede et Nestore dehortantibus. suadente autem
Nestore Aiax et Vlixes legantur ad Achillem dona ingentia
pollicentes, si desistat irasci et sese auxiliatorem fessis rebus
accommodet. sed Achille in iracundia pertinaciter permanente
legati Achivorum re non impetrata irriti revertuntur. 10

---

8 3 pro potestate *H*: pro parte *P Ug.*   6 *post* conterritos *lac.*
Peip.: conterritat *Sch.*   11 de belli ratione *H Ug.*: deliberatione *P*
9 8 et sese *Sch.*: sese *PH*: et se *Ug.*: seque *Peip.*

10

Ἄλλοι μὲν παρὰ νηυσὶν ἀριστῆες Παναχαιῶν
εὗδον παννύχιοι μαλακῷ δεδμημένοι ὕπνῳ.
Cetera per naves somno sopita iacebat
turba ducum, solum cura anxia vexat Atridem.

5 Vlixes et Diomedes speculatum nocte progressi Dolonem con-
spicantur, qui et ipse promissis Hectoris incitatus Graecorum
consilia exploratum prodierat, et fateri universa compulsum
eodem loco interficiunt. a quo de adventu Rhesi Thracum
regis edocti ipsum et cum eo duodecim obtruncant equosque
10 eius praemium simul et testimonium grassationis abducunt
insignes candore et celeritate, ut et nivibus et ventis anteceder-
ent.

11

Ἠὼς ἐκ λεχέων παρ' ἀγανοῦ Τιθωνοῖο
Tithoni croceum linquens Aurora cubile
spargebat terras, referens opera atque labores.

Ab omnibus Graecis egregie quidem, sed improspere dimicatur.
5 quorum proceribus vulneratis incognitae multitudini pugna
committitur. qua afflictatione fortunae Achilles paulisper
inflexus Patroclum mittit praesentia cogniturum. qui cum
adversi status nuntius reverteretur, Eurypylum contemplatur
aegrum ex vulnere fomentisque medicae artis admotis redinte-
10 grat sanitati.

12

Ὣς ὁ μὲν ἐν κλισίῃσι Μενοιτίου ἄλκιμος υἱός.
Actorides fovet Eurypylum dum vulnere fessum.

Res dubiae apud Graecos vel potius afflictae ultimae fortunae
statu aguntur praestantibus procerum vulneratis, cetero exercitu
5 fugato aut formidine perculso. Troiani navalium munimenta
rescindunt vallumque transgressi auguriis iuvantur ex eventu

---

10 3 iacebat *H*: manebat *P Ug.*   8 de adventu *Avant.*: adventu
PH Ug.: adventum *Mommsen*   11 et (nivibus) *om. P*
12 4 in *ante* statu *add. Sch.*, sub *Brakman*

ambiguis. itaque et pars muri ab Sarpedone convellitur et ab
Hectore ictu lapidis porta dissicitur et in ipsis navalibus pugna
conseritur.

13

Ζεὺς δ' ἐπεὶ οὖν Τρῶάς τε καὶ Ἕκτορα νηυσὶ πέλασσε.
Iuppiter admovit Troas atque Hectora classi.

Neptunus miseratione commotus Argivorum tuendis navibus
auxiliator accedit et usurpata vatis effigie Aiaces duos in
proelium cohortatur nec minus ceteram multitudinem praesen- 5
tia maiestatis instigat. Idomeneus egregio certamine eminet.
Troiani, iam referentes gradum, firmati rursum per Hectorem
contrahuntur et ingenti clamore utrimque certatur.

14

Νέστορα δ' οὐκ ἔλαθεν ἰαχὴ πίνοντά περ ἔμπης.
Concussit quamvis potantem Nestora clamor
attonitasque aures pepulit gravitate tumultus.

Iuno vinculum Venerium (cui cesto nomen est) mutuata ad
Iovem pergit in secessum montis Idae exoratoque Somno, ut 5
deum coniceret in soporem . . . ac dehinc vigilias eius uxoriis
labefactat illecebris. cuius ignoratione Neptunus abutitur fortunamque Graecorum promptius auxiliando restituit, Aiace
Locro ultra ceteros proeliante.

15

Αὐτὰρ ἐπεὶ διά τε σκόλοπας καὶ τάφρον ἔβησαν.
Iam vallum fossamque super Troiana inventus
institerat, captae minitans incendia classi.

Iuppiter somno expergitus videt statum certaminis innovatum
pellique Troianos, Graecis opem ferente Neptuno. itaque aspere 5

---

8 dissicitur *Peip.*: disiicitur *H*: discititur *P*: discuditur *Ug.*: discutitur
ed. Par.
13 7 firmati *Ug.*: firmatis *PH*   8 contrahuntur *om. P*
14 4 vinculum *codd.*: cingulum *Heins.*   5 exoratoque *H Ug.*:
exoritatoque *P*   6 deum coniceret *Peip.*: dum coniceret *H*: dum
comeceret *P*: eum committeret *Ug.*   *post* soporem *lac. Sch.*: ac *om. ed.
Par.*

Iunone increpata et minaciter per Iridem fratre conterrito iubet
auxiliatorem desistere. ipse Apollinem recreando allegat Hectori
monetque pro Phrygibus belli instaurare fortunam. tum et Aiax
Telamonius egregie proeliatur et ab eodem plurimis hostium
10 interfectis conflagratio classis arcetur.

16

'Ὡς οἱ μὲν περὶ νηὸς ἐϋσσέλμοιο μάχοντο.

Dum face, dum ferro celsam affectare carinam
Troes et Argolici pergunt defendere reges.

Achilles Graecorum statum iam sub extrema sorte miseratus
5 tegminibus suis Patroclum permittit armari. qui cum Myrmi-
donum produxisset exercitum consternatosque Troianos Achillis specie fefellisset, ruentes supra vallum et invicem officientes
caeco pavore usque ad campi aperta compellit. deinde congressus Sarpedonem perimit multisque hostium caesis ipse ab
10 Hectore interficitur, prius ab Euphorbo vulneratus.

17

Οὐδ' ἔλαθ' Ἀτρέος υἱὸν, ἀρηΐφιλον Μενέλαον.

Actoridem caesum nec te, Menelae, fefellit.

Circa interemptum Patroclum pugna contrahitur, cum in
diversa exercitus tenderent, Graeci, corpus ut defenderent,
5 Troiani, ut ad ludibrium cadaver eriperent: a Menelao Euphorbus occiditur et ad ostentationem gloriosi facinoris Achillis
exuviis Hector armatur. Antilochus ad Achillem nuntius cladis
acceptae Menelao instante festinat. qui et ipse postea cum
Merione intra navalium munimenta se recipit, cum tota moles
10 belli [Menelao et] Aiacibus ingruisset.

---

15 6 fratre conterrito *H*: conterrita *P*: conterrita fratrem *Ug*.
9 egregie *H*: grene *P*: strenue *Ug*.   et ab eodem *om*. *P*
16 2 affectare *Sch*.: affecta *P*: affectu *Ug*.: affectaret *H*   carinam
om. *PH Ug*.   4 miseratus *H*: miseratur *P Ug*.   5 tegminibus
Sch.: agminibus *PH Ug*.
17 3–4 in diversa *Acc. cod*.: diversi *PH Ug*.   4 tenderent *PH*:
contenderent *Ug*.   10 menelao et *del. ed. Ald. 1517*

18

Ὣς οἱ μὲν μάρναντο δέμας πυρὸς αἰθομένοιο.
Dum furit in medio valli vis ignea Martis.

Achilles in miserabilem modum Patrocli deflet interitum, quem
vi doloris affectum consolantibus verbis mater alloquitur. nec
inultum amicum fore pollicens perlaturam sese Vulcani arma 5
promittit. interea et Iris ab Iunone demittitur, cuius instantia
Achilles extra vallum quamquam inermis egreditur conterritis-
que Troianis super alios aliis praecipitantibus late fuga et latius
formido porrigitur. eodemque tempore et Vulcanus exoratus a
Thetide tota nocte, quam longa est, caelestia in gratiam nymphae 10
arma molitur.

19

Ἠὼς μὲν κροκόπεπλος ἀπ᾽ Ὠκεανοῖο ῥοάων.
Oceanum interea surgens Aurora reliquit.

Achilles armis caelestibus ope Vulcani et munere matris
instruitur. dein Graecorum primoribus in concilium vocatis
iracundiam sub abolitione deponit et promissis ab rege muneri- 5
bus coram contione ditatur. tum militibus cibum capere iussis
ipse abstinet. infesto deinde atque intento exercitu pergit in
proelium.

20

Ὣς οἱ μὲν παρὰ νηυσὶ κορωνίσι θωρήσσοντο.
Iamque adeo celsis armati e navibus ibant
milia quot magnis umquam venere Mycenis.

Ut integris amborum copiis inter utrosque exercitus pugna
conseritur. dein permissu Iovis in partes deorum studia divi- 5
duntur, cum pro Graecis Iuno et Minerva decertarent neque
segnius eos Neptunus et Mercurius et Vulcanus assererent,
Troianos Apollo cum Venere et Diana cum matre, Mars etiam

18 2 valli *Heins.*: belli *PH Ug.*
19 5 sub *codd.*, suam *Gron*: *lac. Green dub.*
20 2 armati *Ug.*: armata $P^{pc}H$ 3 quot *H*: quae *P Ug.*
4 ut *PH*.: at *Ug.*   6 decertarent *Ug.*: decederent *P*: decernerent
H

et cum eo Scamander adiuvarent. tum et Aeneam dis et viribus
10 iniquis cum Achille congressum quamquam studens Graecis
nube circumdatum Neptunus eripuit.

21

Ἀλλ' ὅτε δὴ πόρον ἷξον ἐϋρρεῖος ποταμοῖο.
Intulerat fluvio trepidas fuga foeda catervas.

Troianis usque ad Scamandri fluminis alveum fuga et terrore
compulsis cum iam longius abeundi spatium non pateret, in ipso
5 amne, cum flumen exundat, . . . ibi et duodecim ab Achille
Troianorum iuvenes vinciuntur, qui Patrocli inferiis im-
molarentur. ipse Vulcanus ardoribus suis vim torrentis exurit.
tum in campum Achille progresso passim studia deorum pro sua
singulari parte depugnant. Troianorum exercitus instante vic-
10 tore in moenia urbis impingitur.

22

Ὣς οἱ μὲν κατὰ ἄστυ πεφυζότες ἠΰτε νεβροί.
Pulsa metu Phrygios lustrabant agmina muros.

Hector singulari certamine cum Achille congreditur, Priamo
atque Hecuba ne pugnet orantibus, Minerva e contrario specie
5 Deiphobi ut dimicet adhortante. Hector interfectus et religatus
ad currum ter circum moenia Troiana raptatur. deinde lacerum
corpus defertur ad naves ultioni Patrocli victoris iracundia ad
ulteriora supplicia reservandum.

23

Ὣς οἱ μὲν στενάχοντο κατὰ πτόλιν, αὐτὰρ Ἀχαιοί.
Troia vacat lacrimis, ludis Argiva iuventus.

Funebres ludi in honorem Patrocli frequentantur, quibus
Diomedes equis superat, lucta et cursu Vlixes, alioque alii
5 genere certationis antistant.

9 et (post tum) om. Ug.
21 3–4 Troianis . . . compulsis Lugd., troiani . . . compulsi PH
Ug.   5 post exundat lac. Sch.   ibi et duodecim ab Achille Sch.:
ibi et (a Ug.) duodecim milia PH Ug.
22 7 victoris P: et victoris H Ug.
23 4 alioque Vin.: aliosque PH Ug.

24

Λῦτυ δ' ἀγών, λαοὶ δὲ θοὰς ἐπὶ νῆας ἕκαστοι.
Quisque suas repetunt misso certamine naves.

Iuppiter Thetidem mittit ad filium cum mandatis eiusmodi, ut
in defunctum saevire desistat fatique hominum in exanimo hoste
vereatur ad sepulturam corpore restituto. eiusdem iussu et Iris   5
Priamum cohortatur ut auro filium rependat exanimum. qui
Mercurio duce inter nocturnas hostium profectus excubias
Achilli supplex advolvitur redemptumque filium iustitio publico
et deflet et sepelit.

B. PERIOCHA ODYSSIAE

I

"Ανδρα μοι ἔννεπε, Μοῦσα, πολύτροπον, ὃς μάλα πολλά
Dic mihi, Musa, virum, captae post moenia Troiae
qui mores hominum multorum vidit et urbes.

Minerva in Ithacam Iove ita volente descendit Mentisque
Taphiorum ducis sumit effigiem, suasura Telemacho ut ad   5
Nestorem Menelaumque festinet, qui recens domum regressi
certi aliquid de Vlixe novissent. tunc et Phemius citharista
adhibitus convivio procorum inchoat flebilem cantilenam navigationis improsperae, quae profectos ab Ilio Graecos diversis
sparsit exiliis; quem Penelope degressa chalcidico, argumento   10
tam miserabilis offensa materiae, ut alia concinat adhortatur.

2

Ἦμος δ' ἠριγένεια φάνη ῥοδοδάκτυλος ἠώς.
Oceano extulerat roseos Aurora iugales.

Telemachus Ithacensios proceres cogit ad curiam atque ibidem
de contumelia domus et bonorum profligatione conquestus
consilia profectionis exponit, Antinoo resistente, qui eum   5

24   2 repetunt *P*: redeunt *H Ug.*   3 ad *Ug.*: ut ad *PH*
4 in *om. P*   9 et *om. H*
Od. 1   4 Mentisque *Acc.*: Mentorisque *PH Ug.*   6 qui *codd.*: si
Heins.
2   2 roseos *Acc.*: roseas *PH Ug.*   3-4 ibidem de *H Ug.*: ibidem
P: ibi de *Sch.*

priusquam mater nuberet abire prohibebat. qua altercatione diu
protracta concilium dissolutum est. Telemachus ad litus procis
ignorantibus pergit. astantem sibi adorans Minervam pe-
regrinationi accommoda parat, hortante maxime dea, quae
10 populum ipsumque Telemachum Mentoris simulatione fallebat.
instructo ergo remigio et nave deducta Telemachus et Minerva
de portu vespere instante solverunt.

3

Ἥλιος δ᾽ ἀνόρουσε, λιπὼν περικαλλέα λίμνην.
Iam sol Oceano radiatos prompserat ortus.

Telemachus Nestorem de patre percunctans nihil novi accipit ab
ignorante. verum idem senex sequenti die cum Pisistrato filio ut
5 ad Menelaum pergat hortatur. nec mora facta consilio: nocte
quippe ea, quae consecuta est, apud Pheras oppidum hospitio
Dioclis deversati die altero Lacedaemonem pervehuntur.

4

⟨Οἳ δ᾽ ἷξον κοίλην Λακεδαίμονα κητώεσσαν.⟩
Iamque adeo ventum validae ad Lacedaemonos arces.

Telemachum et qui cum eo venerant Menelaus comiter hospitio
accipit iamque sub vespera quaedam de Vlixe cognoscunt. die
5 vero altero totum navigationis suae ordinem Menelaus explanat,
quodque in Ogygia insula promissis et illecebris nymphae
Calypsonis Vlixes retineatur exponit: quae quidem Proteus
eidem narraverat de Graecorum ducibus requirenti. proci
autem postquam de abitu Telemachi compererunt, instructa
10 deductaque navi viginti, qui sese legerant, enavigaverunt
redeunti insidias molientes. circa Asteriam ergo insulam, quae
Ithacam Samumque interiacet, delitescentes occasionem fraudis
expectant.

3 7 Dioclis deversati Sch.: diolede versati PH: Dioclis versati Ug.
4 1 Graeca om. codd.   2 valide ad H: valide a P: validae
Ug.   7 quae H: quaeque P Ug.   10 enavigaverunt Hartel:
et navigavere P: navigaverunt H: navigavere Ug.

5

⟨Ἠὼς δ' ἐκ λεχέων παρ' ἀγαυοῦ Τιθωνοῖο.⟩
Liquerat in tepido Tithonum Aurora cubili.
Mercurius in Ogygiam insulam devolat, ut Iovis monitis
Calypso conterrita Vlixem patiatur abscedere. qui contextu
ratis temere properato navigationem solus aggreditur. duodevi- 5
cesima die tempestate commota, ex iracundia infestante Neptuno, trabium compago dissolvitur. quo casu proditur ultimae
spei et irritis conatibus natans ab Ino dea misericorde servatur,
quae calauticam capiti suo demptam natanti accommodat. cuius
ille sustentatu ad usque Phaeacum litus evadit.   10

6

⟨Ὣς ὁ μὲν ἔνθα καθεῦδε πολύτλας δῖος Ὀδυσσεύς.⟩
Carpebat somnos dudum aerumnosus Vlixes.

Vlixes postquam ad Phaeacum litus enaverat, fatigationem diluit
somno. sed cum virgo Nausicaa, filia regis Alcinoi, ludum in acta
cum aequalibus exerceret, somno excitatus, ut erat nudus, 5
erupit, foliorum oppositu pudenda velatus. et cum supplex ad
genua regiae virginis advolveretur, Minervae instinctu movit
misericordiam salutarem impositusque carpento et veste donatus
usque ad templum Minervae, quod ante urbem est, ita suadente
virginis pudore pervehitur ibique familiare sibi numen solita 10
precatione veneratur.

7

⟨Ὣς ὁ μὲν ἔνθ' ἠρᾶτο πολύτλας δῖος Ὀδυσσεύς.⟩
Orabat superos dudum Laertia proles.

Minerva in puellae speciem mutata Vlixem primum in oppidum,
mox in domum regiam ducit. cumque Arete uxor Alcinoi et
unde vestem haberet et cuias esset et qua sorte delatus sermone 5
ipsius comperisset, bonum animum habere iussus, suadente
vespera concedit quieti.

5 5 properato *Heins.*: properat at *P*: properatae *H Ug.*
6 6 ad *om. P*   9 ita *om. P*
7 3 in puellae speciem mutata *H Ug.*: p. sp. mutuata *P Acc.
cod.*   5 cuias esset *ed. Par. 1513*: cui adesset *PH*: cuia esset *Ug.*

8

⟨Ἦμος δ᾽ ἠριγένεια φάνη ῥοδοδάκτυλος ἠώς.⟩
Iam caelum rutilat roseis Aurora quadrigis.

Alcinous navigationis aerumnam summatim ab Vlixe cognoscit.
exinde iussis primoribus in curiam convenire adventum hospitis
5 et infortunia diutinae iactationis explanat accitoque ad convivium Vlixe citharam iubet pulsare Demodocum, qui cum de
durio equo et de Troico cantaret excidio, lacrimas Vlixi memoria
fortunae superioris elicuit. quas cum occultare sedulo conaretur
aut vultu dissimulans aut veste detergens, oculos in se omnium
10 et maxime regis advertit. tum Alcinous causa fletuum cognita, ut
cuncta ex ordine tolerata disserere benigne omnia pollicitus
adhortatur.

9

⟨Τὸν δ᾽ ἀπαμειβόμενος προσέφη πολύμητις Ὀδυσσεύς.⟩
Tum vice sermonis fatur Laertius heros.

Quattuor istinc libri de Vlixis errore contexti sunt. namque ab
Alcinoo rogatus seriem multiplicis erroris exponit, ut ab Ilio
5 profectus primum ad Ciconas delatus sit atque illic expugnata
Ismaro civitate, multis amissis fugatus abscesserit, utque inde
Maleam Laconicae promontorium circumegerit ac deinde ⟨ad⟩
Lotophagos venerit, mox ad Cyclopum insulam, quae Lotophagis obiacebat, cum una nave processerit, eaque sedulo
10 occultata ipse cum duodecim sociis in antrum Polyphemi pene-
traverit. qui cruentis dapibus expletus, quas caede sociorum eius
instruxerat, vino etiam quod Vlixes ingesserat temulentus cum
in somnum procubuisset, ab Vlixe caecatus poenas immanitatis
exsolvit.

8 7 durio *Sch.*: dorio *PH*: dureo *Ug.*   10 tum *Par.*: cum *PH*
Ug.   10–11 ut cuncta ex *H Ug.*: ut *Acc. cod.*, ex *P*   11 omnia
om. P, Acc. cod.
9 7 ad *ante* Lotophagos *add. Acc.*   8–9 venerit . . . Lotophagis
om. P

10

⟨Αἰολίην δ᾽ ἐς νῆσον ἀφικόμεθ᾽· ἔνθα δ᾽ ἔναιεν.⟩
Aeoliam ventorum agimur patriamque domumque.

Hinc refert Aeoliam se fuisse pervectum donisque donatum ab
Aeolo rege ventorum, qui omnibus comiter praebitis, quo
securior navigaret, ventos etiam dederit utre conclusos, utque 5
cum iam Ithacam propinquaret refusus sit in soporem sociique
eius opes aliquas in scorto esse existimantes dormiente ipso
vincla dissolverint adversisque flatibus iam ab ipsa patria sint
relati. inde ut Antiphaten Laestrygonasque delatus sit: ibi
amissis una minus ceteris navibus Circeum litus accesserit 10
ibique veneficio potentis deae Eurylochus et praemissi cum eo
socii in ferarum ora converterint: ipse etiam similia passurus
Mercurio procurante vitaverit ceterosque socios ad speciem
pristinam redigi virtutis admiratione compulerit.

11

⟨Αὐτὰρ ἐπεί ῥ᾽ ἐπὶ νῆα κατήλθομεν ἠδὲ θάλασσαν.⟩
At postquam ventum ad naves et litora ponti.

Digressus a Circe Avernum pervenit, qui locus descensus ad
manes existimatur. ibi sacris rite perfectis scrobem complet
sanguine victimarum et circumvolitantibus animabus nullam 5
sinit haustum cruoris attingere, nisi, ut Circe monuerat, prius
Tiresias vates inde libasset. ibi et heroidas plurimas videt,
quarum enumerationem multa veterum fabularum venustate
contexit.

12

⟨Αὐτὰρ ἐπεὶ ποταμοῖο λίπεν ῥόον Ὠκεανοῖο.⟩
Iamque adeo Oceani liquidos pede liquerat amnes.

Compertis a Tiresia vate quae oportuit scire, regreditur ad
Circam ab eaque ut evitet mala cetera edocetur: ut Sirenas
praetereat, letalem navigantium cantilenam, ut Scyllam praeter- 5
vehatur et Charybdin freti Siculi famosa portenta. quibus malis

10 7 in scorto *Acc.* 'in cod. non multae fidei': in soraco (sorato *P*) esse
PH: in sora inesse *Ug.*   **12** converterint *H*: converterit *P*: conversi
sint *Ug.*

non sine gravi perpessione superatis Trinacriam pervehitur, ubi
incustodita Solis armenta, frustra prohibente ipso, ceteri socii
penuria cogente dilaniant dirisque prodigiis admissa boum caede
10 terrentur. ac mox inde navigantes fulmine ad unum omnes
intereunt, excepto Vlixe, qui fragmento carinae cohaerens et
adminiculo eius adiutus ad Ogygiam insulam solus enavit.

13

Ὥς ἔφαθ᾽, οἱ δ᾽ ἄρα πάντες ἀκὴν ἐγένοντο σιωπῇ.
Conticuere omnes intentique ora tenebant.

Enarratis omnibus, quae in multiplici errore pertulerat, a
principibus Phaeaciae viris donis plurimis honoratur. ⟨a⟩
5 quibus remigio et necessariis omnibus navis instruitur dor-
miensque in Ithacam quietissima navigatione devehitur. atque
illic in portu patrio cum muneribus universis quiescens et
omnium ignarus exponitur, Phaeacibus eo dormiente remeanti-
bus.

14

Αὐτὰρ ὁ ἐκ λιμένος προσέβη τρηχεῖαν ἀταρπόν.
Egreditur portu tenuis quo semita ducit.

Somno expergitus Vlixes portum et litus patriae non sine animi
consternatione cognoscit admiraturque ut advectus, ut exposi-
5 tus, ut relictus sit; ut cuncta nesciens requirit universa donorum.
quae postquam incolumia videt, quam potest tutissime occultat
consiliisque a Minerva confirmatus ad servum Eumaeum sub-
ulcum simulatus accedit, naufragi et mendicantis imitatu. interrogatus deinde quis esset, ait esse se Cresium: in Aegyptum
10 navigantem Troiam fuisse delatum. Eumaeum tum affectione
maestissima † pergens et cogente denique vespera et imbre
continuo sagulo amicitur: atque ibidem multa secum volvens
tandem concedit quieti.

12 7 ubi *H*: ubi et *P*: ubi ea *Ug*.
13 4 a *ante* quibus *add. ed. Lugd. 1537*
14 5 nesciens *Sch.*: nescierit *PH*: nesciret *Ug*.   9 esse se *PH*:
se esse *Ug*.   10 tum *Sch.*: cum *P*: et cum *H*: etiam cum *Ug*.
11 pergens *PH Ug*: perurgens *Vin.*: peragens *Sch.*: mergens *Brakman*

15

Ἡ δ᾽ εἰς εὐρύχορον Λακεδαίμονα Παλλὰς Ἀθήνη.
⟨At⟩ Lacedaemonias arces Tritonia Pallas.

Telemachus a Minerva per somnium commonetur, domum ut
rediret, matureque digressus cubili, a Menelao veniam reversio-
nis exorat. qua comiter impetrata regreditur ad navem in portu 5
Pylio manentem Pisistratoque ad urbem atque ad patrem
remisso ipse propere solvit e litore, comite navigationis
assumpto Theoclymeno vate Argivo, uno ex his quos Melampus
Amythaonis erudivit. vitatisque insidiatoribus procis advehitur
in patriam et sociis quidem portum petere iussis ipse diverso 10
itinere ad agrum Eumaeumque proficiscitur.

16

Τὼ δ᾽ αὖτ᾽ ἐν κλισίῃ Ὀδυσεὺς καὶ δῖος ὑφορβός.
Commune Eumaeus mapale et divus Vlixes.

Telemachus Eumaeum nuntium reditus mittit ad matrem: ipse
Minerva ita volente patrem cognoscit et cum eo deinceps agenda
disponit. Penelopa autem cognito filii reditu in conventum 5
procorum, qua verecundia sinebat, egreditur increpatisque
insidiatoribus filii non minus irata quam maesta discedit.

17

Ἦμος δ᾽ ἠριγένεια φάνη ῥοδοδάκτυλος ἠώς.
Iam caelum roseis rutilat Tithonia bigis.

Telemachus anxiae matri ordinem peregrinationis enarrat.
Vlixes ad oppidum Eumaeo opitulante perducitur. domum in
qua proci epulabantur ingressus emendicat cibos miserabiliter 5
ambiendo. inde ab Antinoo iniuriose afficitur. cui Penelopa diras
ob inhumanum facinus imprecatur; a qua missus Eumaeus est,
ut hospes (sic enim se ferebat) ad eam provocaretur. tum quidem

---

15   2 at *Ug.*: om. *PH*: it *Acc.*: ad *ed. Par. 1513*   4 matureque *H*:
matureque *P Ug.*   6 patrem *Toll.*: patriam *PH Ug.*: patria
Peip.   10 diverso *Acc. codd.*: adverso *PH Ug.*
16   3 ipse *om. PH*   4 patrem *om. PH*   5 in *om. P.*
7 discedit *Avant.*: descendit *PH Ug.*
17   8 ad eam *Avant.*: ad eum *H*: at cum *P*: ad cum *Ug.*

invitatus gratiam facit, sed venturum sese ad vesperam pollice-
10 tur.

18

Ἦλθε δ' ἐπὶ πτωχὸς πανδήμιος, ὃς κατὰ ἄστυ.
Irus adest populo per mendicabula notus.

Mendicante intra lares proprios Vlixe alius quoque pari egestate
Irus accessit, popularis Ithacensius, stipes in triviis solitus
5 rogare. iurgium ergo inopiae communis aemulatione conseritur,
quod ex verbis processit ad manus, hortantibus procis, quo
magis rixa crudesceret, propositoque praemio caprini ventris
omento. victor igitur Vlixes seminecem Irum extra ianuam
proicit, ridicula adhortatione compellans. Penelopa etiam
10 munera sibi a procis pro opibus cuiusque conferri singulorum
studia experiens deposcit: quae mature utpote a cupientibus
offeruntur.

19

Αὐτὰρ ὁ ἐν μεγάρῳ ὑπελείπετο δῖος Ὀδυσσεύς.
At parte interiore domus secretus Vlixes.

Vlixes cum Telemacho arma omnia de medio amoliuntur, procis
perniciem comparantes, ne quid aut munimenti aut teli
5 relinqueretur qui vel cavere vim vel inferre possent. ad Penelopam deinde accitu ipsius pergit ibique, ut Eumaeo dixerat,
Cretensem se esse mentitur Vlixemque apud se hospitio
deversatum comminiscitur. mox cum Euryclia ipsius nutrix
hospitalis officii causa pedes eius elueret, tactu manus animad-
10 vertit cicatricem, quam habebat ex vulnere in Parnaso quondam
suis dente percussus. quo argumento alumnum suum esse
cognoscit, sed ab eodem, ne quid ultra vel quaerat vel garriat,
coercetur.

18 2 populo *Heins.*: populi *PH Ug.*: populis *Peip.*
19 3 arma *om. P.*   4 quid aut *Ug.*: quidquam *P*: quid autem *H*
5 ad *Avant.*: ad in *PH Ug.*   6 deinde *P Ug.*: dein *H*: inde
Avant.   11 quo *Ug.*: qui *PH*

20

⟨Αὐτὰρ ὁ ἐν προδόμῳ εὐνάζετο δῖος Ὀδυσσεύς.⟩
[Iamque procos genua amplectens orabat Vlixes.]

. . . Epulantibus procis Ctesippus in Vlixem crus bubulum iacit,
sed destinatione non potitur. Theoclymenus autem apud
Ithacensios divinationis expertae imminens procis vaticinatur 5
exitium. quorum multa cavillatione derisus mensa et domo
tamquam furiosus excluditur.

21

Τῇ δ᾽ ἄρ᾽ ἐπὶ φρεσὶ θῆκε θεὰ γλαυκῶπις Ἀθήνη.
Hic mentem dedit Icariae Tritonia Pallas.

Vlixes Eumaeo et Philoetio fidei eorum industriaeque confisus
qui sit revelat. et postquam facta cognitio est, caedem procorum
pro tempore instrui placet. quos Vlixes astu aggreditur, ut ipsum 5
quoque intendendo arcum vires seniles explorare patiantur.
quem uni quondam Vlixi facilem si quis intenderet, habiturus
esset praemium, ius Penelopae nuptiarum. sed prohibentibus
procis, ne id ridiculus et mendicus auderet quod frustra iuventus
tam electa temptasset, dat Telemachus Vlixi ceteris abnuentibus 10
experiendi potestatem. et hinc nascitur admiratio prima virtutis,
dedecore suo ceteris erubescentibus, quorum ignaviam senex et
mendicus arguerit.

22

⟨Αὐτὰρ ὁ γυμνώθη ῥακέων πολύμητις Ὀδυσσεύς.⟩
Squalentes umeris habitus reiecit Vlixes.

Vlixes loco ulteriore capto intendit arcum omnibusque foribus
occlusis, ne qua pateret effugium, plerosque vino saucios aut
novitate rei stupidos aut quidlibet aliud meditantes conficit. cum 5
primum omnium confixisset Antinoum, qui audacia et petulantia ceteros superaverat, Eumaeus et Telemachus et Philoetius
sumptis et ipsi armis egregia in consternatos caede grassantur,

20 Graeca om. codd.   3 ante Epulantibus lac. Green
5 expertae H: ex parte P Ug.: expertus ed. Ald. 1517
21 4 qui PH Ug.: quis Scal.
22 4 occlusis H Ug.: exclusis P

iamque omnibus interemptis duobus tantummodo parcitur,
10 Phemio citharoedo, qui ministerii causa adhibitus nihil omnino
in Vlixis domo quod contumeliosum esset ediderat et Medonti
praeconi, cuius modestiae etiam Telemachus suffragatur. qui
cum Telemacho erant Melanthium famulorum Vlixis unum, qui
procorum proterviam semper armaverat, cruciabiliter occidunt.
15 puellas inde duodecim, quae cum procis flagitiose consueverant,
suspendio perimunt. Vlixes caede ad plenum perpetrata ignem
adolet incensoque sulphure domum piaculo purgat.

23

⟨Γρηῦς δ' εἰς ὑπερῷ' ἀνεβήσετο καγχαλάωσα.⟩
Chalcidicum gressu nutrix superabat anili.

Euryclia nutrix gestae rei nuntia Penelopam de somno excitat.
quae advenientem ad se maritum non temere ⟨sibi⟩ ipsum esse
5 persuadet, ⟨et⟩ quadam cubiculi lege et genialis lectuli positu sibi
tantum et Vlixi cognito an ipse sit maritus explorat. in coetum
deinde conveniunt totamque noctem mutuo sermone consu-
munt. et hic quidem elegans replicatio laborum, quos Vlixes
pertulit, mira concinnatione colligitur.

24

⟨Ἑρμῆς δὲ ψυχὰς Κυλλήνιος ἐξεκαλεῖτο.⟩
Tartaream vocat in sedem Cyllenius umbras.

Procorum animas recenti et communi caede congestas cater-
vatim Mercurius ad inferna compellit. tunc circa Agamemno-
5 nem manes heroici congregantur miratique lectorum iuvenum
congregem densitatem uno agmine commeantum causas inter-
itionis accipiunt. tum apud inferos quoque virtus Vlixis et
Penelopae pudicitia praedicantur ab Agamemnone prae ceteris,
cui dispar fuerat in utroque fortuna. Vlixes ad Laertem patrem
10 in agrum profectus inopinato et reditu et rerum gestarum relatu

10 nihil omnino *Acc.*: nihil minus *P*: nihil *H*: nihilominus *Ug.*
12 praeconi *Acc.*: uni *PH Ug.*   suffragatur *H*: suffragatura *P*: suffra-
gabatur et *Ug.*: suffragatur at *Sch.*   cum *Ug.*: cumque *PH*
   23 4 sibi *add. Brakman*, se *post* esse *Sch.*   5 persuadet *PH*
Ug.: persuadetur *Hartel*   et *add. Sch.*
   24 6 commeantum *Graev.*: commeantem *PH Acc.*: comeante *Ug.*

afficit senem: afficitur ab eo cognitis quas exanclasset aerumnis. subinde et patres procorum neces iuvenum properant ultum ire consilioque et vi communicatis ante exspectatum ⟨in⟩ agro superveniunt. sed eos iam comitatior Vlixes fundit fugatque. verum gliscentibus odiis et maiore seditione aut tumultu spec- 15 tato ex sententia Iovis in Ithacam Minerva descendit et con- ciliata utrimque pace studia et motus partium rerum gestarum abolitione componit.

11 afficit *Sch.*, affecit *PH Ug.*   13 in *add. Sch.*

CONCORDANCES

By an oversight, there is no work numbered 412 in Souchay's Delphin edition. Items marked with an asterisk are gathered in a separate section after its p. 684. The arrangement in Evelyn White's Loeb edition follows Peiper's in all respects.

A. FROM THIS EDITION TO OTHER EDITIONS

1. *General*

Green	Souchay	Schenkl	Peiper
I	470A, 470B, 469, 471, 34	III, II, XXIII, *Epigr.* 35	I. 1, II, IIII, VII. 1, XVIIII. 1
II	151–7	IIII	II
III	390	*Ep.* 1	XVIII. 19
IV	317	VIIII	III. 2
V	318, 319	XI	III. 4
VI	320	XII	III. 1
VII	391	*Ep.* 2	XVIII. 20
VIII	321, 322	XIII	XVIII. 22
IX	323	XIIII	XVIII. 21
X	158–89	XV	IIII
XI	190–216	XVI	V
XII	217–43	XVII	VI
XIII	2–146, 244–55	pp. 194–226	XVIIII
XIV	362–89	V	VII
XV	335, 336	XXVI	XVI
XVI	334	XVIII	X
XVII	326–31	XXV	VIIII
XVIII	350–60	XXVIII	XVII
XIX	324, 325	XXIIII	VIII
XX	1, 322, 333	*Epigr.* I, VI, VII	*Epigr.* 26, III. 5, 6

CONCORDANCES

Green	Souchay	Schenkl	Peiper
XXI	419	VIII	XX
XXII	147–50	XXII	XV
XXIII	256–84	XXI	XIIII
XXIV	285–90	XVIIII	XI
XXV	337–49	XXVII	XII
XXVI	299–308	XX	XIII
XXVII	392–418	pp. 157–94	XVIII
App. I	–	p. 226	XVIII. 35
App. II	–	X	III. 3
App. III	361	App. II	XXII. 2
App. IV	420–68	App. I	XXI

Green	Pastorino	Prete
I	I. 2, I, 3, III. I, *Epigr.* 35	I. 2, 3, 4, XIII. I, XXVI. I
II	II	II
III	*Ep.* I	XXV. 17
IV	VI	IX
V	VIII	XI
VI	IX	XII
VII	*Ep.* 2	XXV. 18
VIII	X	VII
IX	XI	VI
X	XII	III
XI	XIII	IV
XII	XIV	V
XIII	XXVI	XXVI
XIV	III	XIII
XV	XXII	XVIII
XVI	XV	XX
XVII	XXI	XV
XVIII	XXIV	XIX
XIX	XX	XIV
XX	*Epigr.* I, IV. I, IV. 2	*Epigr.* 26, VIII. I, 2
XXI	V	XXIV
XXII	XIX	XXIII
XXIII	XVIII	XXII

Green	Pastorino	Prete
XXIV	XVI	XXI
XXV	XXIII	XVI
XXVI	XVII	XVII
XXVII	XXV	XXV
App. I	App. III	XXV
App. II	VII	X
App. III	–	–
App. IV	–	XXVIII

2. *Epigrams*

Green	Souchay	Schenkl/ Pastorino	Peiper/ Prete
1	9	2	25
2	2	3	27
3	3	4	28
4	4	5	31
5	5	6	29
6	6	7	30
7	252	*Epit.* 32	*Epit.* 33
8	253	*Epit.* 30	*Epit.* 31
9	8	8	2
10	10	9	3
11	11	10	32
12	12	11	33
13	249	*Epit.* 34	*Epit.* 35
14–22	13–21	12–20	34–42
23	23	21	14
24–6	24–6	22–4	43–5
27	37	25	53
28	36	26	54
29	38	27	55
30–1	27–8	28–9	46–7
32	30	30	48
33	29	31	49
34–6	31–3	32–4	50–2
37	35	*Epit.* 31	*Epit.* 32
38	254	*Epit.* 33	*Epit.* 34

CONCORDANCES

Green	Souchay	Schenkl/ Pastorino	Peiper/ Prete
39 } 40	39	36	56
41–2	40–1	37–8	57, 59
43	119*	39	58
44	44	40	7
45	45	41	9
46	46	42	12
47	47	43	13
48	48	44	8
49	49	45	60
50	50	46	61
51	51	47	10
52	52	48	11
53	250	*Epit.* 35	62
54	248	*Epit.* 29	*Epit.* 28
55	53	49	*Epit.* 29
56	54	50	*Epit.* 30
57	245	51	63
58	244	*Epit.* 28	*Epit.* 27
59	42	52	24
60–4	55–9	53–7	65–9
65 } 66	60	58	70
67–72	64–9	59–64	71–6
73	70*	65	77
74	120*	66	78
75	71*	67	79
76	72	68	24
77	73	69	80
78	74	70	81
79–80	75–6	71–2	4–5
81	138	73	6
82–7	123*–128*	74–9	82–7
88–91	77–80	81–3	88–90
92–5	81–3	84–7	15–18
96–8	86–8	88–90	19–21

Green	Souchay	Schenkl/ Pastorino	Peiper/ Prete
99	89	91	92
100	131*	92	93
101	90*	93	94
102	91	94	22
103	92	95	23
104–14	93–103	96–106	95–105
115	108*	107	106
116–21	109–14	108–13	107–12

3. *Eclogues*

Green	Souchay	Schenkl/ Pastorino	Peiper	Prete
1	372	I	9	8
2–3	376–7	II–III	10–11	9–10
4	379	IIII	12	11
5	378	V	13	12
6–7	380–1	VI–VII	14–15	13–14
8	371	VIII	16	15
9	372	VIIII	17	16
10	384	X	18	17
11	375	XI	19	18
12–15	386–9	XII–XV	20–3	19–22
16	385	XVI	24	23
17	366	XXXIII	25	24
18	373, 374	18, 19	27	26
19–21	362–4	XXVIIII–XXXI	2–4	1–3
22 } 23 }	365	XXXII	{ 5 { 6	4 5
24	368	XXXIIII	7	6
25	369	XXXV	8	7

4. *Letters*

Green	Souchay	Schenkl/ Pastorino	Peiper	Prete	Mondin
1	392	3	18	16	19
2	397	8	4	2	1

Green	Souchay	Schenkl/Pastorino	Peiper	Prete	Mondin
3	398	9	5	3	15
4	399	10	6	4	2
5	400	11	7	5	3
6	401	12	8	6	12
7	402	13	9	7	13
8	403	14	10	8	–
9	405, 406	16	12	10	11
10	408	18	13	11	7
11	404	15	11	9	10
12	407	17	2	1	14
13	393	4	14	12	4
14	396	7	15	13	16
15	394	5	16	14	17
16	395	6	17	15	18
17	409	19	23	19	6
18	410	20	24	20	5
19	411, 413	21	25	21	8
20	414–15	22	26	22	29
21	418	24	29	26	22
22	416	23	28	25	21
23 } 24	417	25	27	23–4	23

B. FROM OTHER EDITIONS TO THIS EDITION
1. *General*

Souchay	Green	Schenkl	Green	Peiper	Green
I	XX. I	II	I. 3	I. I	I. I
2–146	XIII	III	I. I	I. 2	I. 2
147–50	XXII	IIII	II	I. 4	I. 3
151–7	II	V	XIV	II	II
158–89	X	VI	XX. 2	III. I	VI
190–216	XI	VII	XX. 3	III. 2	IV
217–43	XII	VIII	XXI	III. 3	App. II
244–55	XIII	VIIII	IV	III. 4	V
256–84	XXIII	X	App. II	III. 5	XX. 2
285–98	XXIV	XI	V	III. 6	XX. 3

CONCORDANCES

Souchay	Green	Schenkl	Green	Peiper	Green
299–308	XXVI	XII	VI	IIII	X
309–16	–	XIII	VIII	V	XI
317	IV	XIIII	IX	VI	XII
318–19	V	XV	X	VII	I. 4, XIV
320	VI	XVI	XI	VIII	XIX
321–2	VIII	XVII	XII	VIIII	XVII
323	IX	XVIII	XVI	X	XVI
324–5	XIX	XVIIII	XXIV	XI	XXIV
326–31	XVII	XX	XXVI	XII	XXV
332	XX. 2	XXI	XXIII	XIII	XXVI
333	XX. 3	XXII	XXII	XIIII	XXIII
334	XVI	XXIII	I. 4	XV	XXII
335–6	XV	XXIIII	XIX	XVI	XV
337–49	XXV	XXV	XVII	XVII	XVIII
350–60	XVIII	XXVI	XV	XVIII	XXVII
361	App. III	XXVII	XXV	XVIIII	XIII
362–89	XIV	XXVIII	XVIII	XX	XXI
390	III	XXVIIII	XIV. 19	XXI	App. IV
391	VII	XXX	XIV. 20	XXII. 2	App. III
392–418	XXVII	XXXI	XIV. 21		
419	XXI	XXXII	XIV. 22–3		
420–68	App. IV	XXXIII	XIV. 17		
469–71	I	XXXIIII	XIV. 24		
		XXXV	XIV. 25		
		Epigrammata	XIII		
		Epistulae	XXVII		

Pastorino	Green	Prete	Green
I. I	I. 3	I. I	I. I
I. 2	I. I	I. 2	I. 2
I. 3	I. 2	I. 4	I. 3
II	II	II	II
III	XIV	III	X
IV. I	XX. 2	IV	XI
IV. 2	XX. 3	V	XII
V	XXI	VI	IX
VI	IV	VII	VIII

292

Pastorino	Green	Prete	Green
VII	App. II	VIII. 1	XX. 2
VIII	V	VIII. 2	XX. 3
IX	VI	IX	IV
X	VIII	X	App. II
XI	IX	XI	V
XII	X	XII	VI
XIII	XI	XIII	I. 4, XIV
XIV	XII	XIV	XIX
XV	XVI	XV	XVII
XVI	XXIV	XVI	XXV
XVII	XXVI	XVII	XXVI
XVIII	XXIII	XVIII	XV
XIX	XXII	XIX	XVIII
XX	XIX	XX	XVI
XXI	XVII	XXI	XXIV
XXII	XV	XXII	XXIII
XXIII	XXV	XXIII	XXII
XXIV	XVIII	XXIV	XXI
XXV	XXVII	XXV	XXVII
XXVI	XIII	XXVI	XIII
App. III	App. I	XXVII	II. 7
		XXVIII	App. IV

2. *Epigrams*

Souchay	Green	Schenkl/Pastorino	Green
1	XX. 1	1	XX. 1
2–6	2–6	2–7	1–6
7	–	8–11	9–12
8	9	12–34	14–36
9	1	35	I. 5
10–12	10–12	36	39–40
13–21	14–22	37–48	41–52
22	–	49–113	67–121
23–6	23–6		
27–8	30–1		
29	33		

CONCORDANCES

Souchay	Green	Peiper/ Prete	Green
30	32	1	I. 5
31–3	34–6	2–3	9–10
34	I. 5	4–6	79–81
35	37	7	44
36	28	8	48
37	27	9	45
38	29	10–11	51–2
39	39, 40	12–13	46–7
40–1	41–2	14	23
42	59	15–21	92–8
43	–	22	102
44–52	44–52	23	103
53–4	55–6	24	76
55–9	60–4	25	1
60	65, 66	26	XX. 1
61–3	–	27–8	2–3
64–9	67–72	29–30	5–6
70*	73	31	4
71*	75	32–3	11–12
72–6	76–80	34–42	14–22
77–84	88–95	43–5	24–6
85	–	46–52	30–6
86–9	96–9	53–5	27–9
90*–103	101–14	56	39–40
104–7	–	57–9	41–3
108*	115	60–1	49–50
109–14	116–21	62	53
116–18	–	63	57
119*	43	64–70	59–65
120*	74	71–9	67–75
121–2	–	80–1	77–8
123*–128*	82–7	82–91	82–91
129–30	–	92–4	99–101
131*	100	95–112	104–21
132–7	–		
138	81		

Souchay	Green
139–45	–
146	II. 7

3. *Eclogues*

Souchay	Green	Schenkl/Pastorino	Green
362–4	19–21	1–16	1–16
365	22, 23	18 }	18
366	17	19 }	
367	–		
368–9	24–5	Peiper	Green
370	–	1	I. 4
371	8	2–6	19–25
372	1	9–24	1–16
373 }	18	25	17
374 }		27	18
375	11		
376	2	Prete	Green
377	3	1–7	19–25
378	5	8–23	1–16
379	4	24	17
380	6	26	18
381	7		
382	9		
383	*deest*		
384	10		
385	16		
386–9	12–15		

4. *Letters*

Souchay	Green	Schenkl/Pastorino	Green
390	III	1	III
391	VII	2	VII
392	I	3	I
393	13	4	13

Souchay	Green	Schenkl/Pastorino	Green
394–5	15–16	5	15
396	14	6	16
397–8	2–3	7	14
399–403	4–8	8–14	2–8
404	11	15	11
405	9a	16	9
406	9b	17	12
407	12	18	10
408	10	19–22	17–20
409–11	17–19a	23	22
		24	21
413	19b	25	23, 24
414	20a		
415	20b		
416	22		
417	23, 24		
418	21		

Peiper	Green	Prete	Green
2	12	1	12
3	–	2–8	2–8
4–10	2–8	9	11
11	11	10	9
12	9	11	10
13	10	12–15	13–16
14–17	13–16	16	I
18	I	17	III
19	III	18	VII
20	VII	19–22	17–20
21	IX	23	23
22	VIII	24	23
23–6	17–20	25	22
27	23–4	26	21
28	22		
29	21		

CONCORDANCES

Mondin	Green	Mondin	Green
1	2	13	7, 8
2–3	4–5	14	12
4	13	15	3
5	18	16–18	14–16
6	17	19	1
7	10	20	VII
8–9	19–20	21	22
10	11	22	21
11	9	23	23, 24
12	6		

INDEX

This is an index of names and related adjectives. If the word is an adjective the noun (if any) that it qualifies is given after each reference, in the nominative case. Please note the following abbreviations: App. = Appendix; concl. = conclusion; *parecb.* = *parecbasis* (the last two relate exclusively to XVIII); pref. = Preface; tit. = title. References in small roman type refer to pages of the introduction.

INDEX